人民公安为人民

弘扬英模精神 筑牢忠诚警魂

主　编　程洪宝　陈志环
副主编　郝胤舟　赵玉敏　佟贺瑾

福建人民出版社
海峡出版发行集团
THE STRAITS PUBLISHING & DISTRIBUTING GROUP

图书在版编目（CIP）数据

人民公安为人民：弘扬英模精神　筑牢忠诚警魂 / 程洪宝，陈志环主编. --福州：福建人民出版社，2022.11

ISBN 978-7-211-08886-7

Ⅰ.①人…　Ⅱ.①程…　②陈…　Ⅲ.①警察—英雄模范事迹—中国　Ⅳ.①K828.2

中国版本图书馆CIP数据核字（2022）第097919号

人民公安为人民

RENMIN GONGAN WEI RENMIN

——弘扬英模精神　筑牢忠诚警魂

主　　编：程洪宝　陈志环
责任编辑：陈斯敏
出版发行：福建人民出版社　　**电　　话：**0591-87604366(发行部)
网　　址：http://www.fjpph.com　　**电子邮箱：**fjpph7211@126.com
地　　址：福州市东水路76号　　**邮　　编：**350001
经　　销：福建新华发行（集团）有限责任公司
印　　刷：福州印团网印刷有限公司
地　　址：福州市仓山区建新镇十字亭路4号
开　　本：700毫米×1000毫米　1/16
印　　张：21.5
字　　数：210千字
版　　次：2022年11月第1版　　**印　　次：**2022年11月第1次印刷
书　　号：ISBN 978-7-211-08886-7
定　　价：65.00元

目录

弘扬英模精神　筑牢忠诚警魂

程洪宝

遥望历史星河，“天下艰难际，时势造英雄”。新时代是大有可为的时代，也是成就英雄的时代。公安英模作为公安系统的英雄模范，是公安职业的时代先锋。

2017年5月19日，习近平总书记在会见全国公安系统英雄模范立功集体表彰大会代表时强调：当高楼大厦在我国大地上遍地林立时，中华民族精神的大厦也应该巍然耸立。

和平年代，公安队伍是一支牺牲最多、奉献最大的队伍，是一支有着光荣传统和优良作风的队伍，也是一支英雄辈出、正气浩然的队伍。党的十八大以来，全国公安机关高举中国特色社会主义伟大旗帜，全面贯彻党中央指示精神，深入贯彻习近平关于新时代公安工作的重要论述，坚持围绕中心、服务大局，全面推进公安改革，打赢了一场又一场硬仗，为维护国家安全和社会稳定作出了突出贡献。公安队伍忠诚党和人民事业，牢记使命、忠实履职，顽强拼搏、无私奉献，涌现出了一大批英雄模范。

在这些英雄模范当中，有的在血与火、生与死的考验面前赴汤蹈火、舍生忘死，有的在打击犯罪、保护人民的关键时刻挺身而出、冲锋在前，有的在重大安保任务面前不怕疲劳、连续奋战，有的长期默默无闻、甘当无名英雄，有的在平凡工作岗位上像老黄牛一样辛勤耕耘、当好“螺丝钉”，他们用辛勤的汗水乃至宝贵的鲜血和生命，为国家安全、社会公共安全、人民生命财产安全筑起了一道坚不可摧的铜墙铁壁。正是有了他们的辛勤付出和流血牺牲，才换来了广大人民群众的安宁和幸福。他们坚持人民公安为人民，努力做到对党忠诚、服务人民、执法公正、纪律严明，不愧为党和人民的忠诚卫士！

习近平总书记强调：“一个有希望的民族不能没有英雄，一个有前途的国家不能没有先锋。”广大公安英雄模范身上体现的忠诚信念、担当精神、英雄气概，是中华民族伟大精神的真实写照。

公安英模精神，表现为信念坚定、对党忠诚的政治品格。信念坚定，就是坚持不忘初心、不移其志，以坚忍执着的理想信念，以对党和人民的赤胆忠心，把对党和人民的忠诚和热爱牢记在心目中、落实在行动上，为党和人民事业奉献自己的一切乃至宝贵生命，为党的理想信念顽强拼搏、不懈奋斗。“天下至德，莫大乎忠。”对党忠诚是公安机关与生俱来的生命基因，是公安事业胜利发展的根本保证，是公安民警用鲜血和生命熔铸的光辉旗帜，是公安英模的首要品质。作为党和人民的“刀把子”，人民警察做到对党忠诚，就是忠诚核心、拥护核心、跟随核心、捍卫核心，永远做中国特色社会主义的坚定拥护者和捍卫者；在大是大非面前头脑清醒，始终站稳政治立场。广大公安英模在其工作生涯中，无论战斗多么激烈、环境多么险恶，也不管斗争多么复杂、道路多么曲折、条件多么艰苦，始终保持政治觉悟，落实中央指示，始终做到听党话跟党走。他们坚决服从组织安排，在组织决定面前不讲条件，决不拈轻怕重、挑三拣四，更不与组织讨价还价，我行我素；他们与党同心同德，拥护、热爱组织，永远把党的利益放在第一位，为党的利益不计得失，不打折扣，老实做人，踏实做事，做党的忠诚卫士；在危急关头，他们敢于挺身而出、冲锋在前，坚定维护党和人民的利益。“岂不畏艰险，所凭在忠诚。”正是基于这种忠诚品格，云南边防警察印春荣数次打入贩毒团伙，深入虎穴寻找证据，搜集情报；广西北海的骆春伟英勇跳进火海，以生命的代价保护价值 33 亿元的渔船和 5000 名渔民的生命安全。

公安英模精神，表现为心系群众、服务人民的为民情怀。人民公安为人民。实现好、维护好、发展好人民群众的根本利益是开展公安工作的根本出发点和落脚点，这本身就体现了对人民的深情。广大公安英模心中装着人民，工作为了人民，想群众之所想，急群众之所急，解群众之所难，密切联系群众，坚定依靠群众，一心一意为百姓造福，以为民造福的实际行动诠释了“我将无我、不负人民”的崇高情怀。他们以人民为主体，充分思考如何从群众的诉求出发，寻找有利于群众诉求的事实和依据，以满足群众诉求和赢得群众信任；他们以人民为目的，牢记执法为民的初心，忠诚履行职责使命，把人民群众的事当作自己的事，把人民群众的小事当作自己的大事，从让人民群众满意的事情做起，从人民群众不满意的问题改起，为人民群众提供更多普惠均等、便捷高效的公共服务；他们以人民为尺度，以人民群众的获得感、安全感和满意度作为检验工作的根本标准。人民是公安答卷的“阅卷人”。在工作中，广大英模从人民群众最恨的事情抓起，做到人民群众最痛恨什么，就坚决打击什么，坚决打击黑恶势力及其“保护伞”；他们从人民群众最怨的事情抓起，在执法司法中严把事实关、证据关、程序关和法律适用关，让人民群众能够在执法司法中感受到公平正义；他们从人民群众最烦的事情抓起，深化“放管服”改革，施行便民利民举措，简化办事手续，实现“不见面审批”、“最多跑一次”以及“马上办、网上办、一次办”，使人民群众能够得到更多获得感。正是基于这种公仆情怀，立足社区警务岗位上的汪勇、处于交警执勤岗位的杨雪峰、站在打击犯罪前线的刑警汤宝俊，他们始终把群众疾苦放在第一位，时刻保持同人民群众的血肉联系，用热情服务践行“为人民服务”的诺言。李树干成为“最有面子的大老李”，不是因为他年龄大，也不是因为他是当地唯一的警察，而是他十几年与群众打成一片、怀着深厚的感情做群众工作的结果。村民们常说：“在我们这调解纠纷，来再大的干部都没用，我们只认大老李，他心里装着我们。”一级英模丁乐昌，连续 22 年扎根基层，时刻把群众的安危冷暖放在心上，把群众的期待作为开展工作的第一信号，把关心和服务群众作为工作的第一职责，千方百计帮助群众排忧解难。他始终以高度的责任心和满腔的热情，勤勤恳恳为群众服务，被誉为“江畔红旗”“江边卫士”。

公安英模精神，表现为勇挑重担、奋发有为的责任担当。大事难事看担当。人民公安为人民，不只是唱高调、秀身段，而是要体现在实际行动中，体现在自己工作岗位上的责任担当中。担当是中华传统文化中忧患意识的精神延续，是革命文化中勇于担当、甘愿献身的精神体现，是公安民警敢为人先的精神品质，是公安民警忠诚履职维护国家安全和社会稳定的精神要求。习近平总书记指出：“担当就是责任。”面对矛盾、问题和困难，做到忠诚履责、尽心尽责、勇于担责，是公安英模身上真正体现其先锋模范特质的一个重要标志。工作实践中，广大公安英模勇挑重担，在急难险重任务面前以舍我其谁的气概、敢于担当的精神、善做善成的本领，顽强奋斗，一往无前；广大公安英模勇于负责，在各自岗位上忠于职守、敬业奉献，切实做到担责不误、临难不却、履险不惧、受屈不计，做到守土有责、守土负责、守土尽责；广大公安英模主动作为，在解决难题中敢负责、勇担当，动真格、用实功，深入研究和解决公安事业发展的重大问题和人民群众反映强烈的突出问题。正是因为这份担当，无论是为维护新疆安全稳定而辛劳工作的特警沈战东，还是在新冠肺炎病毒肆虐的武汉选择逆向前行的邵玉春，或是在战友受伤、群众危难之际，挺身而上与歹徒殊死搏斗的派出所民警黎伟标，为了国家的和平稳定和人民的幸福安康，他们将个人安危置之度外。在和平年代，无数挺身而出、冲锋在前的公安英模，用辛勤的汗水乃至生命负重前行换来静好岁月，诠释着“责任”与“担当”。

公安英模精神，表现为敢于斗争、不怕牺牲的英雄气概。这种气概源于对党和人民的大爱，基于忠诚和担当，是人民警察与生俱来的优良基因和历史传承。广大公安英模面对困境逆境，始终打不倒、压不垮、拆不散；面对重大抉择和危险时刻，不回避、不退缩。习近平总书记指出，“中华民族伟大复兴，绝不是轻轻松松、敲锣打鼓就能实现的，实现伟大梦想必须进行伟大斗争”。在前进的道路上，广大公安英模发扬斗争精神，敢于直面风险挑战，知重负重、攻坚克难，以坚忍不拔的意志和无私无畏的勇气跨越“雪山”“草地”，攻克“娄山关”“腊子口”，他们把自己变成挺身向前的战士，时刻听从国家和人民的召唤；他们勇当先锋，在国家和人民需要的关键时刻，冲得上、豁得出、顶得住、守得牢、干得好，在为国家和人民事业奋斗中擦亮人生的底色。正是基于这种英雄气概，新疆阿克苏的买买提江面对暴恐分子毫不退缩，牺牲自己保护了牧民的生命安全；陕西西安的王排在维稳处突的主战场，主动冲锋在惩恶缉凶的最前沿，在每一次危急时刻都挺身而出，顶着枪口，迎着刀锋，义无反顾勇擒歹徒，用身躯保护群众生命安全，成为战友和百姓心中的“铁排”；郑勇、尹祖川、刘大庆、何建华、程建阳等英模，在维护国家安全、社会稳定和公共安全、与社会不良风气做斗争等方面，表现出疾恶如仇、刚强正直、不怕牺牲、忠义赤忱的“血性”，书写了光荣与梦想的史诗。

公安英模精神，表现为恪尽职守、履职尽责的奉献品质。无私奉献，是公安英模群体的重要精神特质，是一种不计得失、不求回报、真诚付出的精神品质。新中国成立以来，广大公安民警为实现民族复兴、国家富强、社会安定、人民幸福，付出了巨大牺牲，全国有1.4万多名人民警察英勇牺牲，10余万民警负伤，3700多人被评为烈士，公安队伍成为和平年代奉献付出最大的队伍。一代人有一代人的奉献，每代人的奉献都有自己的时代特征。新时代的公安英模，传承弘扬奉献精神，用理想支撑奉献、用忠诚诠释奉献、用奋斗书写奉献，使奉献精神在新时代闪耀出最耀眼的时代光芒。他们为国为民鞠躬尽瘁，他们爱岗敬业无私付出；他们在平凡的工作岗位上，恪尽职守，默默奉献。并不是每一个工作岗位的公安民警都要面对打击违法犯罪、与穷凶极恶的歹徒奋勇搏斗，很多岗位上的公安民警长期扎根基层，甘当无名英雄，像老黄牛一样默默无闻地耕耘，无私付出全部精力甚至是生命。潘东升、高宝来、宝音德力格尔等一大批英雄模范，并没有惊心动魄的故事，他们只是立足自己岗位，做好本职工作，多年如一日地默默付出，将平凡的事情做成了不平凡，用实际行动诠释了人民警察甘于奉献的优秀品质，以无私奉献的精神为社会稳定与安全奠定了基石。正是基于这种奉献精神，潘东升五天四夜奋战在处置特大泥石流灾害前线，深夜两点指挥核查警情，部署节日安保工作，部署出台“我为群众办实事”项目……就在牺牲前的几天，仍在“像陀螺转个不停”。从警37年，潘东升忠诚履职、甘于奉献，用生命诠释使命，护一方稳定，保一方平安。“警察爷爷”高宝来数十年如一日守护社区平安护送孩子上下学，在平凡的岗位忘我工作无私奉献。

公安英模精神，表现为攻坚克难、追求卓越的昂扬斗志。从本质上讲，攻坚克难、追求卓越的昂扬斗志，是公安英模先进、优秀的重要体现，是一种必备的履职能力，一种过硬的工作作风。追求卓越是一种锚定目标、勇于攀登、敢于争先的信念，是一种超越自我、不甘平凡、勇争第一的精神，是一种精益求精、追求极致、力求完美的态度。“陈力就列，不能者止”。面临改革和转型过程中的诸多矛盾和挑战，广大公安英模直面问题，勇于攻坚克难，科学准确地解决问题，全力满足群众的需求和呼声。择一事终一生，不为繁华易其心。广大公安英模在自己工作岗位上干一行爱一行，努力做到在一行专一行，专一行精一行。无论任务大小与工作轻重，他们始终保持一股闯劲、一股冲劲与一股韧劲，用心想事、用心谋事、用心干事，积极投身到千帆竞发的时代洪流中努力工作、挥洒豪情、精益求精。正是基于这种精神，中国首席枪弹痕迹鉴定专家崔道植，瞄定重大疑难案件痕迹鉴定，从事刑事技术工作65年，做出7000余件痕迹物证的检验鉴定，平均每三天鉴定一件罪案痕迹，无一起错案，堪称警界的“定海神针”。追求卓越的阿荣旗最美警察刘万军，着眼于信息化条件下的警务实战，创建“情指合一模式”“勤务指挥体系”“多警联动模式”，潜心规划设计、组织建设、牵头应用“智慧警务”“智慧监管”“智慧磐石”等重点工程，为阿荣旗公安局迅速铺设起公安信息化的“高速公路”。在信息研判战场上，刘万军潜心研究网上作战方法，引领全警应用“大数据”侦查和信息化管理，实现了全旗命案12年全部破获，一年内利用信息资源研判破案80余起，抓获逃犯50余名，连续5年没发生街头“两抢”案件。

公安英模精神，表现为勤于探索、勇于开拓的创新风范。习近平总书记强调指出，要大力弘扬与时俱进、锐意进取、勤于探索、勇于实践的改革创新精神，争当改革的坚定拥护者和积极实践者，用自己勤劳的双手在改革实践中创造更加幸福的生活。改革创新精神集中展现了公安英模的精神风貌与时代风采。许多公安英模勤于学习，深入研究，刻苦钻研，在公安工作实践中敢于冲破旧的思想束缚，勇于跳出条条框框限制，敢做“第一个吃螃蟹的人”。他们致力于夯实基本功，提升专业本领，在实际工作中开拓新思路，拿出新办法，采取新措施，打开新局面；他们敢蹚别人没走过的路，敢拓前人没垦过的荒，形成许多行之有效的工作举措和工作方法。“全国优秀人民警察”刘光兵在案件侦查中摸索出“快、全、准、看、析、追、集、核、诱、恒、实、变”的十二字技法，先后破获800余起大小案件，被业内人士称为“天眼神探”。一级英模陈先岩，在社区警务工作中发现群众到派出所办事，经常遇到路途远、找民警难等问题，他大胆地实行警务前移，开辟了社区警务工作的先河，创立了全国第一个社区警务室，总结概括出了“陈先岩群众工作法”。正是基于这种创新精神，在公安英模群体中产生了许多行之有效的工作方法，如吴杰的“清、明、严、勤、理、情”道路交通管理六字工作法、张圣龙的“加减乘除”工作法、郝世玲的“1234”工作法等等。这些经验做法，在推广应用中大大提高了公安工作效率，方便了群众生活。

公安英模精神，表现为吃苦耐劳、艰苦奋斗的过硬作风。艰苦奋斗是人民警察的政治本色，是一种不怕艰难困苦、奋发图强、艰苦创业的信念。人民警察是靠艰苦奋斗起家的，也是靠艰苦奋斗发展壮大、成就事业、创造辉煌的。在一定意义上讲，一部人民警察史就是一部艰苦奋斗史。新中国成立以来，全体人民警察艰苦奋斗，顶住了天灾，扛住了压力，以不畏艰险的勇气，挑战了一个又一个“不可能”，创造了无数奇迹。习近平总书记强调指出，不论我们国家发展到什么水平，不论人民生活改善到什么地步，艰苦奋斗、勤俭节约的思想永远不能丢。许多公安英模，无论遇到何种艰难困苦、风险挑战，都数年甚至数十年如一日，总是发扬艰苦奋斗精神勇往直前，一步步变被动为主动、变不利为有利，从而杀出血路、打开新局。他们既不屈服于艰难困苦，也不懈怠于富足安逸，总是保持昂扬的斗志、蓬勃的朝气、奋进的锐气；他们既不对自己的差距避而不见，也不对取得的成绩心满意足，总是奋发向上，自强不息；他们不怕困难，在艰难困苦面前保持一种排除万难争取胜利的顽强斗志和坚强信心，千方百计探索克服困难的科学方法和最佳途径；他们总是在逆境中奋起，不消极、不沮丧、积极进取，力争有所作为；他们总是全身心地投入到工作之中，“夙兴夜寐”，勤奋工作，鞠躬尽瘁；他们倡行节俭简约的生活方式、工作方式，工作中以适用为度，量入为出，不超标准，不铺张浪费。正是基于这种过硬作风，广大公安英模在自己的工作岗位上脚踏实地、起而行之、勇担重任，勤恳实干、埋头苦干、紧抓快干，依靠勤劳、智慧和汗水去创造发展机会，始终以奋斗的姿态在本职岗位上不断开创新局面、创造新业绩。二级英模吴杰数年如一日，无论炎炎夏日，还是数九寒天，都坚守在交通指挥台上，平均每天要打6000多个手势，吹3000多声口哨，被群众称为“马路指挥家”。“仙女山骑士”罗旦华，每天骑行在海拔落差达1200米的仙女山盘山道路上，10年来累计骑行超过40万公里，报废了6辆摩托车。正是他的艰辛付出，有效解决了仙女山交通拥堵的压力，提高了仙女山景区沿线道路的巡逻处警、交通管理、服务为民等工作效率。

公安英模在各自平凡的岗位上凭着忠诚信念、担当精神、英雄气概作出了出色成绩，不仅是全国公安系统的学习榜样，也是全社会崇尚的英雄模范。公安英模是践行人民警察核心价值观的典范，是公安队伍的无形资产和精神财富，是推动公安事业发展进步的强大动能。社会有正气，民族才会生生不息，国家才会兴旺发达。大力弘扬公安英模精神，对弘扬主旋律、唱响正气歌、传播正能量，激励全国公安机关和公安队伍更好担负起党和人民赋予的重大使命，必将产生极大推动作用。

弘扬公安英模精神，有利于展示人民警察良好形象，提升政府公信力。“全国公安系统一级英雄模范”“全国公安系统二级英雄模范”不仅是荣誉称号，在公安战线上涌现出来的英模群体，是公安民警的榜样和标杆。榜样就是力量，他们是公安战线的宝贵财富，是公安职业群体的形象担当。公安英模身上展现的突出业绩和崇高精神，充分体现了公安队伍忠诚、为民、公正、廉洁的核心价值观，是公安英模文化的核心要素。通过弘扬公安英模精神，唱响主旋律，讲好警察故事，宣传先进典型，营造积极向上的警营氛围，既向社会充分展示人民警察的良好形象，也激励公安民警向英模看齐而不懈努力。因此，无论是对内，还是对外，公安英模都有着很好的“塑形”功能。对公安机关内部而言，通过对公安英模的宣传、激励、学习，可引领公安民警积极投身公安工作中，使公安机关涌现更多的英模人物，提升公安队伍的凝聚力与战斗力，全方位提升公安工作实效。对外部而言，通过公安英模的宣传，将公安英模形象输出到社会层面，使社会民众正确认识公安工作的特殊性和艰辛度，正确理解公安队伍的主流价值观。这不仅有利于增强公安机关与人民群众的密切联系，也有利于在政府和群众互动的过程中提升政府公信力。

弘扬公安英模精神，有利于凝聚正能量，提升公安民警的职业认同。公安英模经过宣传推介后，他们的事迹必然在公安机关引起广泛关注，他们的精神定会激励和鼓舞广大民警，在公安机关广播浩然正气，高扬英雄美名，凝聚强大的正能量。根据相关规定，公安机关为公安事业作出突出贡献的英模人物授予荣誉称号，给予不同级别的精神与物质奖励，这既是一种积极的文化活动，也是一种崇高的文化仪式。通过这种仪式和褒奖，既体现了公安机关对公安英模工作业绩的认可，也体现了公安机关对英模个人的精神关怀与心理抚慰。公安英模依法享受生活、政治上的种种待遇，这种关爱不仅让自己满足了对职业的追求，也让家人感受到了温暖。这种具有鲜明目标导向的文化活动，不仅在程序上树立起模范标杆，鲜活具体的英模人物也有利于在民警中产生强烈的共鸣，使得公安民警对人民警察核心价值观产生更直观的感受，加深其对人民警察身份的理解和认同，增强其职业荣誉感、职业自豪感、身份认同感，从而激励全警形成崇尚荣誉、追求卓越、争当英模的大好局面，必将促进整个队伍积极向上，推动公安工作不断向前发展。

弘扬公安英模精神，有利于引领社会思潮，凝聚社会共识。

公安英模精神的内涵与社会主义核心价值观具有内在一致性。“相对于世界的存在、现实、事物的既有状态而言，价值现象具有某种超越的性质，它是产生于现实和实践，又高于现实的现象。”在平凡无常或充满惊心动魄斗争的工作岗位上，公安英模以其与众不同的工作内容，表现出来的独特精神品质，丰富了社会主义核心价值观的外延。公安英模不仅是个人层面价值观的人格化形象，也是促进国家和社会层面价值追求的推动者，他们通过直观而形象的事迹拉近了社会主义核心价值观与社会成员的距离，能够有效增强民族凝聚力与向心力，形成积极向上的精神力量与争先创优的社会氛围。公安英模不仅仅是由组织选树出来的，更是在工作实践中干出来的，在血与火的洗礼中成长起来的。他们无论是在政治信仰、核心价值观，还是在英雄人格、职业道德诸方面都有共同之处。这种共同的价值观和精神品质就成为公安英模群体的核心价值观和精神特质。这种价值观和精神特质一旦形成，就进入公安文化的核心理念层，以公安英模群体的精神向度，实现广大公安民警的精神导向和价值引领，也成为社会大众的思想观范、行为规范与价值引领。

历史川流不息，精神代代相传。今天的中华民族正以不可阻挡的步伐迈向伟大复兴，我们党正在团结带领全国各族人民为实现第二个百年奋斗目标、实现中华民族伟大复兴的中国梦而奋勇前进。我们要积极响应习近平总书记和党中央号召，牢记初心使命，坚定理想信念，永远保持同人民群众的血肉联系。我们要通过学习、弘扬公安英模的高尚品格，明大德、守公德、严私德，做到对党忠诚，服务人民，执法公正，纪律严明，做到信念坚定积极乐观，坚持真理坚守正义，热爱祖国矢志奋斗，迎难而上勇于担当，善于钻研敢于开拓，努力在全面建设社会主义现代化国家新征程上，在全面履行新时代公安机关使命任务中凝聚公安智慧、展现公安担当、贡献公安力量。

中国刑警之魂
——崔道植

崔道植，男，1934年6月生，黑龙江省公安厅刑事技术处原正处级侦查员、高级工程师，全国著名的痕迹检验专家，被誉为中国公安刑侦战线的“瑰宝”、中国“刑警之魂”，公安部首批“特邀刑侦专家”，中国警界重大疑难刑事案件痕迹鉴定的“定海神针”，荣获“全国公安系统一级英雄模范”“全国模范退役军人”“全国离退休干部先进个人”“最美奋斗者”等荣誉称号。2021年6月29日，获授“七一勋章”；2021年12月4日，获评“2021年度法治人物”。

看痕知枪，观弹识人，
你用不懈努力练就火眼金睛，
用细微物证解开罪案谜题。
把细致做到极致，你画出点睛之笔；
以生命传承使命，你书写警界传奇！
你是重特大疑难案件的“终结者”，
初心不老，信仰不移！

——2021年度法治人物颁奖词

幼年失怙 参军报国

崔道植，祖上是朝鲜人，因为日本侵略，崔道植的家人为躲避战乱，来到吉林省梅河口。然而，日本觊觎中国东北已久，东北亦非安静之地。1934年，崔道植出生于吉林省梅河口，一个叫“三八大”的村庄。崔道植一家寄居在一户王姓汉族人家的草房里，草房极其简陋，老鼠横行肆虐。崔道植的父母只能靠给地主干活维持一家生计，收入微乎其微。尽管家人吃苦耐劳省吃俭用，但生活依旧清贫拮据，病无所医。三岁时，崔道植大病一场，呼吸一度停止。家人虽悲痛欲绝，却束手无策。万般无奈之下，崔道植的父亲用蒿子对准崔道植的额头中央进行炙烤，没想到，这次炙烤竟然意外地迎来了崔道植的新生。

然而，家人的高兴还没持续多久，又面临了新的灾难。崔道植的父亲因为不想杀生，在抓住一只老鼠后，力图将其扔到外面，没承想，老鼠恩将仇报，反咬了崔道植父亲的手。根据崔道植父亲生病的情形来看，他当时应该是感染了鼠疫。不管如何，就是老鼠的这一口直接让崔道植的父亲英年早逝，让崔道植年幼丧父，失去了父亲的庇护。崔道植的母亲为丈夫守灵三年后就离开了家。崔道植曾一度追寻母亲的身影，穿梭在青纱帐里，可是面对一个执意要甩开他的成人，年仅六岁的崔道植缘何能够取胜呢？玉米地中的追寻，是崔道植一生的记忆，追不上母亲的恐慌，是崔道植内心牢记的恐慌。这次追寻的记忆是崔道植一生都在思索的事情，母亲是要外出打工还是另有他意，真相已经无从知晓，但耄耋之年的崔道植意识到母亲当时执意要甩掉他。

但不管如何，此次母子之别即为永别。崔道植从此再未见过母亲，也再没有母亲的音信，母亲究竟是死在兵荒马乱战火纷飞的年代里，还是其他情形，都无从查寻，尽管崔道植日后成为中国刑警界的传奇人物，参与办理1200余起重特大案件，却无法破解母亲的出走与去向之谜。

其后的岁月，崔道植与爷爷、姐姐相依为命。在崔道植的记忆里，无论生活多么艰难，爷爷总是穿着洁白的长衫，也从不放松对崔道植的启蒙教育。爷爷总是利用有限的钱财买来笔墨纸，教崔道植练习写字，教崔道植背诵《明心宝鉴》，对孙子进行启蒙教育，教育孙子立德向善。虽然崔道植是爷爷内心挚爱的小孙子，但是爷爷绝不会纵容崔道植学习不认真。如果学习不认真，字写得不规矩，爷爷的手板戒尺就会重重落下。爷爷对待崔道植的严厉，日后也成为高悬的镜鉴。此后一生，崔道植对待工作谨小慎微，一丝不苟，不容许有丁点失误。崔道植的爷爷以自己的方式教育孙子“做事先做人”。爷爷教给他的认真态度伴其一生，终身受益。

爷爷在学习上对孙子很严苛，但在生活上又竭尽所能地爱孙子。1931年九一八事变后，日本在东北成立伪满洲国，出台了近三百个法律、法令，《米谷管理法》明确规定：稻子、小麦、大豆为甲类粮。甲类粮专供日本人，中国人不准吃，中国人吃甲类粮就是“经济犯罪”，谁要是拥有、食用甲类粮食，抓住就定罪严惩。

为什么会有这么荒唐的律法？原因之一是日本人喜食大米。而九一八事变后，在当时东北，中国人没有任何尊严，也没有任何地位可言，日本人是一等人，朝鲜人是二等人，中国人是三等人。原因之二是日本意图对当时的东北人采取种族灭绝政策。原因之三是当时日本已着力挑起战争，粮食是战争必需的物资之一。当时的日本人有一个口号：“中国人多一粒粮食就多一粒子弹。”东北的大米和白面被日本人作为重要军事物资运走。因此，当时的中国人是不准吃大米的。在敌军占领下的东北，农民种的稻子必须全部交公。中国人若是私藏大米或者吃大米，一旦被发现，最轻的是打嘴巴，日本人当街对吃大米的中国人左右开弓，下手非常重；或者让他们在毒日头下，当街罚跪；最严重的，日本人会用刺刀当街挑开所谓“经济犯”的肚子。

一年秋天，为了让孩子们吃上白米饭，爷爷偷偷留下两袋大米，他挖了一个坑，将米藏在里面，盖上木板，之后再盖上柴火以作掩饰。夜晚时分，趁着夜色，爷爷悄悄取米煮饭，崔道植跟姐姐连着吃了三天白米饭。然而，日本人很快就发现爷爷私藏的白米。爷爷被日本兵带走。三天后爷爷回来了，却已遍体鳞伤，但是爷爷的脊梁依然笔直不弯，气度不减。

年幼的崔道植不明白日本人为什么不让中国人吃白米，不明白日本人为什么因为白米折磨爷爷，但他知道了日本人不让中国人吃白米，吃了白米要付出惨痛的代价。然而，饱经折磨的爷爷觉得很值，因为小孙子和孙女吃了三天白米。

心疼爷爷的崔道植看到爷爷回来，非常高兴，主动去打柴。爷爷叮嘱不要去地主家山上。年幼的崔道植不知深意，想着只是捡些干柴，没什么大不了的。结果下山时，遇到地主家的朴少爷。朴少爷不仅拽下崔道植的背夹，弄散了干柴，而且在崔道植重新聚拢干柴时对其拳打脚踢，并用镰刀划伤了崔道植的手。童年好友金正鲲的出现为崔道植解了围。

崔道植很纳闷：日本人不许中国人吃大米，地主不允许人上山捡干柴，这到底是怎么一回事呢？还没等崔道植想明白，金正鲲因为仗义相助崔道植，得罪了地主少爷，无法再在村子立足，趁夜色离开村庄。离别前，金正鲲告诉崔道植，自己要去参加共产党，参加八路军，这是他长久以来的打算。

1945年，吉林梅河口光复，共产党进驻。地主逃逸不知去向。在共产党的领导下，崔道植吃上了白米饭，不用再挨饿，可以上山打柴。崔道植也得到了上学读书的机会。经历了日本的侵略，经历了地主的残暴，崔道植将党的恩情铭记心中，他发自肺腑地说："是党养育、教育、培养了我。"自此之后，在他的心中，党就是他的母亲。所以崔道植常说："我是从旧中国走过来的穷孩子，可以说，我的生命，我的一切，都是党给的，如果不把本职工作做好，怎么报答党的恩情？"这种恩情，崔道植铭记一生，坚守至今。"工作以后，我就总想着要报恩，想把全部的时间和精力都给我热爱的工作和国家。"崔道植经常这样说。

16岁的崔道植惦记童年好友，他想像金正鲲一样去参军。1949年，16岁的儿童团团长崔道植执意参军入党。爷爷带他找到朝鲜族的民族科科长，但因为崔道植太小了，不符合条件。两人约定，两年之后崔道植再来报名参军。但崔道植受党之恩，感党之情的想法已经深入内心。1949年，一个重要的时间节点，是中华人民共和国成立之年，同样也是崔道植报国恩的起点。

两年后，崔道植如约而至，再次到县政府申请参军。此时的崔道植已经知晓了金正鲲牺牲的消息，但在死亡面前，崔道植没有任何惧怕。这次他要求加入中国人民志愿军，但是因为身体羸弱，部队体检工作人员不同意他入伍。当时，体检通过的人回家报信然后再齐集县政府，夜里将坐火车赶赴前线。

◎青年崔道植

崔道植被拒绝入伍后异常伤心，看着别人回家报信，自己依然待在县政府门前，泪落如雨。可能他的诚心感动了上苍，在军列即将开拔之际，一个通过体检的孩子未按时报到，县政府的工作人员就让崔道植集合入伍了。崔道植参军的梦想终于实现了，他成为了朝鲜族志愿军战士。

初入军营，崔道植被安排在翻译训练团，崔道植曾提出要上前线，而领导告诉他做好翻译工作也很重要，也很光荣，当兵就要服从组织的安排。自此，崔道植就致力于做好党组织和领导交给的一切任务，服从命令听从指挥是他遵循一生的原则。1951年11月，崔道植因为练兵、学习成绩优良获奖。参军的第二年，崔道植加入中国共产党，在军营中，崔道植诚挚地写下入党申请：“我要永远跟党走，要遵守党的纪律，服从党的命令。”

1955年，崔道植被提干为排长，是同期整训的志愿军战士当中第一个被提干的人。

1955年5月，崔道植所在的团集体转业，因为崔道植的优秀，黑龙江省公安厅点名要走了崔道植，这时，崔道植才22岁。自此之后，崔道植由军界进入警界，成就了中国刑警界的传奇人物。

投身警界　成就传奇

进入黑龙江省公安厅后，崔道植第一次痕迹鉴定的是一根被剪断的电话线。当时，已初步认定这根电话线是用钳子剪断的。经过勘验，崔道植认为电话线是由剪刀剪断的，而不是钳子剪断的。崔道植的意见对于侦查人员锁定嫌疑人起到了重大作用，之后，侦查人员又从嫌疑人家中搜出一把剪刀。崔道植再次面对的问题是确定电话线就是由这把剪刀剪断的。整整五天，崔道植反反复复用剪刀剪断铅片，然后比对痕迹。经过细致耐心的比对，崔道植认定电话线就是由搜缴出的剪刀剪断的。

这一次痕迹鉴定，让崔道植与刑事技术工作结缘，崔道植认识到痕迹鉴定对于确立案件的侦破方向起着极为重要的作用，对于确定嫌疑人的罪证也至关重要。痕迹鉴定其实也起着寻找证据的重要作用，可以还无辜人员以清白，为犯罪分子认罪伏法提供证据。

为了更好地工作，党组织派崔道植出外进修学习。1957年到1959年，崔道植被派到中央人民警察干部学校（现中国刑事警察学院）学习痕迹检验，成为新中国第一批学习痕迹检验的学生，成为我国第一代刑事技术警察，而且崔道植还是当时黑龙江省公安厅唯一的刑侦技术人员。其后，崔道植又被先后派到哈尔滨工人业余大学（现哈尔滨职工大学）、哈尔滨医科大学深造学习。

从事刑侦工作的崔道植，学习的内容甚为广泛，包括刑事科学技术和相关的医学、数学、逻辑学等多方面的知识。而在之后的具体工作中，崔道植时刻学习先进的刑事科学技术、电脑制图技术、PPT制作技术等等。活到老学到老，是崔道植在刑事科学技术领域中始终占有一席之地并立于不败之地的重要法宝。刑侦工作特别考验人，既需要人有一定的悟性，又需要人能够耐心专注，能够静得下心来认认真真地寻找蛛丝马迹。

对于组织的培养，崔道植始终心怀感恩，他说："党组织为了培养我花了很多精力与经费，我必须用我所学回报党恩。"他是这样说的，也是这样做的，他的一生是倾尽所学报效国家的一生，他的一生是淡泊名利、从不因自己的事情对党组织提出任何要求的一生，他的一生是心怀真挚的信仰而步履铿锵的一生。

崔道植从事刑事侦查工作后，大多数时候是孤军奋战独自前行。1964年到1966年，黑龙江省公安厅曾分配了两个大学生到崔道植工作的科室，但两人很快又被分配至别处。崔道植始终是孤身一人奋战在刑侦工作战线上。"文化大革命"期间，崔道植也没有耽误工作。"文化大革命"结束后，崔道植成为痕迹检验科科长，器材一度得到更新，人员一度得到补充，然而好景不长，新来的大学生纷纷调到新部门，走上新岗位，崔道植再次成为“光杆司令”孤军奋战。

尽管如此，崔道植依旧兢兢业业，不攀比不浮躁，勤勤恳恳做好自己的工作，做好相关课题研究。1975年，公安部在河南郑州召开全国刑事技术工作会议，崔道植与其他四省同行共同承担科研课题“人手各部位长宽度与身高、年龄、体态的关系”。经过四年的不懈努力，共搜集了1.25万人的12.5万份指纹卡，崔道植运用数理统计学对国人手掌各部位长宽度进行系统的统计分析，首次测得国人手掌各部位正常值和其与人体身高、年龄、体态的关系，为利用现场手印分析犯罪分子某些生理特点提供了新的依据。

崔道植的课题都源自日常的刑侦工作，源自他对工作的坚持与思考。崔道植参加工作之初，技术装备非常落后：一个放大镜，一个勘察箱，一个破旧的日本产的立体显微镜。每次遇到案件，崔道植就反反复复做实验，反反复复比对，寻找真相。崔道植就是靠着耐心与坚韧，一直坚持到今天。

崔道植在工作过程中有很多突破，他注重从实际出发，开拓创新，探索新思路。1981年，黑龙江省牡丹江市发生一起命案，致命伤为刀伤，但受害人身上的财物并未被洗劫一空。此案的侦破工作一度陷入困境。认真细致的法医在受害者腹内发现的残留指甲游离缘成为破案的唯一线索。在见到这枚指甲游离缘时，崔道植苦思冥想，如何将其作为证据。可是，其时，DNA技术还未面世，指甲鉴定技术在我国刑事技术领域尚且是一项空白，这枚指甲真的可以成为鉴定证据吗？

崔道植迅速建立课题，展开研究。据崔道植回忆，他收集了省警校4个班200名学生每隔20天剪下的指甲，观察它们从最初到一年半后的高低线条排列。经过认真细致的研究，崔道植发现，每片指甲约有120至130根竖线，不仅竖线的粗细不一样，竖线的间隙也不一样，而且竖线的排列组合因人而异，因此，指甲具有跟指纹一样的鉴定价值。

为了验证，他又找来同事，剪下指甲游离缘，隔段时间后，再剪下新的游离缘，两相比较，再次确定指甲的鉴定价值。同时，崔道植发现不同年龄段的人，指甲的特征与稳定性不同。

之后，崔道植让办案人员剪下所有嫌疑人的十个指甲，然后跟现场遗留的那片指甲游离缘一一比对，确认与一名嫌疑人右小指游离缘样本高度吻合，崔道植在出具鉴定书后，指认凶手，凶犯最终落网。

借此，崔道植对指甲同一认定的研究成果填补了我国刑事侦查技术的空白，开创了利用指甲侦破疑难案件的先河。

在崔道植从事刑侦科学技术的职业生涯中，他从一名普通刑事技术民警逐渐成长为中国首席枪弹痕迹鉴定专家，他成功的秘诀无非是专注和敬业。这四个字概括了崔道植一生的工作特点，数十年如一日地钻研。

熟悉崔道植的人都知道，在接到任务时，崔道植总是立即进入一种忘我的境地，“特别是紧急任务时，他就带上一瓶水、一袋面包，钻进实验室，一干就是一整天”。他的这种忘我，其实是全心全意为人民着想。黑龙江省公安厅刑事技术总队警务技术主任张巍曾说，崔道植经常给他们讲，做痕迹检验工作，一分一秒都不能耽误，受害人家属等着他们的鉴定，而且痕迹检验特别注重时间，证据可能稍纵即逝。

虽然崔道植很关注先进技术手段，并会利用到刑事侦查中，但他更注重技术为人所用，强调刑事科技人员必须到现场就位，“必须人到现场就位，认真、细致、严密地对现场所有可能留下痕迹的地方进行勘查，绝对不能遗漏”。

1991年，黑龙江省讷河市贾文革案发生。以贾文革、徐丽霞等5人组成的犯罪团伙抢劫、强奸、杀害多人后，在流窜作案的过程中被抓获。贾文革特大强奸抢劫杀人案浮出水面。

刚接到命令，已经58岁的崔道植立马起身前往讷河，自现场勘查启动开始，一刻未曾离开。此案中受害人多达40余人。在所有尸体高度腐烂、尸臭味极端浓烈的环境中，崔道植立足痕迹学角度，逐一确认尸体上的衣服、手铐、脚镣、绳子等特征，以及捆绑方法等。为了获取更多的物证，崔道植不辞辛劳，用筛子将现场土壤能筛的都筛了一遍，甚至连贾文革家的猪圈，他也用筛子把已干化的粪便重新筛一遍，从中找到了残留药物等诸多犯罪物证。崔道植带领勘察人员持续工作了20多天，是在现场停留时间最长的人。之后，崔道植仅用了50多张照片还原了现场状况，崔道植带领勘察人员掌握的扎实的现场勘查证据，成了给贾文革定罪量刑的决定性因素。

崔道植的一生是专注于刑事科学技术的一生，1992年，在他退休前几年，崔道植升任黑龙江省公安厅刑事技术处处长，但他很少待在办公室，他的门上常常会贴着纸条——“我在3楼实验室”。进实验室搞研究，是崔道植一生不变的节目，他从来没有过节假日。

1994年年初，根据长期从事现场勘查和痕迹检验工作的经历，崔道植发现，在有些犯罪现场上遗留的痕迹，反差不强，无法确定其特征而不得不舍掉。他觉得不解决这些问题就没尽到自己应有的责任。经请示公安部科技司批准，他立项研究“痕迹图像处理系统”。研究这一系统，必须依靠当代高科技计算机技术。而对崔道植来说，计算机技术是门全新的学问。为按时完成课题任务，他不耻下问，虚心向课题组合作伙伴、专家、教授们请教，向书本学习新学问新技术。为掌握一项图像处理技术，他吃住在实验室，几天不回家。1996年10月，经过课题组全员长期地努力，经过对每一项技术指标上千次的实验，课题任务圆满

◎崔道植在编写痕迹鉴定书

完成，并顺利通过部级专家鉴定。其后，该科研成果得以在多地推广。

从警生涯中，崔道植逐渐在黑龙江警界乃至全国警界威名远扬。但崔道植从不居功自傲，他常说："如果说这些年我取得了一点成绩，那都是党培养教育的结果，是党和国家给了我实现人生价值的平台。"

退而不休 使命弥坚

哈尔滨市南岗区十字街45号，是黑龙江省公安厅刑事技术总队所在地，也是公安科学技术研究所所在地，更是崔道植付出毕生心血的地方。在60余年刑侦生涯中，崔道植累计检验鉴定痕迹物证7000余件，参与办理重特大案件1200余起！1992年，崔道植荣获国务院颁发的国家级有突出贡献的科技专家证书。1994年6月17日是崔道植退休的日子，他本可以回家颐养天年，陪伴家人，但他的脑海中从来没有退休二字。所以，即使退休，崔道植也是退而不休，仍然奋战在一线，继续发光发热。黑龙江省公安厅的大院里每天都有一个老者步履匆匆，外人还来不及思考这位老人在公安厅大院做什么，老人就已经倏然而过渐行渐远了。那个珍视时间如生命的老人，在退休后，依然牵挂着公安刑事科学技术事业。

1994年，崔道植用自己发明的“铝箔胶片”“弹痕展平器”技术破获了山东一起枪杀案，但是，如何将这两项技术规模化推广应用，是崔道植面临的问题。1995年，转机出现。1995年，随着全国涉枪案件呈明显上升趋势，公安部将“枪弹痕迹自动识别系统”课题列入“十五攻关”规划。但是，因为经费短缺，黑龙江公安机关未取得承担这一重大课题研究工作的机会。1997 年，公安部举办国际刑侦器材展。崔道植看到了加拿大、美国的“枪弹痕迹自动识别系统”，心里为我国没有自己的枪弹痕迹自动识别系统而内疚。之后，他继续投身科研，充实“铝箔胶片”“弹痕展平器”的理论支撑。

但是，已退休的崔道植已经没有科研经费来源，只能自费研究。他的工资除了必需的生活费用，全部被用到了科研课题上。功夫不负有心人，经过五年多的苦心研究，崔道植研制的“弹痕展平器”和利用特制的铝箔胶片提取弹头膛线痕迹的技术获得了发明专利证书。

2001年10月16日，“弹头膛线痕迹自动识别系统”通过了部级专家鉴定。专家评价此项系统总体技术已达到国际先进水平。此项成果被公安部列入2002年度重点项目予以推广，其后，全国13个省区市公安系统的39家单位相继采用此项技术，实现了规模化推广和系统化应用。在公安事业和职责使命的感召下，崔道植将工作中创造的土办法演变为研究课题，而且这项研究填补了我国“枪弹痕迹自动识别系统”的空白。

除了坚持科研，崔道植每年都会被公安部、黑龙江省公安厅频繁抽调参与疑难案件的侦破工作。

在崔道植退休后的几年里，侦办的一件大案就是“白宝山案”。白宝山年轻时练就了一手好枪法，做人极具迷惑性，做事又极为缜密细致。白宝山案发后很长一段时间里，公安部门摸不着头绪，直到崔道植介入此案，才终结了白宝山的罪恶之手。

白宝山本是北京市石景山区第一电碳厂的一名装卸工，因为厂里搞民兵训练，爱上射击，并练就一手好枪法。之后，白宝山按照正常人的轨道生活，结婚并生育了一对龙凤胎，可谓儿女双全。然而，面对着日复一日粗茶淡饭的生活，白宝山感受到了一种备受压抑的绝望，钱财成为白宝山努力的目标。但是，他的手段是罪恶的。他从小偷小摸，到入户行窃，再到盗窃工厂的生产原料和成品。纸包不住火。1983 年，白宝山的罪恶被发现，并被惩治，因抢劫、盗窃，白宝山被判刑，随后被送往新疆石河子新安监狱服刑。

这时的白宝山明面上改过自新积极改造，但暗地里罪恶横生。在新疆期间，他心狠手辣，阴险歹毒，因为琐事他杀死了两名狱友，竟然未被察觉，这从某些方面又给了他无限的勇气与自信。1996年3月，白宝山因“表现良好”被提前一年释放。随后，他回到北京，而与他一起回去的还有75发步枪子弹和50发手枪子弹。为了给子弹配备枪支，刚回京，白宝山就加快了他的罪恶活动，开始了一系列的罪恶。1996年3月31日晚，白宝山杀害了一家电厂的哨兵，抢走其56式半自动步枪，之后，在不到一个月，白宝山又进行了三场袭军袭警抢劫枪支案。此案惊动了中央，中央领导指示尽快破案。警方紧锣密鼓地侦察力图破案，白宝山却依旧继续行凶。

1996年7月，白宝山将罪恶的魔爪伸到了河北徐水，在袭击某兵营哨兵后，抢得81式自动步枪一支。

子弹和枪支完备后，白宝山开始致力于完成抢劫钱财的目标。1996年12月16日，白宝山在德胜门开枪行凶，抢得现金6万余元。

此案被公安部列为1996年1号案件，北京风声紧，白宝山窜逃回新疆，并连续在新疆作案三起。

1997年7月6日凌晨，白宝山伙同吴子明枪杀一名偶遇路人；

1997年8月8日凌晨，白宝山伙同吴子明闯入新疆某农场宿舍，枪杀姜某及治安员时某，抢走54式手枪一支；1997年8月19日早晨，白宝山伙同吴子明在边疆宾馆入口处开枪打死七人、伤五人，抢劫现金140万元……

经过侦办，北京和新疆发生的案件被分别并案，但两地的案件能不能并案是一个问题。

当此案件侦办关键之时，时任公安部刑侦局局长的张新枫想起了崔道植，并亲自给崔道植打了电话。已经退休的崔道植接到命令后二话不说，立即起身赶赴乌鲁木齐，当晚就投身工作，经过一个不眠之夜，崔道植断定：新疆三起案件的弹头、弹壳均为同一支81式自动步枪发射，而非56式半自动步枪；新疆三起案件和北京“1996·12·16”案现场弹壳均为81式自动步枪发射……

崔道植的结论为案件的侦破工作提供了新的准确的方向。公安部专家组经过分析认定，作案歹徒很可能是在北京犯罪后被送往新疆服刑的人员，白宝山浮出水面，进入了侦察人员的视野。

尽管白宝山极端迷信自己的枪法，尽管白宝山极度自信与心狠手辣，尽管白宝山专门研究过如何防备公安部门的调查，尽管白宝山气焰嚣张，认定公安部门无法找到他，但多行不义必自毙。因白宝山案件性质恶劣，其案曾位居1997年中国十大案件之首，国际刑警组织将其列为1997年世界第三要案。崔道植以自己的专业与敬业终结了白宝山的罪恶，扭断了这一震惊国人、轰动世界的罪恶之手，还国民以安宁与平安。

除白宝山袭军袭警案外，甘肃白银案、张君特大系列抢劫杀人案、沈阳运钞车大劫案、郑州特大持枪抢劫杀人案等轰动全国的大案要案被破获背后，都有崔道植的重要贡献。崔道植的工作成就了很多人的荣誉和奖章，成就了很多人的晋升之路，但他从来没有怨言，无怨无悔地坚守着刑事科学技术的岗位，愈老弥坚。84岁时，他还接受公安部指派，飞赴云南执行疑难枪弹痕迹鉴定任务。

随着年龄的增大，崔道植的眼睛患上了白内障。但是，他依然坚持奋战在一线，只要有人找到他，他就不遗余力。

2016年年底，黑龙江公安刑侦系统开展全省命案积案指纹比对专案行动。70余起疑难命案的现场指纹交给了崔道植。鉴于老人当时年事已高，省公安厅的同事们只是希望崔道植闲暇之时给看一看，然而，出乎意料的是，崔道植连续加班三天，全部看完，而且每一枚指纹都详细地用图像处理软件做好标记。根据崔老的标注，许多积案最后成功破案。这就是崔道植，耄耋之年，依然保持着赤子情怀，自从许国，从未松懈。

他说："只要我的眼能看、腿能动，我就要为党的刑侦事业工作到最后一刻。只要国家需要，一声召唤，我将立即起身！"他是这样说的，也是这样做的，崔道植的一生是专注工作的一生，他的一生是从不因自己的事情而向组织提出异议的一生，即使他面临着困难。

2017年初，哈尔滨市公安局刑事技术支队支队长李新明请崔道植帮助认定一枚指纹。崔道植没有任何犹豫就接下了工作。鉴定完毕后，崔道植给李新明答疑解惑，这时李新明发现崔老的眼睛不断流泪。询问之下，才知道崔道植刚刚做完白内障手术。此情此景，李新明跟着落泪，内心极为愧疚，又为其精神所折服。而崔道植在见到李新明难过时，反而感到歉意与不安，极力安抚："没事的，不要多想，不要多想……"

2018年，在老人84岁那年，公安部指派崔道植鉴定深圳发生的一起疑难案件。然而，接到任务的第一天，崔道植的左眼就受伤了。当时，崔道植拿装笔记本电脑的背包，背包带突然断裂，背包带上的铁卡子弹在他的左眼上，眼角形成了一个L形伤口。左眼受伤剧痛，右眼白内障，对于需要依靠眼睛进行仔细鉴定的崔道植而言，这是极大的困难。然而，崔道植没有叫苦叫难，没有任何抱怨，加班加点坚持工作了三天三夜，直到三儿子崔英滨来看望父亲，才发现老人眼睛受伤，当时，崔老因为眼睛受伤，又因加班工作休息不够，两眼充血。崔英滨强行带父亲去哈尔滨眼科医院检查之后，崔老的眼角缝了四针。

这就是崔道植的执着，这就是崔道植的毅力，这就是促使我国刑事科学技术突飞猛进的栋梁。

崔道植之所以能够看痕知枪，观弹识人，靠的是日积月累地

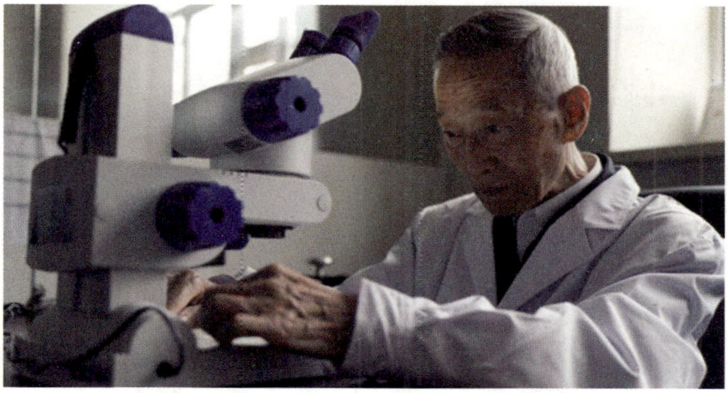

◎崔道植在进行弹痕实验

坚持与积累。在2001年崔道植发明枪弹痕迹自动识别系统之前，枪痕比对没有任何捷径可走。崔道植靠的是“笨功夫”，也是最有用的功夫。一把枪的膛线会被磨损，弹壳弹头上留下的痕迹也会有所不同。两者之间到底有什么关系呢？为了弄清楚，崔道植用一把枪先后击发3000发子弹，一个一个拍照，一个一个观察，从第1发到第100发，再从第1发到第3000发，一一比对，之后再记录下痕迹变化规律。这些“笨功夫”，其实就是日常的积累，积累得多了就成了活的素材和破案的法宝，这些都装在了崔道植的脑袋里，灵活运用。这一积累，就是长达60余年的时间，无假期无休息，更没有别人期盼的退休。他的一生都在践行他的入党申请书里所写下的：“我热爱自己的工作岗位，上级给我的一切工作，我都是热爱的，因为这是党和人民给我的……”这是他的初心，也是他毕生的奋斗目标和支撑力量。

倾囊相授　培养人才

崔道植在走上刑侦技术之路后，一直在不停地探索。在黑龙江省公安厅工作的很长时间里，他都是孤独前行的。出于对刑侦技术传承的考虑，他特别希望能够有人能够分享他的成果。他是我国第一批从事刑侦技术的开路人，他希望他的成果有人能够继承。在崔道植的刑事科技生涯中，他不但自己时刻保持学习新技术的状态，而且乐于将自己所学传授给年轻警察。1986年，在二儿子忙着高考的时候，崔道植没有任何关注。此时的崔道植关注的是公安部组织的技术侦查培训班的学生。

古语有云：教会徒弟，饿死师傅。但在崔道植这里，从不存在这个问题。他只是担心没有人继承他的衣钵。对于乐学好学者，他都是不遗余力倾囊相授，不怕学生学得多，只怕学生学得少。

1999年，黑龙江刑侦总队配备了一套指纹识别系统。可是，当时的年轻刑警多是计算机出身，压根不懂指纹识别。此时的崔道植虽然已经退休，但被返聘的他依然为破案到处奔波，根本没有时间亲自授课。为了方便大家自学，他亲自给大家制作课件，亲自制作图文并茂的试卷。

这些精通计算机的年轻人都成了崔老的学生。而其他年轻民警在听说崔老的事迹后，纷纷向崔老请教，崔老不厌其烦耐心解答。其后，黑龙江省公安厅建的指纹信息库为破案发挥了重要作用，其中，崔道植的功劳不可磨灭。

李新明是崔道植退休后指导的徒弟。李新明参加工作加入痕迹检验队伍时，崔道植已退休。因为工作的缘故，李新明经常向崔道植请教。年轻的李新明外表朴实，不善钻营，却热衷于钻研业务。崔道植非常喜欢这个上进钻研的年轻人。在天长日久的相处中，崔道植与李新明培养起了一种亦师亦友、师徒情同父子的深厚感情。

2000年9月某天清晨，哈尔滨市南岗区宣西小区发生一起命案。报案人是受害人安秀丽的男朋友张明华。张明华与安秀丽系同居男女朋友，一起居住的人还有安秀丽的女儿。警察侦查后发现屋内的指纹为三人指纹。鉴于二人同居的事实，加上张明华清晨送安秀丽女儿上学有一系列的证人，侦查部门在一开始排除了张明华的作案嫌疑。但是，警方综合分析后，发现张明华报警时的话语及行为有违常理。尽管如此，警方没有更为有力的证据指证张明华。警方在紧邻受害者遗体头部的冰箱上提取到的一枚指纹，成为解决问题的关键。

这枚指纹是一枚较为新鲜的汗液指纹，如何确定这枚指纹是张明华作案时留下的？

当时，李新明已任哈尔滨市公安局刑事技术支队副支队长，负责此案痕迹检验工作。李新明在无法解决这一疑难问题时，找到了崔老。崔老在了解案情后，靠着照片上那些指纹痕迹的轻重与形成的不同位置，断定此枚指纹系张明华作案时遗留的。之后，崔老还原了嫌疑人的作案过程，精准推测了张明华实施犯罪的一系列过程，如何离开现场、重返现场作案、再次离开现场送孩子上学等。随着案件的高度还原，张明华交代了作案事实。事实证明，崔老的推测分毫不差。

2000年11月，黑龙江省木兰县一个储蓄所夜里失火，三人死亡。警方初步认定这是一起劫匪杀人纵火案。在勘验现场的过程中，警方发现有价值的痕迹都被烧光了，只有一枚从塑料汽油桶上提取的模糊指纹。李新明摸排的第一批对象多达300人。李新明仔细比对后，排查了一部分人的指纹，发现还有100多枚指纹无法排查。

面对自己无法解决的困惑，李新明找到崔老，崔老在接过100多枚指纹后，仔细核对。后来，崔老将李新明叫到跟前，逐一讲解自己是如何核对指纹、如何出具鉴定结果的，如何识别变形指纹，看指纹时该注意的事项等等。这一过程，其实是崔老在手把手地传授鉴定疑难指纹的秘籍。

因为有崔道植的加入和指导，整个侦破工作少走了很多弯路，及时抓住了真正的犯罪嫌疑人。

在跟李新明相处的过程中，崔道植传递的不仅仅是高超的刑事技术知识与本领，还有他的崇高的人格境界。每每李新明找到崔老，崔老总是接下这个年轻人带来的工作，进而进行一番耐心细致的指点，在专业背后，传递的更是为人处世之道和对工作的热忱与敬业。

2013年，吉林省公安厅与黑龙江省公安厅联合办理一起跨省案件，当时无法确定嫌疑人在黑龙江案中使用的枪支与吉林案中的枪支是同一把。

李新明把老师崔道植请到了哈尔滨市公安局刑事技术支队。当时已经79高龄的崔道植从早上8点多一直工作到下午下班。而后，李新明亲自送崔老回家，其时已经晚上6点了。然而，让李新明意外的是，次日早晨5点，睡梦中的他就收到了崔老的电话，兴奋地告诉他鉴定成功可以并案。这时，李新明才意识到崔老为了鉴定竟然一夜无眠。相比之下，李新明自愧弗如，崔老的精神境界与忘我的工作状态，无人能及。

因为有崔道植的耳濡目染，李新明在刑事技术方面也逐渐成长，进而有了新的突破。2011年，李新明与崔道植共同研究了某单位玻璃被钢珠击打的案件，在研究过程中他们知道钢珠是由钢珠枪和弹弓击发的，但是无法确定具体孔洞的始作俑者，究竟是被钢珠枪还是弹弓击发留下的。李新明经过实践，发现钢珠枪与弹弓击打玻璃，形成的孔洞不一样，有一定的规律性。这是李新明的创新发现。之后，在崔老的指导下，李新明有了更多新收获，同时，也更加认识到了自己的不足以及自己成长的空间。

在崔道植的学生中，有很多人后来得到了很好的发展，取得了很多的成绩，得到了很多奖励，甚至职务也比崔道植高，但是，崔道植从未因此而内心失衡或者沾沾自喜。刘忠义就是崔道植的一位得意弟子。

刘忠义，生于1965年8月，怀揣着警察梦，入读黑龙江省警校，1985年毕业。在黑龙江工作期间，刘忠义跟崔老工作学习了很多年。2002年，在黑龙江的一个县城，一对母子在家中遇害，唯一的证据就是现场遗留的报纸上的半枚带血的指纹。当时，多家权威鉴定机关给出了“指纹特征少，不具备检验认定条件”的结论。因为缺乏有力的证据，犯罪嫌疑人两次被抓，而又两次被放。案件一拖就是五年。受害人家属多次到公安机关催促破案。刘忠义请来老师崔道植，崔老鏖战两天两夜，先是发现一嫌疑人左拇指指印中有七处与现场血指印相符的特征。之后，崔老重返案发地采集新样本，经过二次比对，发现了九个稳定特征。而后，崔老连夜做好鉴定报告，将犯罪嫌疑人绳之以法。随后的DNA鉴定印证了崔老鉴定结果的正确性。

这一年崔道植68岁。

2011年1月，刘忠义被调到公安部担任副巡视员，主要负责苏渝湘系列持枪抢劫杀人案。案犯周克华心狠手辣、善于伪装、智商较高、反侦察能力很强，在很长一段时间里，周克华逍遥法外，直到刘忠义接手此案。之前老师崔道植负责将一系列案子并案，而后期的侦破工作主要由“拼命三郎”刘忠义完成。研究完案子后，刘忠义与老师崔道植进行了相关探讨。崔道植十分欣赏和称赞刘忠义，其坚韧不拔的意志力、办案方式和丰富的工作经验，都足以办好此案。事实证明崔道植的判断是正确的。

刘忠义带领专案组看了3500T的视频资料，最终发现了周克华的容貌。之后，刘忠义亲自到现场侦查，进一步发现了周克华的踪迹。而之后刘忠义因为肝部问题不得不入院手术，其间，周克华再次行凶。此时，刘忠义手术后仅20天，心系人民群众的刘忠义躺不住了，起身直奔现场。最终，2012年8月14日，周克华被击毙，苏渝湘系列持枪抢劫杀人案告破。

刘忠义身上所具有的锲而不舍、百折不挠以及为破案奋不顾身的精神，都是老师崔道植身上所具有的。

2016年，崔道植82岁高龄，刘忠义请他去复核甘肃白银连环杀人案的痕迹物证。崔道植依然选择独自一人坐火车前往，儿子们让他坐飞机去，崔老说要给国家省钱，儿子们生气地说，我们出钱，不花国家的钱，行吗?

在白银搞鉴定期间，刘忠义早上5点起床，发现崔老在忙了一天之后，一宿没睡。又是一个不眠夜！这就是我国一代又一代的刑警人员，为了维护国家安全社会稳定人民的生命财产安全，所做出的巨大牺牲与贡献。而崔老已经桃李满天下，他带出来的学生从他那不仅学到了专业技术，还学到了刑事侦查人员的精神——坚韧不拔、锲而不舍、专注敬业，他们正在将这一精神传承，并发扬光大。

君之使命　铭记我心

崔道植的一生全部贡献给了刑侦事业。对刑侦事业，崔道植问心无愧；对党对国家，崔道植涌泉相报。但是对于家庭，对于爱人和孩子来说，崔道植是亏欠的。

崔道植经历过旧社会的苦日子，在他内心深处，党拯救了他，给了他读书学习的机会，给了他参军入伍入党的机会，在他内心深处，他的一切都是党给的，他的一生要牢记党恩、回报恩情。崔道植经历过日本侵华的残暴，在他内心深处，没有国就没有家。家对于他而言是承载温情的港湾，然而，在工作面前，他的小家只是客栈。

崔道植与爱人金玉伊相识在拉林。1952年12月，18岁的崔道植跟随部队到哈尔滨附近的拉林整训。由于年幼时刻苦学习打下了良好的文化基础，并能够熟练掌握汉语、朝鲜语，崔道植承担起培训三千名朝鲜族学生的教学任务。这时的金玉伊才16岁，是拉林卫生站的护士，当时，朝鲜战场上撤下来的大量伤病号集中在拉林，面对着在战场上受伤、脾气不太好的伤病员，金玉伊总是充满耐心，她的开朗热情与富有感染力的笑声是缓解伤病员情绪的一剂良药。因为经常在三千学员与伤员战友间往返，崔道植认识了同为朝鲜族的金玉伊。但是，爱情的火花此时尚未燃起。

之后，崔道植所在的16团整编归属黑龙江省军区，1955年5月，崔道植所在的团集体转业，崔道植被黑龙江省公安厅点名要走，自此，崔道植脱下军装穿上警服。经人撮合，崔道植与金玉伊相恋相爱了。之后的五年是两人鸿雁传书、共同成长进步的五年，崔道植迅速成长为黑龙江省公安厅的青年刑侦骨干，金玉伊成为黑龙江省医院的脑电科骨干。

1960年，黑龙江省公安厅为年轻人举办了一次集体婚礼，崔道植与金玉伊两人共建一个小家，之后，三个儿子相继出生。然而，两个忙碌的人在生活琐碎面前有了争吵。

对于崔道植而言，哪里有案子，哪里就是工作场所。哪里有需要，他就奔赴哪里。结婚后，他的工作重点仍然是各种疑难案件的现场。他的耐心与专注全部给了刑事科学技术，给了案件的侦办工作。

家里的一切全都留给了爱人金玉伊。金玉伊不但要承担单位的工作，还要面对孩子的吃喝拉撒睡以及家里的清洁工作等等。生活的琐碎压垮了这个开朗热情的女子，委屈与不理解渐渐浮上心头。金玉伊不禁怒火中烧：都在同一个单位工作，为什么别人家的爱人就能够每天按时下班回家，为什么崔道植就天天不着家？到底在忙什么？面对妻子的质疑，在很长一段时间里，崔道植没有能够很好地化解这一矛盾。妻子质疑时，他或者沉默以对，或者笑脸相迎，有时候也会因无法解开案件而向妻子发火，但这些都无法从根本上解决问题。

事情的转机出现在1971年。

大儿子成滨虽出生在省公安厅大院，但因为父母繁忙，最后被送回了五常的姥姥家。1971年底，年仅七岁的成滨，因极度想念父母，独自坐火车又转公交车，最终在晚上摸回到了在哈尔滨的公安厅家属大院。然而，成滨看到的却是流泪的妈妈与怒气冲冲的爸爸。

妈妈的眼泪中有委屈，有对崔道植不顾家的埋怨，更有对孩子的心疼。当天，金玉伊背着尚在襁褓的三儿子英滨，牵着刚满三岁的二儿子红滨，赶公交车。然而，在那个年代，赶公交车如同是进行一场战斗，在异常严寒的深冬赶公交车更是挑战人的神经，每一个人都裹得厚厚的，对于牵着一个、背着一个的金玉伊而言，更是艰难，既要顾及挤上公交车，又怕把手里牵着的红滨挤丢了。面对着一辆又一辆公交车驶过，母子三人始终挤不上车，她内心的崩溃，可想而知。崔道植下班后，金玉伊不免开始了指责。两人的争吵逐渐升级，成滨的到来平息了父母的争吵，也让崔道植反思，开始将自己的工作解释给妻子听。

崔道植开始给妻子讲哈尔滨市太平区一幼女麻某被犯罪分子先奸后杀。犯罪分子异常狡猾，案件缺乏关键证据，只有犯罪分子在麻某脸上留下的许多咬痕。崔道植利用七天七夜的时间，对牙弓、牙齿状态、牙齿排列间距进行认定，最终确定了嫌疑人赵某，给受害者亲属一个交代。经过此次推心置腹的交流，金玉伊了解了崔道植侦办案件的难度，理解了在办案过程中崔道植需要付出的耐心与细致，明白了崔道植在侦办案件过程中需要推陈出新创新思维。这绝对是旷日持久的挑战。

案件的发生没有一起是相同的，崔道植需要在众多的变化中寻找到关键的证据，或者将犯罪现场的蛛丝马迹变为追查真凶的证据。

善良的金玉伊更加理解了崔道植的工作，理解了崔道植如此坚守使命的原因。同时，她也更加支持崔道植的工作，主动承担起了家里的一切。正是因为有了金玉伊的付出，崔道植才在刑事科学技术领域填补了很多空白，创造了很多的奇迹。

然而，承担起家庭重担就意味着金玉伊和儿子们付出的更多。因为经济条件有限，金玉伊一年到头都是冷水洗涮，导致她关节变形。20世纪70年代，我国经济发展水平还不高，黑龙江老百姓要大量存秋菜、渍酸菜，家庭主妇则要为家人准备薄厚不一的棉袄棉裤棉鞋应对寒冷。一针一线耗掉了金玉伊几乎全部的业余时间。因为精力有限，金玉伊不能同时照顾三个孩子，成滨只能常年在五常的姥姥家生活，红滨则住到了公安厅大院中另一位姓崔的老人家里，由老人照顾，只有最小的莫滨是在父母身边生活的。

金玉伊也有坚持不下去的时候，离婚的念头无数次在脑海中闪过，可也只是闪过，最终都没付诸实施。金玉伊也找过领导，可是领导表扬了崔道植在工作中的尽职尽责和杰出表现，对于家庭生活却无能为力，只能劝崔道植兼顾一下家庭。

对于金玉伊的付出，崔道植是感激的。有空的时候，或者金玉伊生气的时候，崔道植就会做金玉伊爱吃的菜品——红烧肉和烧茄子。金玉伊吃着爱人做的这两道菜，眼里常常含着泪水。这泪水有委屈，有无奈，有来自爱人崔道植温暖与关爱的感动，更有对崔道植投身工作忽略家庭的妥协。

时间如流水，眨眼间，倏忽而过。三个儿子相继长大了。金玉伊与崔道植也变老了。结婚三十几年，崔道植一直东奔西跑出差加班，很少陪伴金玉伊。很快，两人就到了要退休的年纪。金玉伊有了期盼，等崔道植退休了，两人就可以含饴弄孙安享晚年了。

然而，让金玉伊没想到的是，崔道植退而不休。崔道植退休后，被返聘。一般情况下，返聘人员只要在力所能及的范围内工作、发挥一下余热就可以了。可是崔道植却一直坚守岗位、坚守使命。哪里有需要，哪里就有他的身影。只要有召唤，无论白天还是黑夜，他必定全力以赴。

崔道植退休后，金玉伊却更加孤单了。以前崔道植上班，自己也上班，虽然过得辛苦，但时间过得很快；而两人退休后，崔道植依然在外面工作，金玉伊一个人在家，无人陪伴，时间变得很慢。

崔道植的奔波，金玉伊的守望，两人就像是两条平行线，总也凑不到一起。年轻时，他们就因为彼此工作繁忙缺少风花雪月，年纪大了，崔道植与金玉伊更多面对的是机场与车站的离别。一次次别离不舍，一次次牵挂满怀，成为他们生活的常态。陪伴的缺失，导致了金玉伊小脑萎缩。2011年，再一次在机场送走了崔道植后，金玉伊迷路了。在这座她生活了近60年的城市里，金玉伊找不到回家的路了。这不是一个好现象，同年，金玉伊被确诊罹患阿尔茨海默病，即俗称的老年痴呆症。

可是，这时的崔道植与三个儿子明显没有意识到母亲病症的严重性，依然各自忙碌于自己的工作。崔道植依然奔走出现在各大案件现场。

这时的金玉伊老人的病症越来越重。一天早晨，金玉伊老人早早离开家，不知去向。崔道植出差在外帮不上忙，三个儿子虽是刑警，却侦查不到母亲的去向。哈尔滨市公安机关利用各种侦查手段也未发现老人的踪影。

直到一名好心的出租车司机发现金玉伊老人状态有异，根据老人语无伦次的语言，将老人送回了公安厅大院。出租车司机发现老人时，老人徘徊在机场，应该是要去接崔道植的。但老人已经不知道自己是要接人还是送人，不知道自己是要出门还是回家，但老人记得的是：不管是接人还是送人，这个人都是崔道植，家在公安厅。这个信息给了司机重要的提示，老人被平安地送回家。这时候，三个儿子正如热锅上的蚂蚁般束手无策。

之后，崔道植与儿子约好，如果自己外出工作就由儿子轮流照顾母亲，平时由自己照顾。做好家里的防护措施后，为了更好地工作，崔道植就将金玉伊锁在家里，然后去办公室工作。直到2016年，为了更好地照顾金玉伊，同时为了能够腾出时间继续工作，崔道植带着金玉伊住进了养老院。

而之后的时间里，金玉伊几乎忘记了所有，崔道植离开金玉伊超过十分钟，金玉伊也会忘记崔道植，但崔道植要是说："我是崔道植。"金玉伊又会记起崔道植。她不记得三个儿子，不记得自己的名字叫金玉伊，却记得丈夫叫崔道植，她不记得自己曾经是省医院脑电科室的主任，却记得丈夫是干枪弹检验的，记得自己的家在公安厅。对于金玉伊而言，崔道植的一切都已经刻入骨髓。

在养老院时，金玉伊在餐厅吃完饭后，总是不要回房间，总是说："走，回家，回家，我的家在公安厅。"每当此时，崔道植就陪着金玉伊围着养老院走上几圈，儿子们在的时候，就由儿子开车带她去外面兜几圈，再回养老院，告诉金玉伊："公安厅到了！"

一听到"公安厅"，金玉伊就会非常兴奋，然后就会唱起那首她唱了一辈子的歌曲——《没有门牌号的客栈》：今天还是走啊走啊，没有定处的身影；走过来的每一足迹，被眼泪浸透……

这首歌曲好似崔道植与金玉伊的真实写照。

◎崔道植与金玉伊

在两人的婚姻生活中，崔道植到处奔波，家对于崔道植而言，仿佛仅是个客栈；而崔道植仿佛只是客栈的一个住客；而金玉伊在理解崔道植的同时，承载了太多，无数的眼泪，既有相爱而不能长相厮守的难过，又有一人承担生活重任无人分担的委屈，还有对丈夫工作使命和重要意义的理解。

直到最后，这种理解深入到内心，刻入到骨子里。

我忘记了所有，却唯独记得你，记得你的工作，记得你的工作地公安厅，记得你在公安厅给我的一个家！

可能是对崔道植深入骨髓的爱，可能是崔道植对工作使命的执着深入内心，不管如何，崔道植成为金玉伊脑海中固执的存在。

2019年12月16日，崔道植到京参加全国离退休干部先进集体和先进个人表彰大会，并作为会议代表发言。回哈后，金玉伊的状态越来越差。在金玉伊去世前两天，老人一直望着崔道植流泪，这时的她仿佛回到了正常人的神志状态，昔日神采重现。面对崔道植的反复询问："要和我说什么吗？你……想说什么？"金玉伊摇摇头，然后只是流泪，她听懂了崔道植的问话，却没有留下只言片语——一切尽在不言中。

2020年初，金玉伊过世，留下崔道植独自承受永别之痛。

耳濡目染　子承父业

崔道植与金玉伊1960年结婚，1964年，大儿子崔成滨出生，1968年，二儿子崔红滨出生，1971年，三儿子崔英滨出生。

在60余年的刑侦生涯中，崔道植舍小家，顾大家。他不但对妻子金玉伊有亏欠，从孩子成长的角度来说，他在三个儿子的成长过程中也是缺席的。在儿子们的记忆里，每年年底，父亲单位分发的福利肉都是母亲分割冻好的，而这些事情在别人家都是父亲做的。在孩子们的记忆里，父亲的家务劳动就是每年秋天与母亲做好的那缸辣白菜，因为辣白菜与萝卜大白菜是一年冬天的主要菜品。早些年，基层公安机关为了感谢崔道植加班加点做鉴定，出具鉴定结果，经常会给崔道植送来一些米面油和山货，有时候是整只狍子和整羊等，在那个物资紧张的年代里，这些东西，还是很有诱惑力的，尤其对于肚子里缺少油水的孩子而言。但是，崔道植从未将这些东西用于改善自家伙食，而是送到单位食堂，给战友和同事们改善伙食。而为了给住集体宿舍的年轻民警改善伙食，他还经常把人请到家里吃饭。

尽管儿子们因为父亲不着家、家庭重担都落在工作繁忙的母亲身上而对父亲有所怨恨，但不得不说，崔道植清正廉洁舍己为人一身正气的高尚品格，无时无刻不在影响着儿子们。

在儿子们的记忆中，父亲对他们的照顾少之又少，对他们的生活也不关心，但对他们的要求却十分严格。崔道植会主动帮同事解决问题和困难，但会一口回绝儿子的要求，更不让儿子们借他的名声搞半点关系；崔道植会主动向领导推荐技术过硬的下属，让他们开拓更好的发展空间，但他不会为儿子的发展打一个招呼，反而找到儿子的领导，告诉领导儿子更适合做一个技术人员，而不是做领导，尽管儿子是通过公平竞争上岗的。

尽管崔道植在某些程度上缺席了儿子的成长，但是警察家庭的家风却在不经意间传承。

儿子们对于枪支的迷恋是与生俱来的。大儿子成滨小时候就喜欢摸枪，有一次崔道植上班忘了随身带枪，枪支留在了之前穿过的一条裤子里。成滨和二弟红滨发现了这把枪，就拿出来玩。与此同时，发现未带枪支的崔道植急匆匆返回家。成滨和红滨两人受到惊吓，手拿枪支的成滨怕被发现将枪藏起来，然后如惊弓之鸟般立在一旁。崔道植发现裤兜里没有枪支后，装作若无其事的样子离开了。两个儿子趁机将枪放回了裤兜。作为过来人，崔道植理解男孩子对枪支的迷恋与向往，所以用自己的睿智与幽默化解了这一尴尬。而之后，成滨选择了上警校，走上了警察之路。经过个人努力，崔成滨成为省公安厅刑侦总队科技专家。

在三个儿子当中，二儿子红滨是胆量最大的一个。小时候，兄弟三人经常去父亲工作的地方找父亲，也知道地下室，是父亲的同事法医黄大爷的工作地——解剖室。他对父亲的工作场所异常熟悉，而且比大哥和小弟胆子大，敢靠近解剖室，曾直言黄大爷将尸体切得一块一块的，虽然这只是小孩子的臆测。这个胆子大的红滨从小就具有绘画天赋，1986年，红滨报考中央工艺美术学院，即现在的清华大学美术学院。专业课与文化课都通过了，但红滨最后却被人走后门顶了。无奈之下，红滨离开了父母，选择了参军入伍，一来是为了做出成绩寻求父亲的认可：打小，红滨因为淘气得不到父亲的认可，所以红滨内心极度渴望获得父亲的认可；二来红滨被人顶替是心有遗憾的：如果父亲能够帮忙疏通一下，也许他就可以继续自己的爱好与事业了。

可惜，人生没有如果。人生就是一次单程旅途，而且没有彩排，只有现场直播。但是，是金子总会发光。参军入伍后的红滨因为身体素质好，提前结束训练，被调到侦查连。其后，红滨参与板报比赛，又因绘画特长获得一等奖，从而被上级部队选中当文书。之后，又调回参与军区比武，再被保送黑龙江武警指挥学校，而后被提干。转业时，红滨被安排到公安机关成为刑警，与父亲、大哥一样，成为一个战壕中的父子、兄弟。

三儿子英滨参军入伍后在部队已经取得一定成绩，后被调入黑龙江警卫局工作，工作与生活比较稳定有规律。但是这个时候，英滨感受到了父亲不一样的目光，这种目光中带有审视的意味。崔道植知道，刑事技术工作需要人个性沉静，需要耐心与专注，需要敬业又需要一定的悟性。大儿子已在刑侦总队从事计算机工作，二儿子已在一线侦察岗位，三儿子个性沉静，直觉上适合接班，做崔道植衣钵的继承人。因为此时崔道植接到领导的指示，要求寻找合适的接班人，可是，刑事技术工作本身是块硬骨头，既需要学习多学科知识，又需要耐得住寂寞与辛苦，从事刑事技术工作，就意味着一年四季抛家舍业，加班加点随时出差。从崔道植身边经过的年轻人来一批走一批，最后还是留不住人。于是，崔道植开始仔细勘查自己的三儿子。发现儿子是个好苗子后，毅然决然地让儿子转业进入哈尔滨市公安局从事刑事技术工作。

也许是冥冥之间有感召。英滨四岁时曾因将父亲的显微镜当玩具而被父亲打了一巴掌。而现在，英滨继承了父亲的衣钵，显微镜也成为英滨日常工作的必备工具。

2018年，崔道植曾问儿子是不是后悔转业从事刑事技术工作，英滨回答：只要是父亲让我做的，我从不后悔。而这时，英滨曾经的同事战友都已经成为团级干部了。

为了继承父亲的衣钵，英滨刻苦努力钻研业务。即使个人生活面临着一些难题，也无怨无悔。对崔英滨而言，崔道植不单是父亲，更是老师。父亲的为人处世、对工作的专注与敬业在无形中都传递给了崔英滨。在崔英滨成为刑事技术人员后，父亲崔道植与他有了更多地交流。时至今日，崔英滨追随着父亲的脚步，成为刑事技术部门的骨干力量，检验痕迹物证2800余件，为近百起案件的成功侦破提供了直接依据，先后荣获“哈尔滨市公安局优秀民警”、“全国优秀人民警察”和“全国百佳刑警”等称号，还获得了公安部科技进步三等奖。

崔道植虽然对孩子们缺少言语上的关心，甚至是对孩子有所亏欠，可是他的以身示范、他的高尚品格，给孩子树立了良好的模范与榜样，无形中，孩子们长大后都成了你，一个警察家庭就此塑造，红色警察家风继续传承。

（赵玉敏）

缉毒神探
——印春荣

他身材矮小，毫不起眼。他果敢机智，浑身是胆。他奋战在缉毒一线28年，30多次打入贩毒集团内部侦查。作为侦办主力，他参与破获贩毒案件3234起，抓获犯罪嫌疑人4246名，缴获各类毒品4.62吨。他是“中国十大杰出青年”“我最喜爱的十大人民警察”“全国公安系统二级英雄模范”“十大边防卫士”“公安边防部队群众工作标兵”“云南省道德模范”“最美奋斗者”。

他是荣立一等功1次、二等功2次、三等功7次的“八一勋章”获得者，他是现任国家移民管理局机关党委专职副书记，印春荣。

人民公安为人民

疾“毒”如仇

夜色阑珊，印春荣终于可以独享属于自己的时光，对于这来之不易的安宁，他倍感珍惜。长久以来，他早已习惯把心事压在心底，毕竟把秘密藏在心里是最安全的。对于毒贩，他不敢说；对于家人，他不想说；对于战友，他不用说。胸前那一排排沉甸甸的军功章，在灯光的照射下，发出了耀眼的光芒，印春荣清楚地记得每一枚军功章背后的故事。他紧紧握住挂在胸前那最沉的勋章，它由203克纯金打造，代表着军人的最高荣誉，是由习近平主席亲自为他佩戴的。作为一名老兵，能得到这么高的荣誉，是印春荣从来不敢想的，当习主席将“八一勋章”挂在他胸前时，他热泪盈眶。多少次面临着生与死的考验，多少次承受着痛苦与挣扎，多少次强忍着愧疚与不安，现在抚摸着“八一勋章”，印春荣心潮澎湃。

窗外是灯火通明的城市，五光十色的霓虹灯闪着五颜六色的光，变幻莫测。印春荣静静地看着，夜色中川流不息的车辆，熙熙攘攘的人群，一切都显得那样平静、祥和。这样的时光，正是印春荣所企盼的，他历尽艰险，九死不悔，为的就是眼前的景象。

一个卧底一年之中看到的罪恶与丑陋比常人一辈子看到的都要多得多。对于印春荣来说，成天与犯罪嫌疑人打交道，每走一步都不知道前面会不会是万丈深渊，每一个抉择背后都有可能是万劫不复。胸前的“八一勋章”让印春荣不停地回忆自己走过的路，现在想来，日月如梭，50多年的时光悄然而逝，他早已过了那“为赋新词强说愁”的年纪，现实已经把他从一个少不更事的懵懂少年变成一个千锤百炼的硬汉。或许是白天的事太多，现在他思绪万千，回忆如潮水般涌来，令他欲罢不能。他想了许多，从出生、成长、入伍、从医一直到缉毒，每一段经历都像放幻灯片一样在他脑海里一帧帧地翻过，画面清晰得好似昨日刚发生一样。

1964年7月，印春荣出生在滇西边城瑞丽，那本是一座美丽静谧的小城，群山环抱，景色宜人，可是因为与毒品泛滥的“金三角”毗邻，便蒙上了一层不该有的阴云。它既是阻击境外毒品内流渗透的西南门户，也是深受毒品侵害的地区。生活在边境的印春荣对毒品并不陌生，自打记事起，他就看到一些老人吸大烟，那时候的他对毒品的危害并不是很了解，直到读中学的时候，他才真正意识到了毒品的可怕。一天晚上，印春荣像往常一样上完自习回家，在经过一条小巷时，被什么东西绊了一个踉跄，他用手电一照，吓得心惊肉跳。在电筒光的照射下，一个早已死去的男人映入眼帘，他面目狰狞，手里还握着一支没有注射完的针管！那是印春荣第一次直面毒品带来的死亡，那一张散发着恶臭的脸，是噩梦，多年以来一直无法摆脱。从那以后，印春荣对毒品有了新的认识，也越来越了解毒品的危害。印春荣抓获的大多数毒贩，自己都不吸毒，有的毒贩甚至不让手下人吸毒，因为他们知道，沾上了毒品就意味着家破人亡。

青年时期，印春荣所目睹的悲剧，多数和毒品有关。家乡的孩子们还小时，很多父母就急着把他们送往外地的亲戚家，目的只有一个，让孩子远离家乡，以免他们长大后沾染毒品。有一个与印春荣从小一起长大的伙伴，长着一双大大的眼睛，目光纯净，志向高远，从小学到中学，一直是班里的文艺骨干，歌唱得好，弹得一手好吉他，而且聪明能干，中学毕业就找到了让同学们羡慕不已的工作。但他后来沾染了毒品，曾经炯炯有神的双眼变得呆滞无神，整个人就像着了魔一样。为了买毒品，他不但把家里所有值钱的东西都卖光了，最后还将10岁的儿子带到境外卖掉，自己也成了暴死在异国他乡的“孤魂野鬼”。印春荣的中学舍友，毕业后生意做得不错，家里盖起了小楼，日子过得红红火火，没想到印春荣再次得到他的消息时，竟然是因贩毒而身陷囹圄。印春荣的一个远房亲戚原本是村委会主任、县政协委员，曾带领村民修公路、架电线、引自来水，带头发家致富，是家族的骄傲，却也逃不过毒品的魔爪，他因贩毒被判刑，在铁窗下度过余生。只要沾染了毒品的人，就像被人松开的氢气球，看似扶摇直上，但所有人都知道，“轰”的一声炸响只是时间问题。很多吸毒者，特别是青少年，刚开始都觉得吸毒只是一场游戏，一种很酷炫的行为，最终，他们变成一股流错方向的水，再也回不到人生的正轨。

对于这些往事，印春荣既惋惜又愤怒。目睹这一幕幕惨不忍睹的现实，他的心在滴血。太多的人间悲剧，让他痛心疾首，嫉“毒”如仇。是毒品，把一个个好端端的人变成了魔鬼！如果没有毒品，就不会有那么多的人间悲剧发生，可现实中哪有如果？

1982年，印春荣高中毕业，他放弃了父母给他安排好的工作，毅然报名参军，成为一名光荣的公安边防战士。也许，正是少年时期触目惊心的一幕幕，让印春荣的缉毒之路走得如此坚定，也正是曾经的痛彻心扉，令这个貌不惊人的小个子，成长为一名缉毒神探，进而成为一枚镌刻在共和国缉毒史册上的印章。

当然，并不是所有的事情都会一帆风顺，从军以后，现实与理想南辕北辙。新兵训练结束，印春荣没能实现上缉毒战场的梦想，而是被选拔当上了卫生员，命运的安排多少让他有些失落。就这样，印春荣开始了自己的从医之路，但令他没想到的是，这条路他走了16年。16年的军医生涯，印春荣从未忘却过自己的初心，每当看到吸毒者家破人亡，缉毒警察受伤、牺牲时，他都心痛不已，暗暗发誓与毒贩势不两立，终有一天要走向缉毒战场，将他们绳之以法。有了这个信念，在做好医生的本职工作之余，印春荣都会静下心来研究缉毒形势，看到毒品案件，都会忍不住凑上去看一看。和毒贩打交道就是一场心理战，于是他苦心钻研心理学，从犯罪、大众、社会、青年等心理学到读心术，他都不断地去探索、研究。在行医的过程中，他还不断地积累自己的人脉，交往了不少地方上各行各业的人，为以后发展特情、线人奠定了一定的基础。

有同事嘲笑印春荣说：“好好的日子不会享受，整天瞎折腾什么？缉毒有缉毒警察，你操那份闲心干吗？”遇到这种情况，印春荣总是笑着回答道：“反正闲着也是闲着，做点事觉得充实一些。”出于对毒品的敏感性，从医期间，他就为支队侦查队提供了不少有用的线索，有时候看到毒贩被绳之以法，虽然自己不能参与，但印春荣心里也很欣慰。

军医请战

什么样的人才能够做卧底？其实并没有一个统一的标准。假如你长得像个文质彬彬的知识分子，却和毒贩说自己是来自云南边境的马仔，估计这戏很难演；假如你长得高大威猛，容易让毒贩产生危机感，也不利于卧底行动的展开。长得不那么像警察的印春荣，在缉毒战线上，成功将这种不像运用到极致，比如第一次主动请缨，参与缉毒侦查。

那是1998年10月，时任保山支队龙陵大队医务室军医的印春荣意外得到一个线索——有毒贩要转手一批毒品，印春荣激动地找到龙陵大队的大队长汇报。和往常不同，印春荣发现大队长除了欣喜外，还有些忧虑，一问才知道，大队里的侦查员都出去跟案子了，根本抽不出人手去查这个线索。“不如让我去吧？”印春荣鬼使神差地对大队长说道。大队长看了看印春荣，心里有些怀疑，这个其貌不扬的小个子医生能行吗？他没有参加过缉毒战斗，更没有经历过化装侦查，那可是玩命的任务，开不得玩笑，何况他也不属于侦查部门和情报部门，没必要以身犯险。

侦查是一门系统而专业的学科，要掌握法学、侦查学、情报学等各种知识，身体素质也是要考核的一项重要内容，擒拿格斗、警用武器要样样精通。看到大队长还在犹豫，印春荣再次说：“我觉得我能行！我首先是个军人，其次才是个医生，你们能上战场，我也能上！”印春荣的坚持打动了大队长，大队长同意让他乔装打扮成一个买货的老板与毒贩联系。

在大队长的指点下，印春荣拨通了毒贩的电话。在电话里，印春荣说明了自己的目的，可是毒贩对毒品闭口不谈，只是聊一些不着边际的问题，印春荣知道毒贩是在试探自己，所以不动声色地与毒贩东拉西扯。一通电话以后，大队长改变了对印春荣的看法。印春荣虽然没有经验，但是说话的方式、语气都拿捏得很准，没有什么漏洞，表现还算过得去。

让印春荣没有想到的是，自从通过话以后，毒贩却迟迟没有再联系他，这令他有些失落。他反复回忆与毒贩通话的细节，细想自己哪里说得不对或者出现了疏忽。由于是第一次参加缉毒工作，印春荣太想把它做好了，但毒贩杳无音信，让印春荣寝食难安，他无数遍设想交货的场景，想象着怎样才能把任务顺利完成。

一个星期以后，印春荣终于接到了毒贩的电话。他压抑住激动的心情，在电话中与毒贩耐心交谈。尽管毒贩依然没有谈什么时候交货，但再次连上线，让印春荣很兴奋。一来二去，几次通话后，毒贩认可了印春荣的“老板”身份，同意去龙陵宾馆交货。交货当天，印春荣早早候在宾馆等着毒贩到来。即使他已经不止百遍地告诉自己不能紧张，但一见到毒贩，印春荣的心跳还是不由自主地加快了，那是印春荣第一次真正近距离接触毒贩，他既紧张又激动。

来了两个毒贩，身高都在1.75米左右，比印春荣明显要高出一个头，光从体形来看，真动起手来，不用武器，印春荣肯定要吃亏。印春荣努力克制自己的情绪，调整呼吸，一遍一遍地告诉自己放轻松。看到两名毒贩手里空空，并没有要交易的毒品，印春荣一声怒喝：“不是说好在宾馆交易的吗？你们到底有没有诚意？”这一声呵斥，让印春荣缓解了无形中的紧张，他的神情从军医转换成了毒贩老板，那种被戏耍的愤怒一下子爆发出来。一名毒贩赶紧圆场说：“大哥，不急，不急。我们先去吃饭，其他的慢慢再谈。”印春荣暗自揣测，这毒贩肯定是老手，不会轻易相信自己，所以才改变交货地点，来试探自己。出了宾馆大门，一名毒贩骑过来一辆摩托车，让印春荣坐到中间，就这样，印春荣被两名毒贩前后夹着去了饭馆。印春荣当时想，自己要是暴露了，后面的人随时可以用刀子从背后插入自己的心脏。印春荣更担心的是，外围的战友有没有看到他出来？能否及时跟上？如果外围跟不上，到了新的交货地点，他该怎么办？难道赤手空拳和两个毒贩肉搏吗？各种想法像突然暴发的山洪，在印春荣思绪的河床上驰骋奔腾，肆意翻滚。

突然，摩托车紧急停了下来。印春荣一看，原来刚经过交通岗亭时，骑车的毒贩不小心闯了红灯，被一名交警拦了下来。因为心里有鬼，骑车的毒贩想掉转车头逃跑，眼看任务即将“流产”，印春荣赶紧制止骑车的毒贩，下车向交警走去。那位交警看印春荣有些眼熟，刚想说话，印春荣灵机一动，先开口说道：“老哥，我们是从山里来的，头一次进城，啥规矩都不懂，放我们一马吧！”他随手塞给交警一盒烟，并使了个眼色。交警明白其中必有内情，说了句“下次注意”，便挥手放行。意外为毒贩成功化解“险情”，竟然增加了毒贩对印春荣的信任，相互间的交流也更加轻松了，两名毒贩选择了一家饭馆，停了下来。

饭馆很小，一桌吃饭的客人都没有，毒贩选了一个角落坐了下来。印春荣仔细观察着饭馆的环境，发现毒贩选择的位置恰好是监控的死角，外面根本看不到里面的情况。另外，这餐馆怎么一个吃饭的人都没有，老板和毒贩难道是同伙？要是这样的话，一有什么状况，毒贩把门一关，自己想脱身就难了。印春荣脑子飞快地旋转着，一边应付毒贩提出的问题，一边想着下一步该怎么做。吃饭间，毒贩问起印春荣毒品的销路，印春荣没有这方面的经验，知道不该谈的不能谈，随机应变道："老弟，你心也太黑了吧！有钱大家赚，我告诉了你，我岂不是丢了饭碗？"

经过三番五次的试探后，毒贩终于进入了正题。在协商好价格以后，一名毒贩从小饭馆门后提出了一包东西，摆到了印春荣面前。印春荣打开一看，里面装满了毒品，这是抓捕的最佳时机，印春荣心想。可是外围迟迟没有动静，为拖延时间，便于抓捕，他以验货为借口，与毒贩进行周旋。左等右等，外围依旧没有动静，印春荣心想，难不成外围人员跟丢了？印春荣一边验货，一边观察毒贩的一举一动，寻找最佳的下手时机。趁毒贩不备，他抄起了一个玻璃杯，使劲砸向一名毒贩的脑袋，那名毒贩应声倒地，鲜血顿时喷涌而出，另外一名毒贩见状，瞬间急红了眼，掏出刀子就向印春荣捅去，印春荣侧身一闪，猛地撞向这个比自己高出一头的家伙。就在这危急的时刻，外围设伏的侦查员冲了进来，一举将两名毒贩擒住，当场缴获海洛因9.85千克。印春荣事后才知道，外围人员迟迟没有冲进来的原因是看不到里面的情况，因为毒贩进入饭馆的时候没有携带毒品，贸然行动，恐怕会打草惊蛇，后来听到里面打斗的声音，知道出了状况才冲了进去。初战告捷，印春荣的表现让所有人刮目相看，这次的经历让印春荣初次品尝到了胜利的喜悦，也为他成为一名缉毒警察奠定了基础。如果不是因为这个案子，今天的印春荣很可能还穿着白大褂，拿着手术刀，站在无影灯下。

由于首次缉毒任务圆满完成，1999年1月4日，印春荣被借调到保山公安边防支队情报科工作，还没有体味到新岗位带来的新鲜感，压力就扑面而来。半路出家的印春荣，以前所学的理论与现实需求相差太远，连最简单的讯问笔录和侦破报告，他都要从头学起。印春荣感觉所有人的目光都在盯着自己，都在看他这个半路出家的人到底行不行。他不断勉励自己："世上无难事，只怕有心人。没有不行，只有不敢，只要自己比别人努力一点，一定能把事情做好。"印春荣心里清楚，要想成为一名合格的侦查员，除了要忠于职守，掌握相关的办案程序，还必须有一套过硬的本领。为了消除大家的疑虑，他认真钻研专业书籍，阅读大量的卷宗，细心揣摩毒贩的心理，分析贩毒的规律和特点，虚心向其他战友学习，努力掌握与毒贩周旋的技巧，不断提高办案能力。印春荣要求自己不但要学，还要学精。他的情报线索来源比较窄，没有特情、线人，只能自己不断去跑、不断去获取信息。"功夫不负有心人"，在缉毒这条道路上，印春荣从一个"新手"慢慢成长起来。

1999年3月，印春荣被任命为情报科副科长，正式脱离军医行业，成为一名真正的缉毒警察。被委以重任，应该是值得欣喜的，但印春荣担心自己力不从心，难以胜任，毕竟在缉毒这条路上，自己走的时间还太短，三个月的时间，理论上自己还是个新兵，要承担这么大的责任，印春荣有些惶恐。“带好队伍比做好自己难多了。”印春荣说道，他认为自己道行很浅，别人也对他不服气。印春荣急切地想证明自己，可是时运不济，1998年的时候，保山公安边防支队的毒品查缉量和办案数量都达到了一个顶峰，到了1999年，支队的毒品查缉量进入了一个低谷，与1998年的战绩形成了鲜明的对比。私底下，大家都在议论，以前的情报科科长在的时候，经常有老百姓来提供情报、线索，印春荣负责情报科以后就很少了，这时候大家开始质疑，是不是印春荣不称职。每当听到这些言语，印春荣心里很不是滋味，但对于呈直线下滑的成绩，印春荣也是有心无力，大环境的影响，让他施展不开拳脚。印春荣感觉自己被压得喘不过气来，他不停地质问自己：为什么别人能做到，自己却做不到？这时候，争论没有任何意义，印春荣只能坚持自己一贯的做法，在没有办法改变的时候，选择做好自己。他不停地在自己身上找原因，是不是像战友说的那样，自己的能力确实有问题，对于自身暴露出来的缺点，他没有埋怨别人不理解，更没有辩解，而是选择收起自己的委屈，拼命做出个样子来。

印春荣针对贩毒活动出现的新情况、新问题进行研究，他不断尝试，查找、总结各方面的经验和不足，制订了多套工作策略和措施，对打击毒品犯罪起到了较好的促进作用。经过了1999年一年的补课与积累，印春荣快速成长了起来，从缉毒战线上一个什么都不懂的“新兵”，变成了一个专家。战友们有问题问他，他总能给出令他们满意的答案。这个小个子不可小觑，他的眼里有活儿，心中有劲儿。印春荣像一把出鞘的利剑，在缉毒战场上大杀四方，打团伙、摧网络、缴毒资，逢战必胜，有案必破，这时候，人们终于认可了印春荣，向他投来赞赏与信任的目光。

小时候，印春荣的母亲时常告诫他“不一定要争第一，但不要落于人后”，母亲的很多教诲他都忘记了，但这句话他一直都记得。母亲朴实的话语，让印春荣从小养成了不服输的性格，也正是这种性格，让他在面对困难的时候能够迎难而上，化压力为动力。

“上帝之眼”

一支烟抽罢，印春荣拿起了手机，在查看微信聊天记录的时候，一个微信头像吸引了印春荣的注意，那是一个类似“上帝之眼”的图案。印春荣不知道自己什么时候加了这样一个好友，但一看到“上帝之眼”的图案，他不由得警觉起来，或许这已经成了他的职业病。

第一次见到这个图案，已经是20多年前的事了，那时的印春荣还是一名军医，20多年前的一天晚上，雷电交加，狂风暴雨，胆扎村已经很久没有下雨了。院内的狗不停地叫着，印春荣发现院子里站着一个人，隔着雨帘印春荣认出，这是胆扎村的村民，一名景颇族女人。印春荣朝着那人喊："老乡，你有事吗？""我男人要死了，你救救他！"女人答道。印春荣不敢怠慢，拿起医药箱便和女人一起出了门，在路上，印春荣了解了情况，上个月她的男人私自去了一趟缅甸，回来后便染上了毒瘾，今天晚上，不知道怎么了，她男人在吸食完毒品以后便在地上打滚，无计可施的女人想到了印春荣，便跑来找他。又是毒品，印春荣心里不觉升起了一团怒火，毒品一次次地将魔爪伸向朴实的边民，致使一个又一个家庭支离破碎，令人心痛不已。到了女人家，印春荣发现她的男人已经死去多时了。"他死了！"印春荣对女人说道。这一句话，仿佛就是一颗子弹，生生要了女人的命，她做梦也没有想到丈夫会离她而去，如今她才二十几岁，孩子才三岁，在农村，没了男人，女人不知道将如何生存。印春荣报了警，经法医鉴定，死者确实是吸食毒品过量引发的猝死。在死者的家里，民警找到了十多克高纯度的海洛因，它用包装纸包着，在包装纸上印有一个酷似"上帝之眼"的图案，一个简单的三角符号里圈着一只眼睛，它像一颗黑色的玻璃球，眼眶边上是一滴似泪似血的液体。

第一次见到"上帝之眼"图案的时候，印春荣其实并没有在意，但接二连三地发现印有这个图案的毒品包装纸以后，他才感觉这个图案并没有那么简单。是的，它是一个贩毒集团的标志，为首的便是大毒枭裘天。

2002年8月，印春荣任保山边防支队副参谋长，分管情报和缉毒工作，他截获一条“天哥，老周已到阿昆家，大电视机可以看，效果很好”通话线索，根据经验印春荣推断这句话的意思应该是“天哥，广州人已经到了昆明，大货车已经准备好，非常隐蔽，可以出货”。在截获情报以后，印春荣带着一名情报科侦查员赶到曼海桥边境检查站，与官兵一起排查一切可疑的大货车。8月的滇西，曼海桥异常炎热。在室外，公安边境检查站的边防官兵全副武装，穿着近十斤的防弹衣，戴着又重又硬的防弹头盔，即便不动，热汗也止不住地流。已经过了三天了，查了无数辆车，依旧没有发现毒贩口中的那台“大电视机”，技侦那边也没有发现那个电话再打过，线索好像消失了。“这样下去也不是办法，在众多的大货车中，要找到那辆运毒车谈何容易。我们不可能把所有的货物都翻一遍，或许那辆车早已经从我们身边过去了，又或许它从其他路线走了。”情报科侦查员对印春荣说。印春荣无法回答，他很清楚公开查缉本来就有它自身的缺陷，如果没有情报作为先导，要想通过人力把过往的一辆又一辆大货车都细细检查，那基本上是不可能的事。但是他总感觉，那辆运毒车还没有从自己身边经过，而且肯定会走曼海桥这条线。光凭一种莫名其妙的感觉，他知道是说服不了别人的，就连自己也说服不了，印春荣只能期盼技侦那边能有新的线索，也希望那辆运毒车能够经过自己的身旁。

正当印春荣思考着，一辆大货车开进了查缉点，车上装满了木地板条。执勤官兵对驾驶员盘问检查以后，并没有发现可疑的地方，抽取两块地板条进行检查，也没有发现什么异常。印春荣仔细观察着驾驶员的一举一动，他神情自然，回答问题时没有慌张的迹象，执勤官兵将证件递给驾驶员准备放行时，印春荣总觉得哪里不太对劲，对执勤的官兵说："等一下！"印春荣带着两个战士又一次爬上了大货车，把上面的地板条搬到一边，从中间抽了两块地板条出来。当拿出中间的地板条以后，印春荣的心猛烈地跳动起来，凭直觉，他便断定这地板条里面有货，他用探测针一戳，针上便沾满了白色的粉末。印春荣抑制着激动的心情，给两名战士打了个手势，让他们下车控制住驾驶员。当手铐铐住驾驶员的手腕时，驾驶员一脸茫然地看着执勤官兵，不住地问道："这是怎么回事？这是怎么回事？"当被告知涉嫌运输毒品时，他吓得浑身抖如筛糠，开始检查到审讯，印春荣并没有发现驾驶员有任何疑点，从掌握的情况来看，驾驶员对车上藏有毒品的事实并不清楚。

这也是毒贩的高明之处，他们事先把毒品藏到了货物中，再随意找辆车来装货，货车驾驶员对货物里的毒品一无所知，在接受边防检查的时候，自然也不会紧张，这样一来，也就更容易蒙混过关，从运输手法来看，毒贩应该是个老手。按照毒贩的做法，应该有探路的车，还有跟踪的车，如果将毒品取出，再进行延伸的话，时间上肯定来不及。印春荣向支队建议："将货车和司机一起押送到昆明，进行控制下交付。"支队领导经过研究以后，同意了印春荣到昆明去跟进案件的意见。

从保山到昆明大概要七八个小时，因为印春荣他们开的是货车，速度特别慢，七八个小时的路程，他们要走十多个小时才能到，由于在检查的时候耽搁了一段时间，为了准点到达，印春荣在路上一刻也不敢耽搁，饿了就啃两口面包，困了就抽根烟，十多个小时的车程，除了中途在加油站停过一次以外，印春荣中途就没有停过。"老板，你的货已经到达昆明，我开到哪里卸货？"印春荣用货车驾驶员的手机给接货人打了个电话。"你把车开到驼峰物流货场，到时候会有人来找你。"电话另一头的人说道。按照毒贩的要求，专案组的人员开着运毒车赶到驼峰物流货场，等待毒贩来接货。等了一下午，接货人始终没有出现，印春荣只得又打了毒贩的电话，催他赶紧来取货。"老板，我在驼峰物流等了一下午，都没有人来接货。你赶紧过来，我还等着回家呢。"印春荣催促道。"你别急，我在外面有点事，你的车就先停在那里，我办完事就过来取。你放心，我会给你误工费的。"电话另一头的人说道，还是没有来取货的意思。印春荣不知道毒贩所说的"办完事"是多久，但他知道这是毒贩的迂回之计，或许毒贩就在附近监视着运毒车，为了不引起毒贩的怀疑，印春荣也不能再催促毒贩来接货，只有等待。

印春荣找了一个房间，对运毒车进行秘密监控。秘密监控就意味着你要目不转睛地盯着你的目标，而且任何时候都要集中精神，不能有一丝的疏忽大意，而且昼夜都不能休息，哪怕是断一分钟也不行。通常来讲，监控位置一旦选定，侦查员就不能随意走动，基本上吃喝拉撒都要在监控房间内进行。盯着运毒车久了，常常会出现一些幻觉，总感觉看到有人接近了运毒车，但叫醒同事一看，才发现是自己的幻觉，折腾了四天四夜，毒贩总算咬钩了。印春荣在对讲机里报告：“老鼠已经出洞，准备放鹰。”“收到！”外围的同事回答道。只见来人绕着运毒车走了一圈，便准备离开。“抓还是不抓？”印春荣有些纠结。抓的话，或许这小子就是一个受雇的马仔，一问三不知，一打草惊蛇便前功尽弃，不抓的话，那就意味着自己和战友还要忍受这无穷无尽的煎熬。

“这是一只小老鼠，暂缓放鹰。”印春荣坚定地说。外围同事紧盯着前来的马仔，试图找出毒贩的老巢，奈何来的马仔是个老手，带着侦查员瞎逛，满大街绕来绕去，把大半个昆明城都绕了个遍，就是不到老巢里去。接到外围的情况报告以后，印春荣更加肯定自己的判断，来的人就是一个探路者，大鱼还藏在后面。又过了几个小时，货车驾驶员的电话终于响了。印春荣拿起了电话，问道：“老板，你这是去哪儿了？我都等你几天了，拉你这车货，我可亏大啦！赶紧找地方给我下货！”“放心，酬劳我会给你的，你现在把车开到尚美家具城，到时候我来接货。”电话另一头的人说道。

接完毒贩的电话，印春荣犯难了。尚美家具城是昆明较大的家具装饰材料市场之一，坐落在昆明市西山区繁华的商业中心，共有上百户经营者，主要经营家具、装饰材料、厨具、美术工艺品和灯具等。印春荣开着运毒车去尚美家具城与毒贩接头，按照毒贩的指点，沿着家具城的巷子把运毒车往里开，左拐右拐，终于找到了毒贩指定的门店。“富利地板。”印春荣轻轻说了一句，让外围的同志做好准备。“老板，我到了，你在什么地方？”印春荣打通了毒贩的电话，问道。“我就在店里，你进来吧。”店里有多少人？是否带着武器，印春荣在心里盘算着，到了门口已经容不得他犹豫了。

走进富利地板的店面，里面只站着一个男人，30岁左右，脸上的肉堆得都垮了下来，脖子显得又粗又短，那脖子上的肉一层盖一层，最胖的要算肚子了，不用鼓气，也像皮球一样圆，腰带像是系在大腿上。印春荣怎么也想不到毒贩居然是这副模样，这么一个大胖子，走路都费劲，更别说逃跑了。一直悬着的心也放下了不少。“我是来卸地板的，你就是老板？”印春荣问道，确认这大胖子是不是自己要找的毒贩。大胖子点了点头，店里只有他一个人，此时不抓，更待何时。幸运的是印春荣抓住时机，

◎印春荣（左一）与同事正在办案

偷袭成功，由于大货车挡住店门口，虽然里面打得稀里哗啦，也没惊动外边的人。印春荣给外围人员打了个电话："老鼠已经逮到，派人化装成马仔进来搬货。"化装的侦查员到达富利地板门店以后，像普通卸货马仔一样，不动声色地把木地板条搬进了店里。印春荣按毒贩一贯的做法，将卷帘门拉下，开始从地板条里撬出毒品，差不多用了一个小时，印春荣和他的战友将木地板条里的毒品全部撬了出来。看着堆满一地的海洛因，在场的所有人都震惊了，更让印春荣欣喜的是，他又见到了印有"上帝之眼"图案的毒品。

大胖子交代，这些毒品是属于一个叫天哥的人，天哥行事诡秘，不轻易露面，手上有庞大的毒品贩运通道，他手下有个叫马彪的人具体负责此次的毒品贩运活动，马彪常年隐藏在缅甸，现在广州方面的跟线人已经到达了昆明……印春荣步步紧逼，第一次与裘天交手，抓获犯罪嫌疑人9人，缴获毒品海洛因184千克，毒资600万元。裘天丢了近一亿元的货，折损了几员大将，对他来说，是不小的损失。

与裘天的第二次交手，是印春荣假扮接货人，独闯贩毒村取货，印春荣诱骗三名毒贩走出村口，埋伏在村口的战友将其三人一举抓获。此次交手，打掉了裘天将近100千克的海洛因，虽然从毒品数量来讲，裘天的损失不小，但从结果上看，裘天的贩毒集团里的核心成员一个都没有抓到，更别说裘天了。这个结果令印春荣很不满意，他深知要想接近裘天的核心团伙，必须打入他的集团内部，采用顺藤摸瓜的方式永远都只能被毒贩牵着鼻子走，即便打掉他一百次的货，也无法摧毁贩毒集团的网络。

两次失利以后，裘天变得越发谨慎起来。尽管印春荣联系了所有的特情、“朋友”，也没能找到裘天的踪迹。直到2003年11月20日，当时印春荣还在外地办案，突然接到支队的电话，称曼海桥公安检查站从一辆桑塔纳轿车车胎钢板夹层里查获海洛因5.964千克，毒品外包装上印有印春荣一直在寻找的“上帝之眼”标志。也正是这个电话，让印春荣一直思考的卧底计划得以实现。印春荣冒死打入裘天贩毒集团内部，先后辗转三省七市，与2名毒贩同吃同住19天，获取并发出了案件关键情报信息，虽最终将日产20千克的冰毒加工厂打掉，缴获冰毒231.86千克、毒资695万元，但依旧没有抓到主犯裘天，这不免让印春荣心情十分低落。

自印春荣卧底行动之后，裘天消失了，缴获的毒品中印有“上帝之眼”标志的毒品也是寥寥无几，没有人知道裘天的下落。直至10多年后的2015年11月，印春荣顶着刚做过心脏支架手术的风险，带队侦查1个月，才彻底打掉裘天特大武装贩毒团伙，抓获包括裘天在内的犯罪嫌疑人11名，缴获毒品13.7千克、枪支10支、子弹1050发。

牺牲之痛

印春荣从事缉毒工作28年，31次卧底侦查，7次执行境外卧底任务，5次直面生死考验，先后破获贩毒案件3234起，抓获犯罪嫌疑人4246名，缴获各类毒品4.62吨、易制毒化学品487吨、毒资3520余万元。印春荣随时随地面临着生与死的考验，一次又一次承受着痛失战友的巨大悲痛，但他并没有退缩，仍旧英勇顽强地奋战在缉毒第一线。

也许一声“再见”，却是永不相见，也许走出家门，便是阴阳两隔。这是所有缉毒警察生活的真实写照。当习近平主席将沉甸甸的“八一勋章”挂到印春荣的胸前时，热泪模糊了他的双眼，他眼前出现的是一个个牺牲的战友的身影。

印春荣深知，这枚沉甸甸的勋章，不仅仅属于他个人，更属于那些已经长眠于祖国边防线上的战友，属于千千万万在祖国的边海防一线舍生忘死、保卫祖国安全的战士，属于一代又一代为了祖国的强大和人民的尊严浴血奋战的先辈，他只是代表他们来领受这个勋章。紧握着这枚属于英雄的“八一勋章”，印春荣觉得自己是幸运的，他虽然历经许多磨难，可以说是九死一生，但他幸运地活了下来，而他的许多战友却已经长眠地下，为缉毒事业献出了年轻的生命。

印春荣一位战友的妻子，在丈夫牺牲之后，忍着巨大的悲痛，写下了这样一段话：“我祈求和平的甘露洒遍世界每一个地方；祈求因战乱而贫瘠的地方早日祥和安宁；祈求每一个警察平安健康，早日凯旋，把荣光灿烂的勋章别在亲人胸前，把寓意美好的名字写进宝宝的笑靥。”

印春荣清楚地记得，那是2007年3月25日，他的战友们在抓捕毒贩时，遭遇武装贩毒分子的突然袭击。抓捕地点有个浪漫的名字：月亮石，它在中缅边境，属云南省德宏傣族景颇族自治州盈江县支那乡。那次战斗牺牲了三个战友，是冲在最前面的甘祖荣、徐胜前、白建刚。隐藏在密林深处的毒贩不仅开枪射击，还投掷了手榴弹，现场枪弹声大作，硝烟弥漫。排长甘祖荣当场牺牲。本来甘祖荣刚刚探亲回来，领导没安排他上一线参加行动，可倔强的甘祖荣软磨硬泡了半个多小时，硬是“挤”进了专案组。“亲爱的，离开你四个小时了，我又开始想你了，其实我很想和你一起看支那乡的日出，每次我一个人看时，我都想着，如果你在该有多好，我的愿望很快就能实现了，对不对？”那是出事前一天晚上，在甘祖荣遗留的手机里发现的，是他给女友发的短信。字里行间，浸透着真情挚爱。“亲爱的，咋不等我看日出？”他的女友流着泪说，“本来在今年年底，他就要迎娶我了，可他工作太忙，几次推迟了婚期。”“作为一名边防警察，戍守在祖国的边关，我感到很快乐、很充实，我最喜欢看的就是边关的日出，苍茫磅礴，使我充满了力量……”甘祖荣在生前的一篇日记中写道。侦查员徐胜前腹部中弹，血流如注，就在离救护车不足100米的地方，流尽了最后一滴血。副大队长白建刚被手榴弹弹片割断了主动脉，他留下的最后一句话是：“我的儿子9岁了，学习很好……”

当时，印春荣正跟随“百姓最喜爱的十大人民警察巡回报告团”在山东做报告，听闻噩耗，他一夜未眠。第二天走上报告台，他难以抑制自己的感情，在报告台上说道：“我的战友牺牲了，就在昨天。白建刚是我亲自从四川接来的兵，如果我不来做报告，这场战斗的指挥员应该是我，很可能牺牲的就不是白建刚，而是我。我不是什么英雄，那些牺牲的战友才是真正的英雄。”话音至此，印春荣再也说不下去了，眼泪哗哗直流。

在众多牺牲的战友中，印春荣最难过的要数他的徒弟陈锡华，那是他心里过不去的一道坎。他时常想，如果当时再努力一点，或许陈锡华就不会牺牲。2011年3月30日，印春荣调到畹町边防检查站任政委15天后，就带领情报侦查科查获毒品7000多克，据毒贩交代，毒品将卖给芒市的一个景颇族人。由于当时印春荣工作比较忙，就让情报科科长带着专案组，押送毒贩去芒市跟进案件，进行控制下交付。专案组在芒市顺利地抓获了那名景颇族毒贩，对景颇族毒贩审讯以后，专案组发现他与龙陵的一名毒贩还有联系，专案组又带着毒贩继续赶往龙陵延伸案件。可能是在芒市的抓捕过于顺利，在龙陵延伸案件的时候，由于没有做好充分的准备，专案组吃了毒贩的亏，导致主犯逃跑，毒品丢失。这样重大的失误，让印春荣心急如焚，他不敢怠慢，带着驾驶员连夜从畹町赶到龙陵，一路上都在想该如何补救，一刻也没有休息。专案组负责人羞愧得抬不起头来，印春荣顾不上责怪，带领专案组成员查看现场，寻找线索。在现场，印春荣并没有找到什么有价值的线索，连对方是什么人、驾驶的车辆号牌是多少都不知道，要想找出毒贩，简直像大海捞针一样困难。但越是困难的事情，就越能激发印春荣的战斗欲望，他一边派人封锁了所有的交通要道，一边调看所有卡口的监控录像，经过几个小时的努力，印春荣终于在进入龙陵加油站的一个卡口的视频中，发现一辆可疑车辆，并根据车辆信息排查出四个可疑人员。

从对毒贩一无所知，到锁定可疑人员，印春荣只用了短短几个小时，专案组成员提到嗓子眼的心也落了下来，心里由衷地佩服，姜还是老的辣。在印春荣的指挥下，毒贩藏匿在一家医院角落的车辆被成功找到，还抓获了两名可疑人员。但经过一天一夜的审讯，也没能撬开嫌疑人的嘴，嫌疑人一口咬定自己没有贩毒。看专案组无计可施，印春荣只得亲自挂帅，对嫌疑人展开心理攻势，几番较量之后，毒贩终于松了口。根据毒贩的交代，案件顺利延伸到了文山、昆明等地，抓获毒贩五人。案件侦办完以后，所有人都被印春荣临危不乱的指挥才能折服了。但对于印春荣来说，这个案子是不完整的，因为逃脱的毒贩没有抓到，还需要继续追捕。由于另有任务，印春荣便叫来了徒弟陈锡华。当时，陈锡华是保山边防支队侦查队教导员，印春荣将抓捕逃跑的景颇族毒贩的任务转交给了他。印春荣万万没想到的是，就在他回畹町几个月之后，噩耗就传来了，陈锡华与毒贩展开殊死搏斗，掉进了湍急的河流，他的遗体被打捞出来时，手臂和毒贩的手臂死死地缠在一起，而这个毒贩正是当时逃走的景颇族毒贩。

听闻噩耗的印春荣抱头痛哭，那是他一手带出的徒弟，他看着陈锡华从侦查员，一步一步成长为教导员，没想到短暂的分别以后，竟然是天人永隔。印春荣恨自己，如果他不离开保山，或者是当时那个案子自己再努力一点，亲自将逃跑的毒贩追回，也许陈锡华就不会牺牲。无论印春荣如何痛心，他也无法让时光倒流。眼泪止不住地流，滴到了勋章之上，一枚勋章的背后凝聚着无数战友的血，亲人的眼泪。

“儿守边关缉毒犯，为国尽忠今长眠。儿是青山顶天站，英烈忠魂世代传……”印春荣默念着这几句诗。它并不是出自哪一个诗人之手，那是他的部下杨军刚牺牲以后，杨军刚的老父亲强忍痛失爱子的悲伤，挥笔写下的《悼儿诗》。而杨军刚参与的这次缉毒行动，是时任普洱边防支队支队长的印春荣批准的。

2016年3月7日上午，江城边防大队侦查队队长杨军刚带领8名官兵，分成两组在两个点查缉。10:20，杨军刚率一组在康平镇一带查缉时，发现三名男子神色慌张，形迹可疑。正要上前进行盘查时，三名可疑男子拔腿就跑。“追！”杨军刚一马当先，战友们紧随其后，眼看距离越来越近，突然从草丛中跳出一名男子，持火药枪向官兵开枪射击，冲在最前面的杨军刚胸部和腹部被击中，鲜血顿时流了出来。这名男子射击后立即逃窜，杨军刚忍着剧痛，用手捂住伤口坚持追击，一米、两米……追出10多米后，他倒在了地上。杨军刚身上多处受伤，战友们围上来，马上对他进行现场紧急救治，此时的杨军刚还在用微弱的声音问：“逮住没有？”没想到，这是他留下的最后一句话。噩耗传来时，爱兵如子的印春荣肝胆俱裂，伤心欲绝，杨军刚是他一手培养起来的优秀的侦查队队长，杨军刚的牺牲，令他如万箭穿心。看着伤心欲绝的家属，印春荣收起了自己的悲伤，他清楚不论多么悲痛，都要擦干眼泪继续战斗，抓不到毒贩，他就无法向牺牲烈士的家人和百姓交代。

强忍着悲痛，印春荣连夜从普洱赶往江城，一路上，他的电话一直没有断过。“排查一切可疑线索，所有人必须沉着应对！”印春荣在电话里说道。哪怕是在当时那样危急的情况下，他的每一句话依然掷地有声。到江城的时候，已经是凌晨时分，印春荣第一时间赶赴事发现场进行勘查，现场勘查的情况并不理想，急得印春荣犹如一头困兽，战友们看着印春荣的背影，一夜之间，他仿佛已经苍老，但那股倔劲还在。天亮以后，印春荣不停地向当地群众询问情况，那是战友第一次看见他的眼神中流露出恳求。在战友眼中，印春荣一直是临危不惧、战无不胜、威风凛凛的人，可是那天战友看到的，分明只是一个强忍着泪水的老侦查员在尽自己最大的努力，想尽一切办法去捕捉案发时的蛛丝马迹，想凭借自己的力量，给烈士报仇，给家属以安慰。经过大量的排查和了解，印春荣终于锁定了一名老挝籍犯罪嫌疑人，可当印春荣带着专案组前往犯罪嫌疑人的住所进行抓捕时，整个房间空无一人，犯罪嫌疑人逃跑了。印春荣走到床前，伸手一摸，发现被窝还是热的，他断定犯罪嫌疑人一定是刚逃跑不久，便带着专案组人员拼命追赶，由于边境地区情况复杂，还是让犯罪嫌疑人逃回了老挝境内。

跨国抓捕非常棘手，但即使追到天涯海角，印春荣也不会放过凶手，无论如何困难，不抓到凶手，他誓不罢休。印春荣当即启动中老联合执法机制，亲自率队到老挝，与老挝警方进行交涉。谈判的过程是曲折而复杂的，印春荣心急火燎地想抓捕凶手归案，但老挝警方的态度很不明朗，总是找理由搪塞。印春荣只得抑制着悲愤的情绪，有条不紊又非常有礼地和对方反复协商抓捕和交人事宜。老挝警方总是说："你们回去吧，我们会给出交代。"每次听到这样的话，印春荣心中的愤懑就增加一分，他不停地抑制自己的情绪，反反复复地与老挝警方交涉，但对方始终没有给出一个明确的答复。自从到老挝之后，印春荣攥紧的拳头一直没有松开过，他的腰板挺得笔直，丝毫看不出来他已经四天四夜没有睡过觉了。第一次谈话结束后，印春荣说要到犯罪嫌疑人居住的村寨去走走，战友们听了都大吃一惊，坚决不同意。一来是想到这么多天以来，印春荣真的已经非常疲惫了，再有就是这个村寨枪支毒品泛滥，随时可能发生危险。可没有人拗得过印春荣，他说："军刚含恨而去，老挝警方推三阻四，我们不能把希望寄托在对方身上，还得靠我们自己。"

最后一次与老挝警方交涉时，对方的态度突然变得非常不明朗，既不急着催我方返回，又不提抓人的事情，整个谈话一度陷入了沉寂。此时的印春荣已经忍无可忍，他拿起一摞厚厚的文件，狠狠地砸到桌上，说："我要是不抓这个人，我就对不起自己的兄弟！我要是不抓这个人，我没法对军刚的家人交代！我要是不抓这个人，我没脸回去面对全支队的官兵！你们听好，抓不到这个人，我就一直在老挝待着，什么时候抓到了，我什么时候走!”老挝警方惊呆了，他们完全想不到这个其貌不扬的小个子会迸发出那么大的力量和决心。最终，在印春荣的不懈努力下，老挝警方不得不出动大量警力配合抓捕，将向杨军刚烈士开枪的犯罪嫌疑人缉拿归案。回到普洱后，印春荣攥紧的拳头缓缓松开了，那个晚上，他独自在没开灯的办公室里待了很久，后来，印春荣从办公室里走出来，面朝江城的方向，行了一个无比坚定的军礼。霎时间，两行滚烫的泪水从他眼中奔涌而出，男儿有泪不轻弹，只因未到伤心处，杨军刚烈士的仇总算报了，但亲爱的战友却再也回不来了，只能永远长眠于地下。

为有牺牲多壮志，敢教日月换新天。在缉毒战线上，基本上每年都有战友牺牲。战友的牺牲令印春荣痛心不已，让他更加明白，缉毒就是一场你死我活的战斗。但他不会就此退缩，带着对牺牲战友的哀思，他的步伐更加坚定。

儿子的“谎言”

印春荣的缉毒生涯，对于妻子李丽娟来说，每一天都备受煎熬，不仅见不到印春荣的人影，还要整天为他提心吊胆。李丽娟是一名出色的妇科医生，在柔弱的外表下面，藏着一颗刚强的心，自从嫁给了印春荣，她便承担起了家里的一切，上要照顾老人，下要抚养孩子，为了不让印春荣担心，家里的事，她一般不会对印春荣说。但当听到印春荣的战友牺牲、负伤的消息，她就睡不着觉，那个时候，李丽娟很想给印春荣打个电话，想听听他的声音，更想看到他，但是在印春荣办案子的时候，是不能给他打电话的，打了他也不会接。每一次，印春荣出去办案子，李丽娟真的不知道，他究竟是不是还好好地活着，他究竟还能不能平平安安地回到她和儿子身边。每个女人都希望有一个疼爱自己的丈夫，对于李丽娟来说，也是如此，但印春荣既然选择了穿上军装，选择了缉毒，就意味着要亏欠家庭。

李丽娟也后悔过嫁给印春荣，但当她见到那么多人因为吸毒家破人亡时，她也越来越理解他、支持他。毒品害了无数人，印春荣多缴获一点毒品，多抓一个毒贩，就能够多挽救一个家庭。他以前当军医，用医术救人，后来去缉毒，他和他的战友们，是拿他们的生命，去治疗被毒品危害的社会，去治疗那些被毒品害得支离破碎的家庭。

李丽娟最大的心愿，就是世界上再也没有毒品，印春荣也就不用再这么忙了，一家人可以开开心心地逛街，和朋友聚会，再也不用过这种担惊受怕的日子。可是李丽娟深知那只是个梦想，毒品背后是巨额的财富，毒贩是抓不完的，印春荣的脚步永远不会停歇。她唯一的愿望，还是那两个字：“平安！”希望印春荣和他的战友们，每一个人都能平平安安地完成任务，平平安安地回家。

人民公安为人民

对于印春荣的儿子来说，爸爸永远都是那么忙，仿佛一台永动机，一直旋转着。儿子对印春荣的感情很纠结，他从小就知道，爸爸是边防警察，了不起。但是爸爸很少来学校接他，更不可能穿军装来学校接他。妈妈总是说爸爸在缉毒，在抓毒贩，在干大事情。但是妈妈又跟他说，这些事情你不能跟老师说，也不能跟同学说，你爸爸经常做卧底，如果被人知道了，你爸爸就危险了，妈妈跟你也就危险了。10多年前，印春荣被评为“全国十大杰出青年”，儿子也很自豪，可是他不能跟老师、同学说，他就是印春荣的儿子。为什么呢？如果谁都知道他是印春荣的儿子，说不定哪天，他就莫名其妙被人绑架了，甚至有可能被人杀害。好多次，他看见妈妈一个人哭，当他问妈妈为什么哭时，妈妈告诉他：“你爸爸的战友牺牲了。”他不知道该如何安慰妈妈，只能陪着妈妈哭。

上中学的时候，老师叫他们写作文，题目是《我的父亲》。一个简单的题目却难住了孩子，不知道该如何下笔。如果他拿起笔来就写，我的父亲名叫印春荣，是一个大名鼎鼎的缉毒英雄，他办了几百个案子，抓了上千名毒贩，缴获了好几吨毒品，老师、同学不笑他吹牛才怪。无奈之下，他只有去网上抄一篇，他当然知道，缉毒是造福全人类的大事，他很佩服爸爸，也很理解爸爸，可是他没机会跟印春荣说一声：“爸爸，我为你骄傲！”就算有机会，他也说不出口。

小时候，儿子总是希望印春荣能够陪他过一次六一儿童节，可是印春荣一次也没陪过他。有一次，他在日记中写道：“今天，爸爸陪我过了一次六一儿童节，我很开心。”可那一天，印春荣是和战友们在办案。那是2005年6月1日，原本印春荣已经安排好时间，准备好好陪陪儿子，怎料曼海检查站在一辆德宏方向驶来的东风欧曼型卡车上查获了242块海洛因，计重84.7千克，抓获两名嫌疑人。获悉曼海站查获毒品和运毒车辆后，支队党委十分重视，迅速成立了由印春荣任组长的专案组，负责侦办此案。接到命令后，印春荣不得不又一次爽约，立刻投身到案件之中，带领专案组分析案情。他认为，要突破此案，必须从毒品的接货人查起，采取顺藤摸瓜的办法进行延伸，印春荣随即带领专案组赴昆明实施控制下交付，在昆明成功抓获两名接货人。对于案件来说，印春荣是有功的，但他又一次失信于儿子，当他看到儿子的日记时，被儿子这个“谎言”刺痛，心里充满了愧疚。如今，儿子对印春荣也越来越理解，也慢慢懂得印春荣奉献背后的意义，他也想要成为像爸爸一样的人。

初心不变

近40年的从警之路，印春荣铁心向党、初心不改。

从普通一兵成长为厅级领导干部，他始终听党话、跟党走，

◎印春荣（右一）到澜沧边境检查站传授查缉经验

恪守初心、忠于使命，把崇高的人生追求镌刻在党的事业上。印春荣出生在滇西边城瑞丽，亲眼目睹了毒品的巨大危害，从小就立志做一名边防缉毒战士。高中毕业后，他毅然参军，却成为一名卫生员。梦想与现实的巨大落差，没有让他迷失彷徨。在医疗卫生岗位上，他努力学习医学知识，热情服务战友和驻地群众，深受爱戴和好评。从事缉毒工作后，他苦练业务本领，潜心钻研缉毒战法，迅速成长为一名缉毒尖兵，多个缉毒战例被编入《公安边防刑事侦查典型案例选编》。从卫生员到侦查员，从科长到副参谋长，印春荣一步一个脚印，走得扎扎实实。任普洱支队长的3年里，他主导建立反恐维稳“22项工作机制”和“党政军警民”立体化管控体系，成功处置“10·28”持枪劫持人质闯关案件，带领支队缴获各类枪支2755支，普洱边防辖区治安案件发案率下降67%，刑事案件发案率下降40%。

2018年3月，党中央明确公安边防部队集体退出现役。脱下军装，印春荣有万般不舍，但心底只有一个信念，那就是党中央怎么决定，就怎么执行。他说："即使管理体制变了，但使命任务没变，为党工作、为人民服务的本色没变。"作为司令部副参谋长的他，深入基层一线调研，20余天蹲点指导博鳌亚洲论坛、上合组织青岛峰会等重大活动出入境安保工作。带领机关同志清理历史遗留问题，坚决不给改革留尾巴。2018年12月，印春荣转隶为移民警察，离开了熟悉的业务岗位，担任机关党委负责人，他迅速投入新的角色，努力学习党务知识，熟悉党内法规，搞好机关服务，赢得了广大民警职工的高度赞誉。

58年的成长历程，他矢志报国、廉洁奉公。印春荣不仅是缉毒战场上的真英雄、履职尽责的好干部，还是人民群众的贴心人、廉洁奉公的好榜样。他始终秉承"做老实人、办老实事"的人生信条，在执法办案中，坚决做到秉公用权、铁面无私，曾经有毒贩当面给他一张485万元的存折，求他网开一面，被他断然拒绝。在干部选任中，坚决做到能者上、庸者下，绝不因私情而违背原则。在云南边境基层走访时，印春荣看到部分少数民族群众生活异常贫困，老人病了没钱看，小孩上学没书包，甚至风雨里也光着脚。见此情景，他痛下决心，多方奔走协调，在西盟县力所乡建立了“依网爱心”传递站，为群众募集到78万元扶贫物资；争取到32万元经费，在西盟和江城县分别建设了爱民茶叶加工厂、黑山羊养殖两个脱贫项目，使辖区贫困群众家庭的收入连年翻番。结婚28年，印春荣和爱人长期两地分居，夫妻在一起的时间加起来不到3年，家庭的重担几乎全落到妻子肩上。一次儿子生病、岳父住院，妻子请假带着生病的儿子到昆明照料老人，当时他正在昆明办案，几次从医院门前经过，可总不去看望。妻子得知后一时很不理解，但后来才知道丈夫是怕家人被犯罪嫌疑人“反侦查”而盯上，导致案件侦办失败，还殃及家人。直到那时，妻子才真正明白丈夫一直从事着高危工作，也逐渐懂得了丈夫的大义与大爱。诸如这样国与家的抉择，在他的人生轨迹中还有很多。

（佟贺瑾）

用生命诠释忠诚的公安局长
——潘东升

潘东升，男，汉族，1964年9月出生，福建平潭人，1984年7月参加公安工作，2021年9月25日，因长期超负荷工作，积劳成疾，在工作岗位上突发疾病，经全力抢救无效，不幸牺牲，享年57岁。他从警37年，荣获全国扫黑除恶专项斗争个人嘉奖，荣获个人二等功2次。2021年9月30日，中共福州市委追授潘东升“全市优秀共产党员”称号，并开展向潘东升学习活动。2021年10月9日，福建省委常委会召开会议，追授潘东升“福建省优秀共产党员”称号。福建省委决定在全省党员、干部中广泛开展向潘东升学习活动。2021年10月23日，中共福建省委宣传部决定，追授潘东升“八闽楷模”称号。2021年11月，中宣部追授潘东升“时代楷模”称号。2021年12月，获得“CCTV 2021年度致敬英雄奖”。2021年12月27日，被授予“公安楷模”称号。2022年2月，被法治日报评为“2021年度法治人物”。他“鞠躬尽瘁护人民利益，忠诚担当铸警界丰碑”，被誉为“用生命诠释忠诚的优秀公安局长”。

人民公安为人民

究竟是一位怎样的警察，即使知道“加入公安队伍，就要准备好站着进来、躺着出去”，仍要毕生追求“干好公安工作”？

究竟是一位怎样的干部，让一座城的人为之满含泪水，在短短三天，近万人次自发前来吊唁？

究竟是一位怎样的局长，敢于掷地有声地说出“如果哪一天，哪一个民警看到我在哪个饭局上，你过来甩我两个耳光”这样的话？

潘东升就是这样的警察、干部、局长。

永葆对党的无限忠诚！

2019年8月22日，在闽侯县龙山会议纪念馆参加支部主题党日活动时，潘东升在留言簿上写下：“永葆对党的无限忠诚！”这句力透纸背的誓言既是潘东升对福州公安队伍的深情寄语，更是他一生的执着信念和动力源泉。

1964年，潘东升出生在福建平潭的一个海岛渔村，4个兄弟姐妹中，他排行老二，从小跟爷爷长大。经历过旧社会苦难的爷爷一直教育他，要发愤图强，好好读书，这样才会有出息，才能成为对国家对社会有用的人！受家中长辈教诲，潘东升自幼树立好好学习、回报社会的远大志向。1980年，16岁的潘东升以优异成绩考入福州大学计算机科学系软件专业。入学后，他被选为系团委宣传部部长，负责青年团员的思想引导和宣传工作。在此期间，他对共产主义信仰有了深刻的认识，听党话、跟党走、报党恩的信念愈发坚定。1984年，20岁的潘东升大学毕业。在20世纪80年代，正是国家信息化起步的时代，学计算机软件这种稀缺专业的大学生说是天之骄子一点都不夸张，作为全班成绩第一的学生，摆在他面前的路有很多，经商就业、出国深造等，但他毅然选择从警。面对亲朋的不解，他说："是党培养了我，人民警察是为群众做事、保护一方平安的崇高职业，我想加入这支光荣的队伍。"他对自己的选择十分地笃定。"时刻准备着为党为人民牺牲生命"成为他从警的庄严承诺。在潘东升心里，公安工作，不仅是一份职业，更是一份值得用生命去践行的使命。

家庭的熏陶、学校的教育、警队的熔铸，塑造了潘东升对党忠诚、不辱使命的意志品质。1996年5月，32岁的潘东升加入中国共产党。潘东升十分珍惜共产党员这一身份，在他的办公室抽屉中，

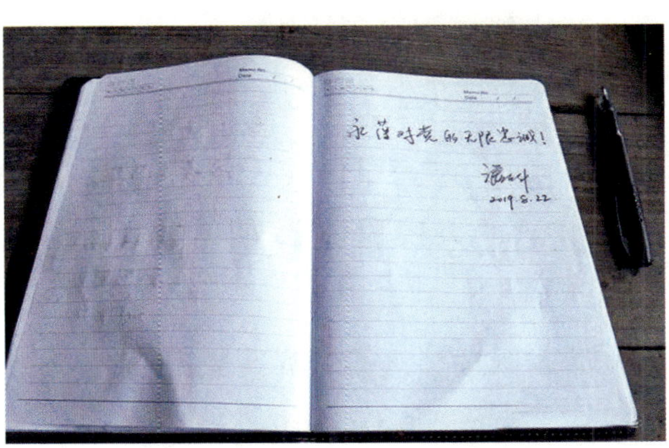

◎潘东升参加主题党日活动，手书"永葆对党的无限忠诚"

一摞泛黄的党费登记本格外醒目。每次缴纳党费后，他都要请党小组长在自己的党费登记本上盖上印戳，这些珍藏的登记本，不仅记录下了他与党同行的岁月，更是他对党忠诚的深刻诠释。

潘东升喜欢看红色影视剧。《风筝》，这部讲述共产党员坚守信仰的电视剧，他就反复看了很多遍。其中他最喜欢的一句台词是“如果缺少为理想献身的信念，就等于没有灵魂”。他感慨地对儿子潘键民说：“我们共产党人就该是这样，默默无闻。正是因为有信仰，才能战胜一切困难，一路披荆斩棘走来。”潘东升是这样想的，也是这样做的。

走上领导岗位后，潘东升坚决贯彻党对公安工作的绝对领导、全面领导，不断加强党建工作，全面落实党委主体责任，严格落实“第一议题”制度，建立福州市公安机关学习贯彻习近平新时代中国特色社会主义思想长效化机制，确保党的路线方针政策和省委、市委的工作要求落实到位。他充分发挥党建对公安工作和队伍建设的引领作用，建立健全党建工作责任制，推动基层党组织全面进步、全面过硬。

牢记“人民警察”前的“人民”二字

潘东升选择入职警界，就是因为“人民警察是为群众做事、保护一方平安”。从警以来，潘东升心系百姓、情系民生，千方百计解群众“急难愁盼”，忠实践行“人民至上”的根本宗旨，牢记“人民公安为人民”的职责使命。他始终保持着对老百姓的深厚感情，潘东升常跟民警们说，“要牢牢记住‘人民警察’前的‘人民’二字”。2018年5月10日，潘东升到福州市公安局台江分局鳌峰派出所调研，指示“要把百姓的事当作自己的事，办实办好办满意”。

在潘东升的心里，“群众的事，再小也是大事”。就任三明市公安局局长期间，潘东升常去三明一家小理发店理发。客人多的时候，他就站在一旁等着，跟店员们聊聊家常，跟店里理发的客人或者周围店铺的人聊聊三明的治安情况等等。店主罗丽芳认为，潘东升平易近人、关心百姓，没有一点“官架子”。一次，罗丽芳亲戚家的小孩离家出走，情急之下她向潘东升求助，潘东升马上帮忙寻找，最终小孩被平安找到。调到福州市之后，当潘东升知道，市里相关部门拟定“公交票价由1元调至2元”方案以解决福州公交亏损状况，即使并不分管这一块工作，他也主动向市委建议：老百姓乘坐公交，享受低票价福利是应该的。市里采纳了他的意见，一直保持了1元公交票价。

公安工作和民生息息相关，他说，“我们必须要换位思考，不能把群众急难愁盼的事儿推到路中间。”“户政窗口是服务人民群众的重要平台，要出台更多、更好的举措让群众办事方便、顺心！”“只要法律允许，就尽量不要搞审批制，让老百姓可以自行在网上办理。”紧扣人民群众对美好生活的向往，他大刀阔斧推进“互联网+”便民服务，全面深化、大力推进公安“放管服”改革，将简政放权、打通民生服务堵点落到实处，切实提升群众获得感。

2014年4月至2016年6月，潘东升就任三明市公安局局长，其间他经常深入基层调研。一次调研时，有位民警向他反映：在郊区、农村，摩托车是出行的主要交通工具，但不戴头盔的情况多见，一旦发生交通事故，群众生命安全将面临很大威胁，虽有规定一经发现就罚款100元，但管理效能有限，整治骑摩托车不戴头盔，是让三明公安交管部门头疼的老大难问题。潘东升对干警们剖析到：“我们在打击整治上要‘硬’，才能震慑违法分子；但在服务群众上要‘软’，才能温暖老百姓的心。处罚不是目的，要转变观念，变硬性执法为柔性服务，帮助群众把头盔戴上去。”在潘东升的大力推动下，基层派出所民警转变思路，推出一系列让群众乐于接受的创新举措，掀起一场轰轰烈烈的“戴头盔”行动：一经发现，不予处罚，但要求群众当场买头盔戴上；派出所购买头盔，供群众临时借用；还给困难群众送头盔。如今，三明市乡镇农村的马路上，群众已经习惯骑摩托车戴头盔，交通安全意识越来越强。潘东升推行的这种安全教育，不经意间改变了城市的面貌，也把公安干警的良好形象印入了群众心底。

同年，潘东升到三明市公安局岩前派出所调研时，发现户籍窗口台面的高度过高，不利于群众办事，当即提出整改要求：服务窗口的台面高度由1.2米降到90厘米，让群众可以坐着办事。

潘东升在三明担任公安局长的两年，从一顶小小的头盔延伸出去，全力推进“互联网+”便民服务，清理行政职责496项，40个办事项目审批时限比法定时限缩短了40%，新增网上办事项目73项、网上便民服务项目149项，80%的审批服务项目实现网上流转办理，群众安全感、满意率不断增强。

福州市下辖的福清市是著名的侨乡，出入境证件的办理需求非常大。为了小小的一本证件，群众经常要排队、托人、找关系。为此，时任福清市公安局局长的陈明俤下决心优化审批流程，准备进行改革。彼时，这项改革在全省还没有先例。陈明俤向潘东升请示并得到回复，“凡是有利于群众的事情我们都要做。在服务群众上，我们就是要把‘有权力’变为‘没权力’，尽量让群众少跑腿、不跑腿。我全力支持你。”潘东升的话坚定了陈明俤的决心。福清市在全省首创出入境24小时自助受理服务中心，群众办理护照、港澳通行证从原来的7天变成“立等可取”。

2021年初，在一次接访中，福州市有群众反映“抓拍多、罚单多，停车难”问题。潘东升立即牵头调研，围绕打造安全顺畅的道路交通环境，着手推出便民停车举措。为广泛听民声、知民情，他要求民警们在出台举措前深入调研，在线下走访社区征集意见，在线上发布问卷调查。他说：“停车满意率，我说了不算，你说了不算，群众说了才算。”线上调查数据显示，群众对停车问题的满意率为72%。同年6月20日起，福州交警对在福州鼓楼、台江、仓山、晋安、上街（高新区）范围内，连续3个月以上没有交通违法的私家车，推行“文明出行，教育免罚”措施。其中，连续3个月未发生任何交通违法行为的，首次发生违规停车、乱鸣喇叭、红灯时过停止线、跨压机动车道实线等4项违法行为之一的，不予记分、罚款；连续6个月没有交通违法行为的，首次有超速10%未达20%、跨压车道分界线、不按道行驶、违规调头、加塞、在人行横道和黄网线排队等候通行等6项违法行为之一的，不予记分、罚款。针对“停车难”问题，福州交警出台了增加停车泊位的有关措施，该市各街道、社区、业委会、物业等单位可于5月21日起通过“福州交警”APP等平台直接申请增设停车位，交警部门将按“能设即设”原则审核设置，共计增设了9600个停车泊位。福州市现有的夜间停车泊位停放时间也将延长为19时至次日7时30分，并允许周边无停车泊位的老旧小区私家车在不影响通行的情况下，于该时段在路侧单排“平行式”有序停放，不予处罚。同时，城区内500个沿街公共厕所将分批次逐步增设限时10分钟的停车泊位。福州交警汇总市民意见，总结学校管理经验，进一步推出缓解校园周边道路管理系列措施。大、中、小学举办大型活动，可提前3个工作日拨打福州交警专线电话87027111，预约交警前往学校周边路段加强管理；校园周边次干道、支路、街巷在放学时段，允许路侧临时停车接送学生；针对交通状况严峻的10所学校，或临时封闭道路，或临时实施单行，一校一策保障学校通行。为应对路面突发情况，福州交警新组建了百人铁骑队、15辆应急拖车队，以主干路网和景区、商圈周边道路为保障重点，实行“依据大数据研判堵情→交警指挥中心点对点指令→铁骑和拖车联动处置→视情增援管控分流”的工作模式，打造城市机动化交通管理的“榕城样本”，全面服务市民出行。根据不同路段在不同时段、不同天气下的路面状况，福州交警提前部署铁骑和拖车在特殊点位待命，以便快速排堵和处置应急情况，保障道路交通顺畅、通行有序。此外，福州交警还推出了放宽载货汽车24小时限行规定、载货汽车网上备案“一趟不用跑”、允许出租车临时停车上下客、推行电话申领机动车6年免检合格标志、增设6条小型教练车训练路线、设立紧急救助电话、“僵尸车”举报电话等便民利企新举措。桩桩件件都精准击中民生痛点。不久前，福州市公安局交警支队又进行了一次满意率调查。这次有1.6万余名群众参与，群众停车满意率升至98.8%！谈起载货汽车网上备案通行政策，福州四通搬家公司总经理林方辉说：“以前货运车通行证要携带10多份纸质材料到窗口办理，现在网上备案后可自动生成行驶路线，提供电子通行证，免了‘跑证’之苦。”满满的成就感，从民警们的心里溢出来，那是被群众认可的喜悦！

“老百姓从迈进公安机关大门的那一刻起，就是警情，我们就要接警。”这句折射出“人民公安为人民”不变信念的话，被潘东升时常挂在嘴边，记在心里。他教育民警，人民群众到公安机关来，你不能简单说这不是我们的事，是城管的事、是煤气公司的事，把他推走，这不允许。2021年7月8日，在潘东升的推动下，福州市公安局在派出所窗口设立“办不成事”受理窗口。民警对群众提交的“办不成事”事项及问题进行详细分析，查找具体原因。对于符合相关法律法规政策要求的，提出解决方案，依法依规尽力解决。对于特殊情况，启动会商机制，逐级上报研究解决。刚开始人们对这个窗口存在误解，感觉像个“噱头”，后来才明白这是真正从群众利益出发，想方设法解决群众遇到的难题。

他坚持发展新时代“枫桥经验”，建立完善“110”与“12345”、“12348”警情协同处置和多元参与的“警调衔接”矛盾化解体系，把矛盾纠纷解决在群众家门口。

2016年至2021年，在福州工作期间，潘东升继续大力推进“互联网+公安政务服务”，公安行政审批服务事项平均办理时限压缩至法定时限的22%；创办全省首个“台湾居民出入境服务站”，在派出所设立“办不成事”受理窗口，创新推出“证照分离”工作、落户“零门槛”、窗口“无否决权”工作机制、外籍人才出入境便利政策，搭建“榕警在线”网上平台服务海外侨胞等一系列便民利企措施，努力做到群众“一趟不用跑、最多跑一趟”，着力提升公安便民服务水平。2020年，福州治安状况满意度位列全国36个大中城市的前5名。直到牺牲前一周，他还在研究、准备出台第4批“我为群众办实事”项目。

无悔的追求

潘东升第一次穿上警服，参加新警培训时老师就对他说：“加入公安队伍，就要准备好站着进来、躺着出去。什么是躺着出去？就是时刻准备着，为党为人民牺牲生命。”潘东升深知，身后是百姓、肩上是责任，加入公安队伍，就要时刻准备着，为党为人民牺牲一切。潘东升择一事，忠一生。从警37年，不论身为普通民警还是领导干部，变化的是职务高低，不变的是对工作认真积极的态度，在抢险救灾、重大安保、大要案侦办等急难险重关头，潘东升总是冲在一线，直至生命最后一刻还奋战在疫情防控、重大安保工作一线。

潘东升总说：“人民警察是保护一方百姓平安的崇高职业，从事公安工作是我无悔的追求。”他对于侵害群众利益的犯罪活动，疾恶如仇，坚决打击。2017年下半年，福州警方陆续接到多名群众报案，他们都是“套路贷”的受害者。当地一些房产服务公司与被害人签订借款合同，制造虚假银行流水、恶意垒高债务，并以暴力威胁、殴打及诉讼等手段达到侵占被害人房产目的。有的受害者借了几万块钱，被对方层层设套后要还数十万元乃至上百万元债务，只得拿房产抵债。受害人员达上百人。一对夫妻辛苦打拼多年，攒钱买了一套房子，高高兴兴筹钱装修，结果资金短缺，缺了5万元，借了“套路贷”团伙的钱，结果被逼无奈，卖了房子，填上了这个窟窿。有的群众隐姓埋名、离家出走，有的甚至跳楼自杀。“套路贷”犯罪是新型的有组织犯罪，当时，查处此类“套路贷”案件一方面是法律的滞后，另一方面是依据不足、定性难、取证难等问题。潘东升和民警一起多次研判案情，明确提出：一定要依法严厉打击此类严重侵害群众利益的新型犯罪。在潘东升的直接指挥下，专案组经过缜密侦查，摸清了背后黑恶组织的构成、犯罪手段、团伙人员等，集中收网抓获62名犯罪人员，摧毁了这一长期在福州欺压残害百姓的黑恶团伙，涉案金额达到了将近10亿元。

潘东升热爱公安事业，立志要干好。福州市公安局治安支队政委张生，曾任福州市公安局科技信息通信处处长，经常与潘东升在业务上切磋。在张生眼中，这位“专家型”领导很有魅力，讨论顶层设计时，他随手就能画出一张张专业的系统结构框架图、网络拓扑图，讨论起技术问题时更是神采飞扬，一谈就是一两个小时。潘东升曾坚定地对张生说：“我们要做的事情，是福州警务信息化的里程碑，一定要把它做好！”张生后来多次给别人介绍：“潘局很多理念很先进，看得出他常年坚持学习，即使在领导岗位那么忙，学习也一点没落下！”

潘东升工作起来很忘我，认识他的人都说他是“拼命三郎”。他就像陀螺一样转个不停。但是，身体并不允许潘东升这样“拼”。长期高强度、超负荷的工作严重透支了他的身体，2018年6月26日，潘东升接受了肺部手术，切除的肺有半个成人拳头那么大。然而，手术后第7天，他就从病房回到了福州市公安局指挥中心，分析研判全市警情。此后的半个月，他往返于单位与病房之间，医生和家人怎么劝都劝不住。肺部手术后，潘东升的身体大不如前，常常感到胸口闷痛。2021年大年初一，他突然晕倒，住院治疗两天，就又回到了工作岗位。牺牲前半个月，潘东升的行程满满当当：检查隔离医疗场所巡防勤务，研判处置涉疫警情，快速侦办涉疫案件。牺牲前一周，潘东升的工作状态是这样的：9月18日是潘东升的生日。当天凌晨2点，他还在指挥处置一起涉疫警情。随后几天，潘东升马不停蹄看望疫情防控一线坚守岗位的民警，数次到海峡会展中心检查安保工作。9月24日，牺牲前一天晚上，潘东升还在现场指挥部署重要会议安保工作，忙完工作的潘东升拨通妻子的电话。这是他与妻子最后一次通电话，却因为工作事务中断了8次。短短7天，35场活动，细数潘东升生前的点点滴滴，同事们泪流满面，感慨“潘局是累倒的”。

身为警察，特别是走上领导岗位，潘东升很忙碌，很多时候时间都不属于自己和家人。婚前，妻子袁秋榕觉得他很憨厚，很关心人，就决定嫁给他。二人于1991年结婚，当时什么东西都没有，就住在省公安厅宿舍。婚后，“谢谢”“对不起”成了潘东升对妻子说得最多的话。袁秋榕回忆道：“很多次在家吃晚饭，他都会跟我说谢谢。他觉得自己对不起我们，都是我一个人在家忙前忙后。”每逢节假日看到别人出去旅游，潘东升会跟妻儿说“对不起”。袁秋榕说：“从结婚到现在，我们没有去过其他地方。”有时间的时候，他会牵着她的手散步，说等他退休了，一起出去旅行，然而他却食言了。在袁秋榕心里，潘东升的食言又何此这一次，“他还经常跟我说，‘你放心，天塌不下来，因为我比你高，由我给顶着。’可是现在，天真的塌下来了”。潘东升是爱家人的。据儿子潘键民回忆，小的时候，爸爸舍不得给自己买东西，但会骑摩托车到很远的地方给他买苹果，要求他每天吃一个。9月21日，中秋节，妻子给潘东升买了他爱吃的礼饼，妻子想切开给他吃，他说吃不完浪费，先放冰箱里，等忙完这阵子回来再吃。之后的几天，潘东升忙于工作，4天后倒在了工作岗位上，那个礼饼再也没有吃上。

勇于担当

“勇于担当”是潘东升毕生的座右铭。他常说，执法公正是硬担当，群众危难要敢担当，领导干部更要走前头、作表率。不论是火灾、水灾、台风，还是突发事件，危急惊险时刻，总能看到潘东升忙碌的身影。

2016年5月8日凌晨5时许。由于连日暴雨，三明市泰宁县开善乡池潭村发生特大泥石流灾害，近10万立方米的土石倾泻而下，瞬间将一个水电站的施工棚和数十名工人掩埋了。5点多接到警情报告后，时任三明市公安局局长的潘东升没有片刻犹豫，立即拿起对讲机，冲上越野车，奔赴事发现场。临近灾区，交通受阻，潘东升乘车行进一段路，就要下车徒步走一段路，鞋子陷进烂泥，就赤脚前进，以最快速度赶到事发现场。“当时，天空电闪雷鸣、暴雨如注。大雨中，他手持扩音器，站在山路正中央、卡点最前沿，声嘶力竭地喊‘除救援车辆之外，其他车辆一律不得通行！’”事后，和潘东升一同参与救援的时任泰宁县公安局局长、现任三明市公安局特警支队政委的罗志怀回顾说：“因为潘局长顶住压力，全力疏导交通，为救援创造了很好的条件。”三明市公安局政治部副主任肖敏说：“救援的5天4夜，潘局长始终奋战在一线，每天只睡两三个小时。”救援期间，潘东升与参战民警、救援人员并肩战斗——饿了，吃碗泡面、垫个馒头继续救援；困了，在车上眯一会儿，爬起来接着指挥。在膝盖深的泥浆中，他跑前跑后，不知道绕了多少个来回，沾满了泥浆与汗水的衣服湿了又干、干了又湿。

2016年7月9日，被誉为“史上最强一号台风”——“尼伯特”登陆东南沿海。8日起，在极强对流云和水汽充足的偏南风共同作用下，福州市出现全市性暴雨到特大暴雨天气，其中闽清、永泰、闽侯等县出现短时强降水。梅溪流域闽清段最高洪水位26.48米，超警戒线水位10.68米；永泰清凉溪流域发生超30年一遇洪水。山洪暴发、城乡积水，多处通信中断、道路桥梁和房屋倒塌，大量人员被困。福州市公安局启动社会治安防控1级响应，潘东升多次深入灾区，指导相关单位开展抢险救灾工作，要求以最快速度打通各重灾区交通“绿色通道”，确保救灾物资运输车辆和应急救援车辆的顺利通行。

同样是2016年。11月19日晚上，福州市台江区排尾路后巷民房着火，共造成42户受灾，失火面积达1200多平方米。潘东升第一时间赶赴现场。当时火势猛烈，还有不少群众围观，见此情形，潘东升马上指挥疏散人群。为了更清晰准确地判断火情、更快更科学地商定出灭火方案，也为了最大限度地挽救群众的财产损失，他不顾着火的木屋随时可能坍塌，走到了距离着火点不到2米位置查看研判。参与当时救援的福州市公安局鼓楼分局副局长郝炬过后心有余悸地回忆道：“我当时就站在潘局长左侧，脸上能明显感觉到火焰燃烧的灼烧感，他为了群众利益是不顾个人安危的。”

从泰宁泥石流的抢险救灾中心，到福州抗击“尼伯特”台风的救援一线，再到福州台江排尾重大火灾现场……潘东升总是冲锋在前、无畏艰险，示范引领、攻坚克难，给民警和群众留下了深刻的印象。

◎潘东升（中）在闽清指导防抗台风“尼伯特”

潘东升的担当，不仅体现在一次次急难险重任务面前，更体现于日常工作的点点滴滴中。他有很强的攻坚能力与担当精神，总是从怎么解决问题的角度出发，而不是考虑个人的荣辱得失。公安工作的危险、繁琐、辛劳没有让他有丝毫懈怠，在危急关头敢打敢拼、毫不退缩，在原则面前立场坚定、旗帜鲜明，从警以来他破案无数，他严打整治涉黑涉恶、涉枪涉爆、电信诈骗、网络赌博等严重违法犯罪活动，“跟我上、跟我冲”是他常挂在嘴边的一句话。在他心里，人民警察是一份荣誉，更是一份沉甸甸的责任。面对一些关系复杂、社会影响大的案件，潘东升总是主动担责，让大家能够专心破案，不会瞻前顾后，负责的案子的破案效率大大提升。2018年，全国开展扫黑除恶专项斗争，以毛仁春为首的黑社会组织浮出水面，这一团伙在福州长期为非作歹，实施了强迫交易、敲诈勒索等多起犯罪，社会关系极为复杂。面对复杂的社会关系，作为一把手的潘东升，给民警们吃定心丸，让大家排除干扰、坚定决心，他承诺："我们都是共产党员，放手干，有压力我来扛。"潘东升牵头制定行动方案，亲自担任专案组组长，抽调精干警力组成7人专案组，与专案民警一起会商研究，分析研判。在专案攻坚阶段，办案民警承受着巨大的精神压力，潘东升就给大家打气，鼓励大家迎难而上，"这是一块必须啃下的硬骨头，压力我顶着，你们放手干"。秘密侦查一年多，全面确定证据，周密实施收网，将这一盘踞多年的黑社会组织连根拔起。在扫黑除恶专项斗争中，他对每一起大案要案都亲自过问、亲自研究，经常深入一线督导检查、坐镇指挥收网行动，累计打掉的涉黑组织、涉恶集团数排名全国前列。三年扫黑除恶专项斗争工作，潘东升带领福州公安共打掉涉黑组织35个、恶势力犯罪集团（团伙）169个。在他的努力下，全市刑事案件实现总量连续六年下降，全市现行命案连续四年全破，八类暴力案件破案率达93%以上，城区"两抢"案件破案率达100%，有力守护了有福之州的清朗天安。福州市公安局荣获全国扫黑除恶专项斗争先进集体，他本人获得全国扫黑除恶专项斗争领导小组、中共中央组织部嘉奖。

作为一名领导，他的勇于担当，还表现在管理队伍上。2014年，潘东升到三明任职不久后，在走访调研时来到主城区最偏远的岩前派出所。第一次调研，派出所同志以为潘东升会针对业务进行了解指导，但没想到这位新任局长要调研的第一站竟是民警的生活区。眼前的景象让潘东升大吃一惊：一间不足10平方米的老平房宿舍里只有一张窄小的木床、一张破旧的桌子，潮湿的被子散发着霉味，墙上的电线杂乱无章，衣服、生活用品只好挤放在桌面，条件简陋。食堂没法开办伙食，冬天没有热水洗澡。当得知全市96个乡镇派出所中，有一半如此简陋时，他当场承诺："我一定要给大家一个温暖的家"，而这句话也成为他多年来关爱民警的写照。在岩前派出所，他不仅注意到民警简陋的宿舍环境，还敏锐地察觉到一个更深层的问题：新民警一到周末、一有时间就想尽办法进城，居住条件都没有办法改善，怎么能留住人、留住心呢？艰苦的工作条件，单调的业余生活，让一些年轻民警一心只想往城里调，如果任由这种情况发展，不仅会削减团队凝聚力，甚至会影响当地群众对人民警察的信任。潘东升知道，硬性规定只能拴住民警的人，而无法拴住民警的心，他决定从根源上解决问题。他基本把全市100多个派出所走遍了。刚开始他都是选择最边远、海拔高的那种派出所走，大概有将近300公里，而且道路也非常崎岖，弯弯曲曲都是山，大路不通就走小路，车到不了的地方就徒步，可无论走到哪里，他都会特意看看生活区，了解民警的生活情况。完成调研的潘东升，很快就有了行动，为了改善基层派出所的条件，潘东升大力推动"暖警工程”，让所有的边远派出所民警“人留得下、心静得下、神提得起”。2014年5月，岩前派出所就作为第一批“暖警工程”试点单位开始改造。现如今，三明市基层派出所都有了食堂、浴室、洗衣房、健身房、文化室“五大件”，民警宿舍有电热毯、热水器、空调、电视机“四小件”，营区工作生活环境大大改善。潘东升所做的不仅是硬件改善，还聚集到生活的方方面面，让这些民警们、让自己手下的战友们都能在派出所找到家的温暖。条件改善了，家属也愿意住进来，把心留下、把人留在当地。

除此之外，潘东升更是从生活、家庭、前途等多方面关心民警。他积极完善民警职业保障，主张运用“积分制”，公开公正地进行新警定岗、巡特警交流轮岗、军转干部定岗等干部调配工作，极大地激发了民警的干事创业热情；推进民警补充医疗保险工作，将患重大疾病的退休民警列入职业安全救助金保障范围。同时，他还推动民警夫妻“团圆计划”。民警郭立仁和在龙岩长汀当教师的妻子一直聚少离多，抱着试一试的态度，郭立仁找到潘东升说明了自己夫妻长期两地分居和家庭实际困难。了解了郭立仁的情况后，潘东升当场拿起电话，打给三元区委的相关领导，并逐一联系了人事部门、教育部门，要求支持协调，解决郭立仁的实际困难。2016年，郭立仁的爱人顺利从长汀调到三明。在三明工作期间，为解决全市外地籍无房民警的住宿问题，他推进新警周转房公寓建设，梳理出全市12个县市区外地籍无房民警的人数，新建修缮宿舍260间，增强了广大民警的幸福感、归属感和满意度。潘东升调任福州后，继续推动“暖警工程”，积极协调相关部门，对申请人的婚龄、警龄、工作表现等项目进行量化、形成积分，再根据积分高低，公开透明、公平公正解决民警夫妻两地分居工作调动、跨市双警家庭工作调动问题。郑骅在闽清县公安局工作长达15年，长期与福州的家人分隔两地。他和妻子都是独生子女，家中的4个老人、2个孩子都由妻子一人照顾，聚少离多。郑骅一度十分苦恼。在福州民警中，如同郑骅一般夫妻两地分居的情况不在少数，但工作调动一直是“老大难”问题。目前，福州市公安局的“积分制”团圆计划，已开展了4个批次，共帮助68名民警调动工作。

除了这些一系列暖警惠警的政策举措，一件件充满关爱的小事儿也温暖着民警们的心。到基层调研，潘东升会把手伸进民警的被子里，摸一摸冷不冷、潮不潮湿，要求为民警配备好设备；2017年夏天，有一场重要会议的安保任务，会议开始后，因担心坚守岗位的民警因高温中暑，他让工作人员为大家送去清凉的凉茶，让大家稍作休息；在平时上班高峰期乘坐电梯碰到潘局长时，他总会热情地招呼大家“进来，进来”，让民警和他一起乘坐电梯，在电梯里，他会向民警嘘寒问暖，关心了解大家的工作生活情况。

在民警眼中，潘东升的专业令人敬佩，更难能可贵的是没有

“官架子”。潘东升有一个习惯，只要一有空，他就会坐在指挥中心大厅里，了解当天的警情动态，参与研判警情走势，有时直接与报警人通话，了解案件情况，有时候值班的夜宵还得算上他一份。到现在，同志们遇到难题还想着要给潘局打电话请教，这已经成为一种习惯。

潘东升爱护民警、维护民警权益，出台关心关爱民警十项举措和维护民警执法权威工作办法，深受全市广大民警和警辅人员的爱戴。在2020年底举行的三级警监授衔仪式上，潘东升与鼓楼区东街派出所民警林春兰亲切握手，勉励她继续做好基层民警的表率。林春兰万万没有想到，这次握手竟成永别。9月25日，福州市公安局茶亭派出所副所长郑骅，在听到潘东升牺牲的噩耗后赶到医院，在潘东升的遗像前长躬不起、失声痛哭，他说：“多亏了潘局，我们一家才能团聚，我还没来得及跟他说一声谢谢……”

“智”解难题

“敏锐、责任、精干、创新”是潘东升写在一个笔记本首页的8个字。潘东升是计算机科学系软件专业毕业，是名副其实的“IT男”。他入警后的第一个岗位就在科技处，并在之后的将近30年里一直致力于科技通信、网络安全等方面的研究与实践。他曾对与他共事多年的福建省公安厅科技处副处长董煜说：“这个事我们不做，后面的人就要花更大的代价来做，既然如此，还是我们来做吧。”

在担任福建省公安厅科通处处长期间，为推广执法工作的信息化、为依法行政工作提供硬件支持，他加快组织实施“357”工程（即指三大支柱技术、五大支撑系统和七大应用平台建设工程）、“三大战役”（即社会管理创新、规范执法活动、重点项目建设）和“三大基础”建设（即执法规范化建设、信息化建设、和谐警民关系建设），相关工作被公安部科信局评价为全国公安科技信息化发展因地制宜、大胆创新的典范。

信息时代，科技兴警，向科技要战斗力、向科技要行动力。他是福建公安信息化建设发展的领路人和技术带头人。早在2000年，作为公安系统唯一代表，潘东升入选“数字福建”专家委员会委员，后任常务副主任。作为“数字福建”专家委员会19名成员之一，潘东升善于运用科技信息化手段推进工作。他抓住云计算、大数据等信息技术发展时机，创新推动“数字福建”电子政务总体设计，在全国率先推进政务公共平台建设，助力“数字福建云平台”、福建省财政厅“金财工程”等重大项目落地，为数字中国建设探索福建路径、提供福建经验。这位技术型人才、专家型领导，敏锐地看到系统整合、数据共享、标准统一是大势所趋，福建省公安厅如果不对业务系统进行统一规范的建设，那么今后必然要不断地整合各地系统。作为福建省公安厅信息化建设专家组的组长，潘东升每到一处，都能充分发挥特长，大胆创新，强力推进公安信息化建设，亲历了福建公安科技信息化从无到有、人有我优的全过程。

“两抢”（抢夺、抢劫）案件，特别是其中的抢劫属于暴力型的犯罪，严重侵害群众利益。2016年6月，刚刚调任福建省福州市公安局的潘东升来到刑侦支队走访。调研过程中，一组刺眼的统计数字引起了潘东升的注意，2015年，福州市全市的“两抢”案件，破案率只有30%多。群众看公安，关键看破案。严峻的治安状况让潘东升忧心忡忡，严打“两抢”成为潘东升的决心。“两抢”犯罪嫌疑人流动性大、抓捕难，刑侦部门又是单兵作战，“两抢”案件破案率的提升在当时全国各个城市都是难题。面对这样的城市顽疾，潘东升，这位专家型局长，开出了他的药方，提出“深度融合、体系支撑、整体作战、专业打击”理念，成立合成侦查中心。“合成”在当时还是一个新颖的理念，因为当时不同警种各司其职，相互之间存在技术壁垒，要想融合不同警种成立合成侦查中心，无论人心还是制度，都可谓困难重重。要增加四个大队不是那么简单的一件事，面对重重障碍，他一边跑省公安厅向各级领导汇报呼吁，一边带领队伍进行“省市一体化云平台”等数字化建设。半年后，他牵头部署，打破警种壁垒，从相关的有利于侦查打击的几个警种抽调80人，建成一体化运行、集约化管理、24小时实战化研判的合成侦查中心、合成情报中心，这也是福建省第一个合成侦查中心。中心建成投用后，一旦发生暴力案件，就可以以最高的速度、最有效的效率对暴力犯罪进行打击。2017年5月31日晚10点，合成侦查中心接到一起持刀抢劫的警情。有位女士在存钱的过程当中，被守在ATM机外面的一个嫌疑人持刀抢了一万元，在反抗中，嫌疑人把受害人手臂刺伤，随后嫌疑人就逃窜了。持刀抢劫，这是典型的暴力犯罪，嫌疑人是否还会在夜间持续作案造成更大的伤害，这一切无从知晓。潘东升得知警情后迅速部署抓捕方案，各警种全手段同时开展工作。第一时间启动侦查员对周边进行调查访问、图侦员开展视频侦查。此时的犯罪嫌疑人不会想到，一起“两抢”案件发生的背后，已经不是一位警察、一个警种在工作，而是一群人、一整套专业队伍，在分析研判、锁定目标。最后发现嫌疑人在凌晨的时候到达长乐，进了一家桑拿洗浴中心，很快警员们对洗浴中心进行了布控，顺利抓住犯罪嫌疑人，并且从他包里当场缴获了抢劫的人民币以及刀具。合成侦查中心用了不到十个小时，成功抓捕犯罪嫌疑人并追加赃款，这样的破案效率给了潘东升和团队极大信心。这种合成侦查理念，改变了以前单一警种、单边作战模式，走向了多警种合作。福州全市“两抢”（抢夺、抢劫）发案数从一年700余起减少到2020年仅77起，发案率下降了96.9%，明显呈现出下降的态势。“两抢”（抢夺、抢劫）案件破案率由35.2%上升至100%，实现对“两抢”犯罪精准、实时打击。为破解接处警工作中存在的问题，潘东升坚持“老百姓从迈进公安机关大门的那一刻起，就是警情，我们就要接警”的理念。在他的推动下，从2020年7月开始，福州市公安局创新推出了接处警“首接首移责任制”，从源头上解决基层一线“谁接警、谁处警”问题，大大提升执法质量和效能。2021年1至9月，福州公安机关接到群众有效报警近93万起，群众对公安民警接处警满意率达97.94%，位居全省前列。

对信息化多年的深入研究，让潘东升深谙“共享”的意义——只有打破部门和层级壁垒，才能打破信息孤岛，让数据真正为民所用。“在互联网时代，我们一定要有新的理念。在信息化方面，我是‘最大共享主义者’。”在福建省公安厅工作期间，他探索“大集中、大整合、高共享”的发展路子，实现公安核心系统全省统一标准、统一建库、统一应用、统一运维，既减轻了基层负担，又推动全省公安信息化建设和应用水平跨越式发展，使得福建省进入全国领先行列。在三明工作期间，他牵头建成全省首家县级网安工作站，研发推出警情快速处置的警用地理信息系统（PGIS），组建福建省第一个合成侦查中心——三明公安情报研判合成作战中心，打破警种壁垒，实现指挥、刑侦、网安、图侦“四侦合一”。在福州工作期间，他大力实施公安大数据战略，牵头制定福州智慧公安三年规划；推动建成福州公共安全云平台、智慧公安联合创新中心、鲲鹏生态公安实验室等一系列城市信息化项目，积极推进现代警务机制改革，推动情报指挥扁平化，实现了警务资源“一张图”调度。当时，虽然基本实现了省、市警务信息化，但数据是分级存储的，福州市要调用省级、全国数据，需要逐级申请权限。潘东升着手建立了市一级公安数据的“共享池”，而且打通省市壁垒，建立省市一体化大数据中心，在全国公安实现了首个省市数据一体化共享运营和交互应用。他不仅推动建立了市级公安数据的“共享池”，还积极推动公安数据最大程度向其他政府部门开放，为互联网政务应用、疫情防控提供“信息基座”。他说：“政府花这么多钱建的系统，就要最大限度开放给政府各部门应用，服务于民，数据用一用，用不坏嘛。”“不要以安全为理由限制开放，有困难就想办法去解决。”共享和安全是“天平”的两端，公安的数据涉及个人隐私和相关警务信息，最为敏感。一些同事从数据管理和部门得失出发，觉得数据内部使用就好，开放给外单位，做好了是给别人“作嫁衣”，出事了自己还要“扛雷”，吃力不讨好，不愿合作。面对这些犹疑情绪和钉子，潘东升多方协调，主动向合作单位一家一家解释建立云平台的重要性和安全性，只要有空就拎着包到各个部门，从技术层面上苦口婆心地做思想工作，逐渐打消了各合作单位的担忧，成功说服福州市多个单位为云平台项目提供了关键数据，坚冰在融化，壁垒被破解。他主导推出的打击走私“闽侯治理模式”、万宝商圈联防联动机制、114移车社会化服务等先进改革成果在全国、全省推广。

福州是我国东部沿海重点开放城市、海上丝绸之路门户、对台桥头堡，同时近年来在福州举办的重要会议、活动接连不断。主要活动举办场馆，如福州海峡国际会展中心、福州海峡奥林匹克体育中心，他不知检查了多少回，空间结构了然于心。然而每次重大活动，他都像对待新场馆一样，反复仔仔细细地查验。重大活动时，围着会场转一转，已成为潘东升的习惯。2018年4月，福州市举办首届数字中国建设峰会。安保前夕，潘东升在福州海峡国际会展中心仔细转了一圈后，他提醒当时参加安保的福州市公安局警察保障处处长卞晨勇三个问题："下午三四点钟时，太阳光线直射导致人脸识别的图像曝光率过高，会不会影响识别通过率？外国人和中国人的脸部结构差异很大，人脸识别系统能否做到准确辨识？5万人的预估规模会不会太少？"这些针对性特别

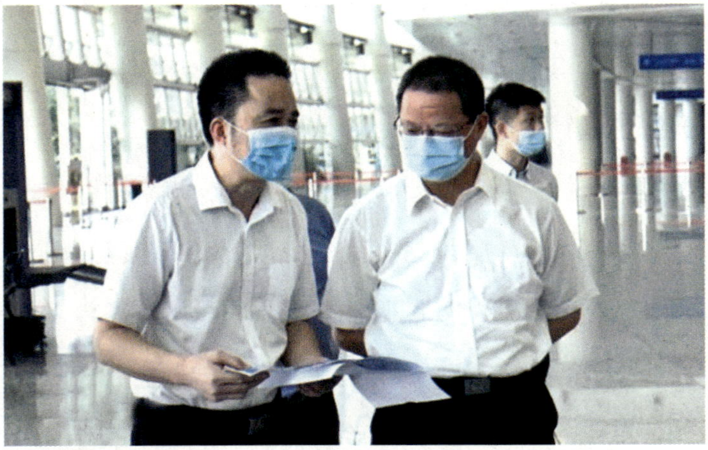

◎2021年9月23日，潘东升（右）督导检查福州市第十二次党代会安保工作

强的问题让现场工作人员有些“措手不及”。潘东升之所以能够一针见血，提的问题既考虑到安检的质量与效率，又关注到群众的感受和体验，对后续安检设备改进、防止人员滞留、堵住漏洞有很强的指导意义，凭借的恰是过硬的业务能力和敬业精神。最终，峰会上的立体“云防”实现了10万人最高流量的安全通行，参会的全球技术专家不约而同地对潘东升竖起大拇指。为护航发展，潘东升不断思考福州公安“做什么、怎么做”。潘东升带领福州公安坚持为“大园区”提供“大服务”、为“大项目”提供“大安保”的护航发展理念，主导建立闽东北协同发展区警务新机制，组建社会治安五级巡防队伍近3万人，为县级以上工业园区配备专门的治安巡防队伍337个；创新启动“智慧安保”系统，集智慧安检、智慧交通、AR全景、警用机器人等多项功能，打造立体“云防”；精心构建“三横四纵五维”融合式智慧安保模式，带领全市公安队伍圆满完成了第44届世界遗产大会、金砖峰会“三合一”会议、数字中国建设峰会等1700余场各类活动安保任务，让良好的社会治安秩序成为福州市招商引资靓丽的名片、让安全成为一个个盛会成功举办最有力的保障。

2020年以来，面对新冠肺炎疫情，潘东升指导相关部门依托公安大数据平台，独创“超算”疫情数据模型，公安、边检、海关、外办等部门建立数据共享机制，全面做好涉疫数据核查和流调溯源工作，确保涉疫线索“一条不漏、一刻不误、一查到底”，助力福州市在全省首批实现现有病例、疑似病例“双清零”。2021年9月，福建发生本土疫情。作为省会城市，又毗邻高风险地区，福州市疫情防控压力陡增。潘东升第一时间部署市局启动一级响应、全天候运作，全力投入区域协查、流调溯源、人员排查等工作。此时已升级至3.0版的“超算”模型再立新功，每日接收数万条流动人员数据，20分钟内就分析处理完毕，为疫情防控赢得了宝贵时间。

潘东升的专业，体现于公安工作的方方面面。福州市作为我国东部沿海重点开放城市，近年来随着城市的发展建设，拥堵成了道路的常态，2016年，福州市早晚高峰时段的平均车速，仅仅只有每小时24公里，可是要用什么方式来提升老百姓出行的通畅度、快速处置交通问题呢？潘东升提出了一个颇为新颖的计划，用大数据、云计算、系统聚合的理念给全市的信号灯画一张“智能地图”。信号灯要百分之百联网，让信号灯能够根据不同的时段、不同的流量自动分配绿灯时间。潘东升的这个信息化的理念一提出，不少基层民警一方面期待着高科技带来的改变，另一边心里又有些打鼓。有一些基层民警一开始觉得，这样做能弄清楚吗？采用大数据配时，他们也不是很理解。然而对于潘东升来说，用信息化来解决城市交通问题，他有着十足的信心。他带领团队，开始了“智慧交管平台”的系统建设。一年后，一张饱含着潘东升心血的“智慧地图”诞生了，5000多个微波、全球眼、地磁、电子警察和城市卡口，583个联网联控的信号灯路口，在交警指挥中心的窗口上闪烁。“智慧交管平台”上线后，福州市80%以上路口实现了绿波通行，并且可以在不同时段、不同流量的情况下，配套不同的信号灯配时方案。以前民警从别的路口赶过来，至少要五分钟，甚至更长时间，现在只要几秒钟，就能从中心控制路口信号灯实施远程实时排堵。福州在全国率先推出行人闯红灯、机动车乱鸣喇叭、滥用远光灯等“三大自动抓拍系统”，完成840个缓解城区交通拥堵的项目，整治748处道路交通安全隐患路段，福州交通大数据建模成效位居全省第一，城区拥堵状况在全国的排名大幅下降。

一个个项目落地生效，一份份优异的成绩单，以公安大数据战备，打造的“情指勤舆督”一体化合成作战体系背后凝聚着潘东升的智慧与努力。民警们都说，潘局长是个有梦想的人，他带领福州公安队伍努力奔跑，拼尽全力去完成一名警察的使命。他这位名副其实的公安信息化专家，是敢于啃硬骨头的“追梦人”，主动回应时代的新要求、新考题，善于运用新技术、新手段、新方法，创新工作方式，提高工作质量。

做个干净人

无论生活还是为人行事，潘东升最重要的准则是干净，坚信只有个人干净，才能在公安队伍中树好旗帜、立好标杆。他曾说："只有个人干净，才有做人的底气、干事的硬气、从警的正气。"

走进潘东升的办公室，警号"100001"的洁白警服静静挂着，桌上的台历还停留在9月24日，六摞整齐摆放的资料占据了大部分桌面，而局长的名牌，却被塞在书柜最不起眼的角落。工作中高度自律，生活中极为简朴，是潘东升身上两个鲜明的特质。

潘东升生前用的一个黑色尼龙公文包，是2008年参加警衔晋升培训时学校配发的，用了13年。这个表面早已破损、掉色起皱的公文包一路跟随他从省公安厅到三明市公安局，又到福州市公安局，直到他牺牲。他的妻子劝他换个新的，但他舍不得！同事实在看不过去，偷偷帮他换了一个新提手，事后他坚决结算了费用。潘东升回到家，高兴地对妻子说："你看，跟新的一样，还能继续用。"民警郝炬回忆道："2016年，我调到局办公室工作，想着经常要跟领导去调研开会，就去商场买了个皮质公文包。谁知，第一次见到潘局，他拎的是一个提手都脱线了的尼龙包，简朴至极。我非常惭愧，那个皮包，我再也没拿出来用过。"潘东升牺牲后，工作人员在整理他的遗物时找到了他随身携带的钱包。钱包破旧不堪，里面珍藏着多年前他与妻子袁秋榕及儿子潘键民幼年时期的合照。后来，大家才得知这个钱包是妻子30多年前送给他的，他一直随身携带。在潘东升的衣柜里，除了警服还是警服，几件白衬衣衣领都磨破了还继续穿。他总说：

"衣服，干净就好。"福州市公安局政治部主任潘臻颖说："这么多年，我们全局上下都知道他对物质要求非常简单，生活极其简朴清廉。我们清楚他的为人、他的脾气，我还想着等他退休以后，好好请他吃顿便饭，他总会答应吧。没想到，现在连这个机会都没有了。"

2021年5月，福州公安队伍教育整顿查纠整改工作推进会上，潘东升掷地有声地说："如果哪一天，哪一个民警看到我在哪个饭局上，你过来甩我两个耳光！"在场人员无不动容。这不是一时作秀，而是一以贯之的干净、坦荡带给他的底气、自信。这么多年，同事们从未听到任何社会上的人炫耀他曾跟潘局长一起吃过饭，从未听说有人托关系走后门找了潘局长或其家人。不参加应酬、不托关系走后门是潘东升给自己定的规矩。他曾在多个公开场合明确表示，任何打着自己亲友旗号要照顾的，一律不要接待。尽管他在省会公安局局长岗位上，管理着上万民警，但他从来没有拿"位子"谋私利。他自觉抵制外界干扰诱惑，干干净净做事、清清白白做人。他最痛恨徇私舞弊、跑官要官。直到潘东升牺牲，很多人才知道，他的妻子长期待业在家，他从未利用自己手中的职权或向组织开口为妻子解决工作问题。妻子袁秋榕说："他最痛恨找关系，最恨家里人拿别人东西。"潘东升在大会上多次强调："你们不要去找我的家人、亲戚，不要想着'走后门'，把工作做好了，组织上自然会考虑。说情的，一律不提

◎潘东升使用多年的钱包里珍藏着多年前一家人的合影

拔！”作为省会城市公安局局长，潘东升管着万名公安民警，利益涉及方方面面，但是在公安队伍教育整顿中，没有一封关于他的举报信。福建省政法队伍教育整顿第一指导组公安现场指导专班负责人蔡祖荣告诉记者：“第一批政法队伍教育整顿期间，对于潘东升的举报信为零，这是难能可贵的。”

潘东升深刻领悟“家风连着政风，家廉才能政廉”这个道理，注重家风建设，将高度自律、清正廉洁的为政品德纳入家风建设的重要内容。在家人眼中，潘东升是好丈夫、好父亲、好儿子。妻子袁秋榕说：“我每天都会在阳台上等他下班回来，他不参加应酬，再晚也会回家吃饭，经常牵着我的手在小区散步，他觉得陪伴家人就是幸福。”儿子潘键民说：“尽管早出晚归，经常加班，可是爸爸非常爱这个家，常年如一日单位和家里两点一线。”身为领导干部，潘东升高度自律，对家人亦是严格要求。他常说：“干净是对自己和家人最好的保护。”反复告诫家人绝不能打着他的旗号找人办事帮忙，别人送的东西一律不能拿。五年前，潘东升从三明调任福州，专门叮嘱年逾八旬的父亲：“可能会有人通过各种办法给你和家里人送东西，一定不能收。别人送的东西，一律不能拿，哪怕只有一点点。”身为人父，潘东升虽然忙，但从不会缺席对孩子的教导，他总是告诫儿子做人要正直、善良、正派。

作为单位领导，他积极推动党员廉政建设落到实处。近年来，福州市公安局在全省创新推出派出所教导员改任党支部书记和向基层派出所派驻纪检专干等制度，把党风廉政建设扎到基层最前沿，渗透到每个细微处。他经常跟民警们细算“三本账”——“政治账”“经济账”“感情账”。他说，别人找你办事，不是因为你本事多大，人家看的是你的位置和你手上的权力，少一个民警出事，就是保护一个家庭。在潘东升看来，“从严治警就是最大的从优待警”，他对民警违纪违法毫不手软、坚决处理，坚定不移推进公安机关党风廉政建设和反腐败斗争。在今年政法队伍教育整顿期间，他大力推动整治顽瘴痼疾，坚决清除“害群之马”，严明警纪、纯洁队伍。他谆谆教诲公安民警，遇到家人、亲戚有任何托情办事，一律回绝。潘东升常说：“干净是对党最大的忠诚，干净是对自己和家人最好的保护，要敬畏这份职业，珍惜这身警服。”在潘东升的带领下，福州公安队伍面貌焕然一新。

2021年9月25日，潘东升倒在了连续奋战多日的工作岗位上，

12时35分，潘东升带着对事业的不舍、带着对家人的遗憾离开，他的生命永远定格在57岁。他的妻子袁秋榕泣不成声，潘东升再也不能在自己上班时，走到楼下，然后仰头看看阳台，跟妻子打招呼。妻子也再不能站在阳台目送他上班去，在阳台上站再久也等不来他回家的身影。

“爱人者，人恒爱之。”潘东升牺牲后，数以万计的民警、群众自发缅怀悼念他。有战友说：“潘局长太累了。在我们心里，他就是铁一般的存在，是政法干警的榜样。”有民警写下了这样一首诗：

亲爱的局长，你好好休息吧！我们会成为你的双眼，替你去看这盛世的每一个明天。

亲爱的局长，你安心歇息吧！我们会化作你的双手，替你书写那未完成的平安诗篇。

亲爱的局长，你放心地走吧！你带出的队伍，会沿着旭日东升照亮的方向，继续向前、向前、再向前！

一个个留言，发自肺腑，写下了人们对这位好局长的爱与敬意；一幅幅挽联，如泣如诉，留不住这位人民公仆匆匆离去的身影。出殡当天，社会各界群众早早等候在灵车的必经之路，他们眼含热泪、手捧白花，用普通话、福州话喊着：“潘局，一路走好。”

苍天垂泪悼英灵，草木含悲送忠魂。

（郝胤舟）

排爆战线上的勇士
——张保国

张保国，山东德州人，1965年10月出生，1984年入伍，1988年加入中国共产党，现任济南市公安局特警支队副支队长。1999年，张保国从部队转业到济南市公安局，义无反顾地走上了公安排爆岗位。他曾因排爆任务烧伤致残，双手丧失部分功能，却依旧不改初心，20年如一日坚持战斗在排爆安检工作最前沿。工作以来，他先后完成防爆安检任务1300余次，排除爆炸装置和爆炸可疑物130余个，鉴定、排除、销毁各类炮弹、炸弹等4000余发（枚），销毁废旧雷管30余万枚、导火索50余万米、导爆索1万余米，在与死神的博弈中，用勇气和忠诚谱写了排爆战线上的英雄赞歌。2018年，张保国被人力资源和社会保障部、公安部授予“全国公安系统一级英雄模范”称号，2019年被公安部授予“公安楷模”称号。

在排爆这一行，排爆手之间早已形成了彼此都心照不宣的“惯例”：当他们穿上排爆服走向可疑爆炸物前时，队友要为其拍下一张照片，万一遭遇不测，就当作纪念。在众多关于张保国的宣传材料中，一张他穿着排爆服的照片颇为常见。即使在全副武装之下，他那如剑般的目光依然具有震撼人心的力量。20年里无数次与死神的擦肩而过并未将他的胆色削减半分，血与火的淬炼反而把他锻造得更为坚韧，无惧无畏迎战与死神的每一次交锋。

英雄，致敬！

2018年7月4日下午，济南市公安局，“全国公安系统一级英雄模范”张保国的授奖仪式在这里举行，气氛庄重热烈。

台下等待的张保国稍整着装，双手轻轻抚过缀满胸前的勋章，走上领奖台，接过了那份象征着无上荣光的一级英雄模范奖章证书。他的眼神中有感激，有骄傲，但更多的是平静。也许在这一刻，他想起了千千万万和他一样奋战在排爆一线的战友，想起了在那个尚缺装备的年代用生命让炸弹沉默的前辈……这份荣誉有些“沉重”，他知道，只有更为勇毅地冲锋，才能让奖章鲜亮如今，永葆光芒。

“五指并拢自然伸直”，这是“敬礼”的动作要领。

接过证书的张保国举起右手，郑重地敬了一个礼。他的手指灵巧修长，这双手，熟悉炸弹内部近乎全部的线路，曾让无数枚猖狂叫嚣的炸弹、炮弹闻风丧胆，在进行排爆工作时，他的手常在线路织成的密网中自由无碍地穿梭，确保了任务区域的绝对安全。只是这右手，因为受伤，从指间到掌根布满了触目惊心的疤痕，几块移植的皮肤颜色格外深，坚硬、粗糙如同老树皮，小拇指蜷曲成“L”形，手指也永远无法再伸直……

有人说：“疤痕是最忠诚的勋章。”的确，这些凸起的伤疤像是耸立着的一座座小山，成了阻挡危险的铁壁铜墙。这一敬礼早已不再是一个简单的动作，不能单纯用所谓的“动作标准”去衡量，因为这是一名共产党员、一名警察在无数次舍身忘死后，依旧坚定选择排爆工作的风雨无悔和生死不变的诉说。

伤疤，清晰可见；危险，一触即发。排爆战线上的故事，远比我们想象的更为惊心动魄。

◎每一次的排爆任务，都是生与死的选择

人民公安为人民

“愿为初心付此生”，张保国这么说了，也的确做到了。

初心的摇篮

1964年10月16日，罗布泊，金光喷发，火球凌空，一声巨响，天崩地裂。这一天，中国冲破种种封锁，克服重重困难，完全依靠自己的力量研制而出的核武器试爆成功。一批又一批的中国核试验基地官兵做着惊天动地的事，当着隐姓埋名的人，以苦为荣，用寂寞和坚守为彼时的中国在丛丛荆棘中开辟出一条希望之路。同众多扎根在核试验基地的官兵一样，张保国的父亲张天录也曾将青春融进祖国的核事业建设中。1958年张天录入伍，在祖国的大西北参加了国家重要国防工程建设。1963年，他响应国家号召，集体转业到核工业部某建设公司工作，参加了中国核试验基地发电厂的建设，为我国第一颗原子弹成功发射贡献了一分力量。

1965年的一天，山东德州大刘村的一户普通农家中传来一阵清脆的啼哭声。新生命的诞生让年轻的张天录夫妻俩无比激动。

“该给孩子取个啥名字呢？”夫妻俩商量着，思索良久。

“要不就叫‘保国’吧，”张天录打破了沉默，“男孩子就该去保家卫国，为国家做贡献，光荣！”

“保国”这个名字再普通不过了，却沉甸甸的，寄托了父母全部的期望。

在张保国小时候，父亲因为工作需要，经常辗转于祖国大西北和大西南，一家人聚少离多。张保国的母亲张洪珍白天干农活儿，晚上还要编炕席，5天要编4条炕席，然后骑车到镇上赶集去卖来负担一家人日常的开销。在印象中，一家人的日子过得虽然清苦，但他从未听父母抱怨过一个字。张洪珍还经常教育张保国："你爸为国家做事是光荣的，你以后也要做一个对国家有用的人。"父母的言传身教深深影响着张保国。

齐鲁大地，钟灵毓秀；这方热土，英雄辈出。

革命时期，沂蒙山区十万英烈血洒疆场。他们御外敌、反压迫，留下了"党群同心、军民情深、水乳交融，生死与共"的沂蒙精神；建设时期，王尽美、臧克家、焦裕禄、孔繁森……一位位当代英杰，投身国家建设，锻造出伟大的中国精神。在张保国小时候，母亲就常为他讲述英雄的故事。那时，年幼的张保国就依偎在母亲的怀中，听母亲讲淮海战役中，山东人民用小推车支援前线的场面；听她讲"人民的好公仆"焦裕禄是如何亲民爱民，如何忘我奉献造福一方百姓的故事……张保国常听得入神。

一方水土育一方人，家风的熏陶和家乡文化中的忠诚、厚道、实干、担当流淌在张保国的血脉中，滋养了那颗不知不觉埋在心中的名叫"英雄"的种子，它不断生根，发芽，成长为参天大树。

其实，张保国与"排爆"的结缘，起初并不是"双向选择”，多少有那么点儿“阴差阳错”的意思。会弹吉他、会唱歌的张保国，当初的第一志愿是“空军”。

在参加高考之前的1984年3月，张保国就参加了空军飞行员的招考体检。他很想当空军，想象着自己开着飞机翱翔在祖国的蓝天，心中充满了自豪，但最后因左眼视力差了0.1而与飞行员失之交臂。

飞行员没当上，张保国就报考了军校，他就是要把“从军梦”坚持到底。

1984年8月的一天，一纸鲜红的录取通知书寄到了大刘村。

这薄薄的一张纸，承载了一个家庭的希望，也是一个农家孩子的梦想。村民们听说张保国考上了军校，都为他感到骄傲，大刘村出了第一个大学生，还是军官，这是何等荣耀！

打开录取通知书，张保国是又高兴又有点“懵”。

通知书上赫然写着“军械技术学院”六个大字——这不是他当初填报的学校。

再仔细一瞧——“根据军事院校招生条件，经审查，你已被我院弹药专业录取。”

“弹药专业？这是什么专业？”张保国盯着录取通知书，心里纳闷。

“既然当初在志愿表上填了‘服从调剂’，就要信守承诺，这是当兵最起码要具备的素养！”父亲以一位老兵的身份，给张保国上了做军人的“第一课”。

在军校真正接触过弹药后，张保国发现这是一门深奥又无比重要的学问。不同种类弹药用途不同、原理各异，研究弹药要了解物理学、化学、材料学、电子学、空气动力学、爆炸学等多方面理论知识，需要长期学习和积累才能掌握，而弹药对部队的重要性更不用多说，这更加激发了张保国潜心研究弹药的决心。

在大三那年，一贯表现优异的张保国加入了中国共产党，这也成为后来他口中“最正确的决定”。入党后，张保国了解到了更多“排爆人”的故事，也在书中遇见了自己的偶像吴运铎。

兵器制造专家吴运铎，被誉为中国的“保尔·柯察金”。在生产与研制武器弹药中多次负伤，失去了左眼，左手、右腿致残，经过20余次手术，身上还留有几十处弹片没有取出。但他仍以顽强毅力战胜伤残，坚持战斗在生产第一线。

感动、震撼……张保国眼含热泪，明知道从事排爆工作每一次都可能面临生与死的抉择，他们只是普通的肉体凡躯，即使九死一生，也依旧有人前仆后继，向死而生。

想起临行前父亲的嘱托，想起他听过的那么多英雄的故事，想起偶像带给自己的震撼，从小就立志“当英雄”“去当兵”的张保国眼神坚定，在日记本上一笔一画地写下他一生的座右铭“必须优秀，永不懈怠”。

他知道，只有做到像前辈一样，才能不辜负父母和乡亲的期望，才能不玷污自己长久以来坚持的梦想，才能对得起党组织的信任和培养。

“献身公安排爆事业永远无悔，保国为民历尽危难无上光荣。”这是张保国曾经许下的誓言，现在也成了他一生的写照，他的故事早已写在了父亲给他起的名字里。也许，这就是上天的选择，英雄真的有迹可循。

死神的挑战

多年的工作和生活，让张保国养成了两个雷打不动的习惯，一是排爆时用左手，二是每天至少发一条微信朋友圈动态。第一个习惯是因为如果因意外造成残疾了，至少留下右手方便生活；第二个习惯则是为了让亲朋好友放心，让他们知道自己还活着。

大多数人的生活是平静和安详的，可对于张保国而言，他的日常却是生存和死亡。也许很多人不知道，就算是世界上最先进的排爆服，也只能扛得住1公斤TNT炸药在3米之外的爆炸。先抛开炸药的剂量不谈，排爆手在排爆时，往往面对的是与炸弹零距离的接触。1999年9月11日，张保国转业后的第十天，他便迎来了从警生涯的第一次“大考”。

这天傍晚，济南市中分局民警在玉函路某小区清查流动人口时，发现一男一女十分可疑。等到了他们的出租房，一阵急促的交谈声从屋内传出：

“公安不敢逮我们，如果他们敢抓我，我就炸死他们！”

一个“炸”字，瞬间让所有民警绷紧神经。

有情况！

警惕性很高的民警当机立断，立刻带离了他们，同时迅速将此信息上报市局，张保国接到命令后飞奔到现场。

毕竟这次炸弹可能是在居民楼中，小区住户多，人流量大，真要是爆炸了，那么后果不堪设想。一想到这儿，张保国不禁惊出一身冷汗。

他定了定神，保持冷静，让一同赶到现场的科长和别的民警留在出租房外，独自一人打着手电走了进去。

张保国四下照了照，初步了解了房间情况。房间不大，几乎一览无余，灯光昏暗，堆满杂物，哪里也不像是能藏炸弹的地方。

他眉头紧皱，继续仔细搜索，不放过每一个角落，似乎房间里埋伏着随时可能扑出来的猛兽。

突然，厨房门后角落的一个啤酒瓶引起了他的注意，那啤酒瓶好像被什么东西包着，鼓鼓囊囊的。张保国小心翼翼地走过去。

果然不出所料！那就是一个土制炸弹！

看到这个土制炸弹的那一刻，他惊得说不出话，张保国还是低估了犯罪分子的穷凶极恶：

那个啤酒瓶里装满了炸药，足足有一公斤！还在瓶口精心设计了三种引爆方式：有鞭炮引火线点火的，有像手榴弹拉绳一样拉发引爆的，还有一种是直接摩擦引爆的。最可怕的是，啤酒瓶子的外面，竟然还缠了100多颗钢珠！一旦爆炸，这100多颗钢珠就会变成100多颗子弹，杀伤力绝对不亚于军用手榴弹！

此刻的他更加确定，这个房间里的炸弹，绝对不止一颗！小小房间，危机四伏。

经过细致的搜查，在床底下、行李箱里，甚至是床上的被褥里，他又发现了用3个水暖三通管件和5个铁管制作的钢管炸弹，都具有很大的杀伤力。

一间不起眼的小屋子，竟然藏了9颗土炸弹！

而这也是张保国第一次处理甚至是见识土炸弹。

张保国不敢放松半分，炸弹是都找到了，可新的困难又涌了上来。这些土炸弹跟他平时在部队接触到的制式炸弹有很大区别，土炸弹的性能极不稳定，不能采用以前的破解方法。这样一来，这9枚土炸弹的转移又成了难题。

他深吸一口气，在大脑中飞速寻找着破解办法。突然，他看到墙角有2个塑料水桶。

“对啊！用水泡！无论哪种引爆方式，水都可以隔绝火源，让点火装置失效！”灵光乍开让张保国悬着的心终于放下，他紧锁的眉头也终于舒展开来，如释重负。就这样，张保国小心翼翼地把9枚土炸弹放进了水桶中，危险暂时消除。

夜，终于恢复了宁静。

第二天，张保国和同事们把土炸弹运送到郊外准备销毁。他隐蔽在一块大石头后，将那个“酒瓶炸弹”扔了出去。结果瓶子刚一落地，就“轰”的一声爆炸了。原来，酒瓶里装的是对撞击、摩擦极其敏感的炸药，要是昨晚在排爆过程中，自己稍有闪失，不经意撞到它或是一不小心掉落地面……张保国不敢再深想。

这是他从警后，第一次与死神的正面交锋。他赢了！

排爆手的每次任务都是与死神的博弈，而这次任务还仅仅算是死神示威的挑衅。

“排爆手的额头蒙满了汗珠，眉毛蹙成一团，紧闭双目，在倒计时器的时间即将归零之际，黄线被‘咔’的一声剪断，排爆手缓缓睁开双眼，倒计时停止”，这是我们在影视剧中常常看到的场面。可现实中的情况哪有这么简单！没有什么红线、黄线，更没有倒计时器，犯罪分子可不会帮你按着颜色设计，也不会把计时器装在外面提醒你快爆炸了。有时候生死之间，可能只有10分钟。

那天正值元旦假期，张保国的妻子李静早早下班回家，张罗了一大桌好菜。张保国“罕见”的没有什么工作，处理完单位的事也早早回了家，好不容易有机会能跟家人在假期团聚。一家人其乐融融，享受着来之不易的平静。正要举杯庆祝之际，一阵急促的电话声传来：

“张队，××物流中心疑似发现爆炸装置，需要我们去现场处理。”

“知道了，我马上到。”张保国挂了电话，什么也没说，只是急匆匆地走到卧室，换衣服准备出发。

妻子和女儿也不问，她们都懂。类似的状况，母女俩已经经历了无数次。她们深知，唯一能做的只有等待，等待张保国平平安安回家。

节假日期间，异乡人早已开始陆续启程踏上回家之路，这一时期剧增的客货运流量，带给公安机关不小的安检压力。许多不法分子就钻了这时候的空子，结果严重危害社会治安秩序，甚至是百姓的财产生命安全。报警的工作人员告诉张保国，有两个年轻人要邮寄包裹去外地，但这俩人寄送的箱子里竟然散发出一股浓浓的汽油味！加上被询问时，那两个年轻人神情紧张，一直支支吾吾，工作人员不放心，担心箱子里有爆炸物，于是就报了警。

张保国和战友赶到现场后，首先看到的是个60厘米见方的大家伙，他心里咯噔一下，由于这个疑似爆炸物超过了X光透视仪的测量范围，只能通过拆解纸箱，固定证据才能让案件得以告破。

箱子里装的什么，谁也不知道。这箱子这么大，如果真的有爆炸装置，肯定也小不了。万一里面的炸药很灵敏？万一一不小心爆炸？面对随时可能发生的危险，张保国二话不说，立即对可疑物进行鉴定拆除。

他首先安排队员在现场设置好频率干扰仪，以防是遥控引爆的炸弹，并在四个方向都放置了灭火器，做好一旦意外发生，爆炸引起火灾时，能够及时灭火的准备。然后他穿上熟悉的排爆服，拿起锋利的排爆工具刀，趴在地上仔细地观察着。

80斤重的排爆服密不透风，加上精神高度紧张，即使是在寒冷的冬天，张保国也已汗流浃背。小刀缓缓划过箱体，箱内的庐山真面目开始显现：狡猾的犯罪分子在里面塞满了碎纸条，把核心部分隐藏了起来。他一点一点清理着纸条，又看到了大大小小塑料瓶装了十几公升的汽油、两大包黑火药、一根又一根复杂缠绕的电线……电子定时器！——一直到炸弹最里面，张保国才看到一个用纸包着的小小定时器。来不及多想，张保国依旧十分镇定地分析着线路，凭借自己多年的经验和知识储备，胸有成竹地剪断了炸弹最关键的那根电线。

危险解除，他拿过刚刚没顾得上看的定时器，一直稳健有力的手此时却变得颤颤巍巍——定时器定在23时，留给他的时间只有短短10分钟！接到报警、开车赶来、检查鉴定……不管哪个环节稍微多上10分钟，后果都将不堪设想。

然而，幸运之神并未总是站在张保国这一边。2005年3月2日，这一天让张保国刻骨铭心，这也是他离死神最近的一次。

20世纪90年代中后期，济南城市建设步伐加快。那些在战争年代，特别是在济南战役中遗留在济南地下的各种炮弹、航弹、手榴弹、地雷等不断在建筑工地上被挖出来。3月2日上午，济南市公安局在西郊一个废弃的石料场集中销毁一批从民间收缴的火药及废旧炮弹等爆炸物。

为了确保安全，工作人员清理了山上的闲杂人员，并沿山部署了20多名警戒人员，以防周围群众误闯进山。张保国和他的战友们认真按照操作流程测量风向，将待销毁弹药进行细致分类。大约到上午10点，即将销毁的57发炮弹、7枚锈迹斑斑的军用发烟罐（装有固体发烟剂的罐式发烟装置）和约15公斤的火炸药卸车完毕，静静地躺在销毁现场，散发着狰狞的气息。

和往常一样，张保国依然走在最前面，担任了主排手，当时还有四名媒体记者一同前往采访销毁作业过程。这批即将销毁的废旧弹药中，最危险的就是发烟罐，因为发烟罐里的燃烧剂和发烟剂有一个特性，就是遇到空气会自燃。而这次销毁的废弃发烟罐，因为锈蚀的时间太久，发生了泄漏，突然开始冒烟冒火。

张保国有些慌了——他面前就是一堆火炸药！火炸药里万一混进了雷管和火帽，泄漏的发烟罐要是再将火炸药引燃，那发生的就不单单是燃烧，而是爆炸！那时不光是张保国，记者们，他的战友们，所有在现场的人的生命都会受到威胁！

“坚决不能让它烧起来”，一个念头在张保国脑海中闪过。

他来不及考虑更多，一边冲着四名记者和身后的战友们大喊“不好！快跑！快跑！”，一边本能地奔向发烟罐，一脚将它踢飞。

可几乎同时，意外发生了！

待销毁的15公斤火炸药还是被引燃了，“轰”的一声，火药堆瞬间燃起了十米高的大火球，将张保国吞噬，他被包裹在大火里，成了一个“火人”……

张保国屏住呼吸，挣扎着从火球中钻出来，立即就地扑倒、翻滚，压灭身上的明火。可就算这样，张保国脖子和大腿内侧的火依旧在燃烧，他只能用烧焦的手拼命拍打。战友们一拥而上，冲向张保国，帮他扑灭了身上的火。

张保国的战友们火速将他送往齐鲁医院。可这烧伤，就像是死神派来故意折磨他的一样，从火里出来的时候还没有什么感觉，怎么越来越疼？暴露在外的脸和手，此时也已经开始慢慢渗

◎从火海中跑出的张保国

液……

时间一分一秒地过去，警灯闪烁着，风驰电掣，这条路一路畅通无堵，但却显得格外漫长。钻心般的疼痛如潮水般向张保国涌来，他在车里不停地翻滚。急救车还没进入市区，他就疼得昏了过去。

经医院初步检查，张保国全身有8%的面积烧伤，脸部二度烧伤，双手深二度烧伤，手指不能完全伸直和弯曲，落下了七级伤残。

张保国的脸肿得像盆一样大，原本炯炯有神的双眼现在用尽全力还不能完全睁开，手上厚厚的纱布缠得像拳击手套，烧焦的皮肤像干涸皲裂的土地，在皮肤裂缝中还隐约能看到外翻着的粉红色嫩肉……

在医院里，张保国以顽强的毅力承受着常人难捱的痛苦，他从未叫过一声疼。为了尽快恢复手部功能，重返岗位，张保国经历了漫长而煎熬的康复训练。

他前后经历了两次植皮手术，医生从他的大腿根到后背各取下了两块5厘米宽、50厘米长的皮肤，修整后移植到他的双手上，每只手要缝150多针。两次四五个小时的手术，张保国被推出手术室后脸色都是惨白的。取下的皮肤的部位更是有长达半米的缝合伤口，他连咳嗽都不敢，怕稍一用力就把线撑开，前功尽弃。

所幸，新的皮肤成活了。但它们像胶带一样，紧绷在张保国的手背上，手指依旧无法伸直。康复训练中最痛苦的还是蜡疗。每次蜡疗，张保国都要将双手插进60℃的蜡液中，烫得实在受不了了就把手拿出来，缓一缓再放进去，等到手上结满厚厚的蜡层，医生将蜡刮掉，然后趁着热度，硬生生地掰他的手指头，将弯曲变形的手指掰直，把僵直的手指掰弯，循环往复，掰完继续泡……就这样一点点提高手指的灵活度。

医生也曾让张保国做好心理准备："手功能能不能恢复，就看你自己了，如果你的手指弯曲能碰到手心，那就算你成功了。"

听了医生的话，张保国沉默良久。他不能没有这双手，他还想跟战友们一起并肩战斗在心爱的排爆岗位上，哪怕每次只能比上次多掰下1厘米，那也是进步！最终在张保国的坚持努力下，他的手指终于能够弯曲碰到掌心，虽然依旧有手指不能完全伸直，但至少不影响他的生活和正常工作，对张保国而言，这已经是最好的结果。

从那次受伤后，张保国的双手留下了严重的后遗症。别人都是冬天裂口子，可是张保国的双手在夏天也会裂缝渗血。部分皮肤没有汗腺，汗出不来，经常痒得不行。实在受不了，张保国就往杯子里倒上滚烫的开水，一把捂住。因为只有借着这钻心的痛，才能把里面的痒止住。

"诚既勇兮又以武，终刚强兮不可凌。"危险和疼痛并没有让张保国退缩半分，仅仅是在出院的第三天，张保国就戴着口罩、双臂吊在胸前、双手缠着绷带出现在排爆现场。如果有下一次，他依旧会毫不犹豫地选择赶赴与死神的生命之约，用鲜血和生命为人民筑起一道坚不可摧的铜墙铁壁。英雄之所以成为英雄，正是因为他们在关键时刻总是敢于挺身而出。也许在张保国心中，生亦或死已不再重要，只要“天下无爆”，即使赴汤蹈火也在所不惜。

他曾陪着卡车司机缓缓行驶70公里，身后拉着100多公斤的废旧航空炸弹。

他曾在炎炎盛夏身穿40公斤重的排爆服，匍匐作业3个多小时，拆解了安装在长途客车上的炸弹，守护了50多名乘客的安全……

用生命守护生命，他在与死神的较量中屡建奇功。

心之所善，九死未悔！

无悔的匠心

古语有云：“知错能改，善莫大焉。”在当今社会，各行各业的从业者不可能一帆风顺，总是要在“错误”中积累经验教训，行稳致远。然而对于张保国而言，排爆这一行并没有给他们犯错误的机会，一旦出现错误，弥补的代价就只能是生命。

做好排爆工作，需要有一颗“匠心”。所谓“匠”，即是在某方面很有造诣的人。正是日复一日的知识积累和不间断的思考，最终造就了这位排爆战线的专家。

排爆的20年间，张保国见过了各式各样的炸弹：有的爆炸装置被做成盆景的样子，但一浇水就能把人炸得粉身碎骨；抽纸盒水平开关爆炸装置，一旦抽出纸巾就会血肉横飞；玩具熊压发开关爆炸装置，稍不小心受到震动便会瞬间造成灾难……就连一本看上去小小的词典，也可以在翻开的瞬间，火光四射，轰然把人撕成碎片。

其实入警第一次“大考”对他的影响很大。那次出警，让他事后反思了很久。第一次面对土炸弹的经历让他清醒地认识到，在接下来的日子里，他面对的将是千变万化的危险。随着科技的发展，炸弹的种类只会越来越多，犯罪分子的花样只会层出不穷，只有比犯罪分子更懂炸弹，才能更好地守护百姓的平安。单纯学习制式弹药的处置知识，已经远远不够。一直以来，他觉得自己像是坐在一叶小舟上，顺河而下，风平浪静。就在那一刻，他觉得小河突然急转直下，瞬间到达了一片大海，望不到边。为了万无一失地到达彼岸，他唯一能做的，便是把小舟换成巨轮。

从那之后，只要周末有时间，张保国就会到电子科技市场买回各种最新的电子元器件研究。因为只有把这些电子元器件研究透彻，提前设想各种可能性，才能在排爆现场用最短时间处置犯罪嫌疑人利用各种电子元器件改装的炸弹装置。每当国际、国内发生重大爆炸案件时，他都会第一时间收集文字、图片和视频资料，叫上年轻队员一起分析爆炸物的用药成分、装置特点和作案手法等。这么多年，张保国读了许多机械、电子、心理学和排爆专业的书籍，他的学习笔记、工作日志足足记了30多本。

行家的养成，总要经历漫长的过程。如今的“排爆专家”在初入军校时，对弹药的了解也并不多。学校的实训课，教员经常把同学们拉到空旷的空地上上课，为了让同学们有更为直观的理解，教员会点燃教学用的炸弹做演示。伴随“轰”的一声巨响，旁边菜地上种的西红柿被震得七零八落滚了一地。再看同学们，只要那个“炸弹”一响，大家都如复制粘贴一般侧过身去，双手捂住耳朵。确实，就算是过年时常见的鞭炮，被点燃时大家都还要绕道走，更何况是面对炸弹呢。

看到大家的反应，教员似乎也是意料之中。

“同学们，大家注意听这些炸弹的声音有什么不同？”

“这种炸弹在爆炸时发出的烟有什么特性？”

“爆炸时闻到了什么气味？”

……

在教员一连串的问题下，张保国和同学们强迫自己克服巨响带来的生理反应，仔细地去观察炸弹。

是啊，当炸弹爆炸时下意识躲闪，这是人的本能反应。但作为排爆手，不去观察炸弹，不了解每种炸弹的特性及各种参数指标，又怎么能完成好排爆工作呢？张保国谨记教员的教诲，大学四年中他勤于思考，刻苦钻研专业知识，对未来充满了希望。既然已经开始与弹药打交道，那就一定要干出个名堂！

1988年，张保国以优异的成绩毕业，被分配到济南军区军械维修检验所下属的弹药修理装配站。他工作的装配站位于济南市郊长清县（现长清区）一个山沟沟里，和村庄相连，外面坑坑洼洼的小柏油马路三四米宽，黑白电视机只能收三四个台，报纸也是几天前的。全站官兵30多人的业余娱乐就是去阅览室看看报纸杂志、下下象棋、听听收音机。

从大城市到小山沟，现实的窘迫并没有掩盖半分理想的光芒。对于张保国而言，这里作为弹药修配第一线，可以获得更多的实践机会，更能潜心地研究专业领域的先进知识。所以，他一到岗就积极投入繁忙的工作中。就像《士兵突击》中的许三多初到草原五班那样，并未因环境艰苦而自甘堕落，而是一直坚持做心中有意义的事。凭着一股认真的劲儿，一年见习期满，他晋升为助理工程师，并担任了站助理员。

张保国的好奇心和动手能力从小就很强。螺丝刀是他爱不释手的“玩具”，闲着没事就“拆家”；物理课上学到发电机，他就去找磁铁、缠线圈，再把自行车轱辘转到飞快，看看是不是可以发电；想听收音机却还没放学，他就利用小闹钟做出定时装置，节目开始便自动边播边录，回到家就可以听……他把爱动脑、爱动手的习惯带到了工作当中，成了业务的行家里手。

刚参加工作一年多，张保国就赶上了全军弹药修配站正规化达标建设。作为单位少有的本科生，设计线路、画图纸、安全评估……张保国充分发挥了自己的专业特长，小到每一个零件，大到整个车间的防雷击、防静电、防火灾等，他都考虑在内，并精益求精，最终完成了三条流水线的建设，实现了弹药修理工作的自动化。直到20多年后，这三条流水线还保持着顺利地运转。

传统的炮弹销毁，一般都是“一炸了之”。眼看着每年成百上千吨的炮弹烟消云散，张保国不禁思考：“要是可以把炮弹里的炸药和炮弹外的炮弹钢全部回收了用于民用，可以为国家节省多少钱啊！”于是，经过多少日夜的反复试验，张保国利用TNT炸药会在80℃左右融化的特性，研发了TNT装药倒空制片设备：高温水蒸气加热后，炮弹里的TNT化为液体缓缓流出，凝固后再被制成鳞片状炸药，炮弹钢也随之变成了没有炸药的安全空壳。这一科研项目不仅减少了人工销毁作业的危险性，降低了传统销毁方式所带来的污染，还节约了大量炸药和炮弹钢。这一装置获得了全军进步科技三等奖。

他将爱思考、爱钻研的习惯贯穿于整个职业生涯，时刻不忘向书本学理论、向同行学技术、向实战学经验，无论是在张保国的办公室还是在家中，都堆满了各式各样的专业书籍和一摞摞厚厚的笔记。只有做好充分的积累和准备，面对炸弹时才能有底气。

一个极致纯粹的人，踏上职业岗位是因为“被需要”。靡不有初，鲜克有终，而他却真正做到了始于热爱、终于热爱。

最初，济南市公安局没有弹药专家，也没有适合销毁废旧弹药的场地，就经常向军区借用张保国。彼时的他，年富力强、思维敏捷，给济南市局的领导和同志们都留下了深刻的印象。由于每次排爆任务都需要向部队求援，层层请示手续极为繁琐，还要等待很长的回复批准时间，而骇人的废旧炮弹、炸弹就横在工地，没人敢靠近，经常导致工期的拖延。

“你愿意转业到这里吗？这是一个更加危险的工作。”急需排爆人才的济南市公安局向张保国发出了邀请。

留在部队，他的前途无可限量，以他的干劲儿，会成为部队冉冉升起的新星；转业地方，就意味着一切从零开始……两难的选择在张保国的眼中，抉择却没有那么难。

“只要祖国需要，叫我干吗我就干吗。”1999年9月，怀揣着不变的初心，因为国家迫切的需要，张保国换上了“藏青蓝”，成为济南市唯一一名专业排爆民警。

2002年1月，市局领导率张保国等参加了京沪等十城市公安排爆部门在京举行的防爆排爆技术研讨会。会上，有经济发达地区的公安交流说，当地一年发生的炸弹恐吓案件有数百起之多。这让济南市局领导格外重视，说：“防爆排爆队伍我们宁可备而不用，也不能用而不备。”于是，济南公安启动组建专职排爆队伍，投资数百万元购置专用防爆设备。从最初没有一件专业排爆工具、没有一件防护器材，单枪匹马、赤手空拳，到组建排爆中队，用上了排爆服、排爆机械手，张保国已经在排爆一线战斗了23个年头。

“我是党员，我先上。如果我不在了，你们谁党龄长谁先上。”这是他最常说的一句话。按理说，排爆中队成立了，也有了并肩作战的队员，徒弟们也渐渐“出师”，是可以松口气的时候，但张保国却觉得身上的担子更重了。按张保国的话来讲，自己是最有经验的，如果每次任务都让别人上，他会有“负罪感”。任务不仅要圆圆满满完成，兄弟们也要平平安安回家，一个都不能少！对他而言，年轻的队员们都是排爆事业未来的希望，为了传承这份希望，他愿意牺牲一切，包括他自己！就像当初那个人一样……

1995年9月，张保国的单位接到一批弹药修配任务。这天，本该张保国动手操作，但他判断不定，一直在犹豫。这时，年长他10多岁、富有经验的弹药工程师对他说了两个字：“我来！”正是这两个字，将张保国与死神隔开，而那位工程师却献出了自己的生命。工程师的妻儿闻讯赶来，哭成了泪人。张保国知道是工程师用生命换取了自己的安全，他“扑通”一声跪在工程师妻子面前……

这条战线上，每天都在上演生与死的画面，但总有人心甘情愿逆行步入黑暗之中，他们用最极致的善和最坚韧的心，对抗着这世界上最极端、最残忍的罪恶。

在一档介绍张保国的节目中，记录了这样一个故事。

节目组在录制排爆队员的训练生活时，张保国的电话突然响起，一位建筑工人称在工地作业时好像发现了炸弹！接到消息后，张保国立刻率队友驱车前往该工地。张保国上前检查过炸弹的情况后，返回与队友商量处理对策。他们之间的对话格外引人注意：

队员自告奋勇："我来吧！这个航弹……"

话还没说完，就被张保国打断："不。"

他眉头紧缩，眼眸低垂，一直在摇着头。

"这个航弹……"

"不！"

队员胸有成竹，继续向张保国描述着自己的思路："我到时候把这个航弹的两边……"

张保国再一次打断了队员的话，"不不不不"，他摇着手，连续不断地低声说着。

"我不碰引线。"

"不行！"这一次，张保国斩钉截铁地拒绝了队员的请求。在不了解炸弹性能的情况下，让别人去排爆，太过冒险。于是，他穿上了40公斤的排爆服，第一个走向炸弹。

张保国将自己熟悉的每一项技术、每一个装备性能都悉心传授给队员，并严格要求队员把每一块排爆知识都学通、学精。平时训练很严格，可真正出任务时，张保国却总是“把危险留给自己，把安全留给队员”。面对险情，尽管队员们都积极踊跃、摩拳擦掌，张保国却总是抢着第一个穿上排爆服，担当主排手，每次出完任务，张保国都会要求排爆队对现场险情进行复盘，大家一起研讨如何更安全、更快速地解决隐患。

“来到中队这么多年，我还没有真正上过‘战场’。”排爆中队的辛树强警官说。

阮惠警官是排爆警察队伍中的新生力量，转业后从警的第一天，他就听了张保国的事迹报告会。从那天开始，张保国就给予

◎ 张保国（中）和同事参加排爆演练

了他无尽的前行力量。“他不仅是我技术上的师傅，更是我精神上的榜样！”

保护好战友的安全是张保国很重大的责任，但是又需要把一些经验、知识传授给年轻的队员，有时候希望他们得到一定锻炼，可是实战往往要接触危险，这也是张保国很矛盾的地方。真有风险，张保国一定会亲自去做。但是遇到一些比如安全性很好、结构很简单，比较容易排除的，他就让队员们去亲身经历一下。

最近，张保国正带领团队对一批老旧排爆机器人的观察范围和图像传输系统进行改造，让设备更加适应排爆现场实际需要。最终，经过多次测试，张保国借鉴汽车全景图像成像系统，带领团队通过反复测试建模，成功为传统的排爆机器人装上了全景眼睛。

20多年来，张保国一直做好传帮带工作，做排爆领域的领航人，已先后带出了四批排爆队伍。在单位，张保国有一间专门的工作室，每周，他都会花两天时间为排爆中队的民警们讲解最新排爆理论知识和特殊装备使用方法等。在他心里，只有排爆越来越专业、团队越来越正规，城市才会越来越安全。

张保国说：“我现在带的这些队员都热爱这个事业，也都知道工作的重要性。现在我的队员里面有一个副高级工程师、四个工程师，还有几个助理工程师和技术员。他们都在不停地取得进步，技能在不断地提升，这也是我感到特别欣慰和欣喜的地方。”

从军人到警察，排爆是张保国坚持了一辈子的手艺。张保国时刻用伤疤提醒着自己，提醒着自己生命的可贵，提醒着自己要更加努力地学习，更加执着地求索，永不止步，永无懈怠，去更好地守护人民群众的生命安全。

匠心之道，艺要精，心要定，安然于无闻，执着于真知。张保国用23年的时间，书写了排爆战线上的匠心故事。

英雄的“英雄”

偌大的城市，总有一盏灯为你而亮。生死一瞬，变幻莫测，深夜，张保国家中那盏依旧亮着的灯，总是让他倍感温暖。每次深夜出任务，妻子总会在客厅等他平安回家。在外面，张保国面对的是“枪林弹雨”，而家人则是他最温暖的港湾。回家，就是一个排爆警察最朴素的愿望。

炸弹虽是不速之客，却也意外造就了张保国夫妻俩的姻缘。

张保国当时还是一名弹药工程师，长相帅气英俊，上进心强，待人彬彬有礼，按常理来说，这样一名现役军官应该是女孩子眼中的香饽饽，可他眼看快30岁了，恋爱问题依旧没有着落。对此，张保国心里很明白。见面后女方都会提出一个相同的条件：离开部队或者调换工作岗位，只要别再从事排爆工作就行。这哪行啊？张保国就一直没有答应。

1993年4月，张保国被章丘市一家乡镇企业请去搞井下爆破，他技术精湛，处变不惊，最后使得险情圆满化解，受到了群众的一致好评。就在他处理完现场准备离开时，一位老人随口问道："小伙子一看人就好，不知道你成家没有？""没有，我现在还没有女朋友呢。""那我给你介绍一个吧，女孩叫李静。"

碍于老人的面子，张保国抱着试试看的想法就去了。这一看不要紧，女孩面容姣美，而且待人接物颇有礼貌，张保国被深深吸引了。可自己的工作……她知道后会不会介意……当他把自己的想法告诉老人家后，那位老人笑着说："实话对你说吧，这是我女儿，她很喜欢军人。我看你这孩子性情好，做事又勤快，将来过日子肯定和顺。"就这样，张保国和李静开始了交往。相处时间越长，李静愈发敬佩张保国，而张保国从内心深处也感觉到了李静确实是位难得的好女孩。第二年，李静嫁给了张保国，同时也嫁给了寂寞与责任。

在二人新婚之时，张保国的条件还不能让李静随军，就把李静留在老家同自己的父母一起生活。新婚不久，就面临着分别，张保国原以为妻子会有怨言，可李静却显得很平静，在送张保国踏上列车的那一刻，她微笑着说："放心干你的工作吧，家里有我呢，肯定不会拖你的后腿。"婚后，李静把家里料理得井井有条，对长辈们照顾有加。正是有了李静的"后方支持"，张保国才能无所顾虑地在事业中乘风破浪。

作为一名排爆警察的妻子，李静注定要有更多牵挂，更多守望。因为工作，张保国十天半月不回家是家常便饭。由于他工作的特殊性和危险性，妻子屡遭惊吓、饱受痛苦。张保国经常夜里出警，每次李静都是开灯坐着等他回来。听到窗外的警笛声或是救护车呼啸而过，李静总是心惊胆战，这样熬过了二十来年。然而，她却用最淳朴的爱，营造了一个温情的家，成就了张保国这个“九死一生”的英雄警察……

虽然李静不能跟丈夫在同一条战线上并肩作战，但她懂他，懂他的信仰，懂他的坚持，她淳朴的爱让张保国更加坚强。

知道张保国下定决心转业的时候，李静也慌过。在她眼中，在弹药修配站工作的丈夫主要从事弹药的修配工作，而转业的决定，就意味着张保国要每天跟危险打交道，那真的是零距离的接触炸弹，这可比现在的工作危险了太多。她担心张保国的安全，早就盼望着丈夫有一天能脱离这个危险的工作。于是，她红着眼眶对丈夫说：“咱们非得进公安局吗？如果你愿意，哪怕我陪你回农村种地都行啊！”

张保国深知妻子的担忧。他也是血肉之躯，在乎生命！其实，每次排爆过程中，他都高度紧张，冷汗直流，感觉分分秒秒都是那么漫长，那么沉重……可是他不能只顾小爱，而不顾大爱。他郑重地对妻子说：“排爆警察是一个新警种，这个工作肩负着对社会、对人民、对国家、对战友的沉重责任，我有什么理由退缩！”

李静知道如果再说下去，丈夫会说出很多“大道理”来，有的道理还很“崇高”，她没有再坚持。从嫁给他的那天起，她就做好了尊重他职业的选择，成为他坚强后盾的准备。

张保国每次出任务时，李静都要往包里放上两个苹果，表示“平平安安”。她不敢随便给丈夫打电话，怕自己的电话打得不是时候，让他分心，而分心就意味着增加危险！

李静的名字虽然有个“静”字——女子的柔弱娴静，但她却用“柔弱”的双肩替张保国扛起了来自家庭和生活的压力。

她，一直能让他安心。

2005年，得知张保国受伤的消息后，李静一下子蒙了，两腿发软。因为她深知，排爆工作不出事则已，一出事就都是大事。“他还活着吗？”李静得到张保国战友点头肯定后，勉强站住了脚。她只要他活着，别的都无所谓了！

看到丈夫头部焦黑，看不清眼睛、鼻子，手上缠着厚厚的纱布，李静眼泪顿时流了下来。她用药棉轻轻地擦拭着丈夫的双眼：“你看看，我来了……”

张保国睁不开眼睛，但他使劲儿张开肿胀的嘴说：“没事……命保住了……只是……可能残废，还可能毁容……”

李静俯下身，尽量跟他贴得近一点：“别说了……我只要你活着！”

李静恳请医生一定要保护好张保国的双手：“我丈夫最看重

的就是他那双手。有一双健全的手，他才能工作！”一个年轻的女人，不在乎丈夫是否会毁容，只在乎他有一双健全的手，好重返他热爱着的岗位，连医生也为之惊讶和感动。

“这个事情无论如何不能告诉爸妈。”在医院，听着张保国的叮嘱，李静含着泪答应下来。当时，报纸上宣传张保国用的是“党员民警”，电视上宣传他时特意给面部打了马赛克。受伤之前，每次接到任务，张保国总是让爱人李静对父母说，他去外地出差开重要会议了，给家中的老母亲打个电话报平安。现在受了这么严重的伤，老母亲肯定会担心。

这次出了这么大的事，自然也不例外，李静明白张保国的心思，她对老母亲讲了一个“善意的谎言”，说保国正在外地出差，不方便接电话，让老人家放心。20多天后，一家电视台在报道学校师生慰问他的消息时，忘了给他的脸上打上马赛克，正好被一直挂念儿子的母亲看到，60多岁的老人家手里的碗当即掉在地上。他成了保护人民的英雄，却也揪断了为娘的肠！第二天一大早，张保国的母亲从老家德州坐着头班车赶到济南。那时，正赶上张保国受伤的脸在蜕皮，老母亲喊了一声“我的儿啊！”，之后就泣不成声了。老人家在医院陪护了整整两天两夜，张保国心疼母亲，让弟弟硬把母亲送回老家。谁知道，回到家第二天，心力交瘁的老母亲就一头栽倒在大门前，紧急送医后诊断为脑中风，从此半身不遂。如今，已过八旬的老母亲的生活全靠张保国的老父亲料理。

两个月后，张保国出院了，脸上植的皮还是红的，双手打着绷带。一天晚上，夫妻俩看电视时，张保国对妻子说：“这双手不知能恢复成啥样？假如真的废了，那就真是拖累你了。”

李静轻轻地托起丈夫的双手，说：“保国，你别想太多，只要有我这双手，就撑得起咱这个家！”

为减轻张保国的后顾之忧和负疚之心，李静将公婆从乡下接到济南，尽儿女的孝道。结婚以来，李静默默打理着家里的一切，她用无怨的付出弥补了丈夫多年的缺席。不仅仅是李静，张保国的家人们都用无言的支持慢慢消融掉他心中的那份亏欠与内疚。

英雄，其实并不是多么吝啬的定义，谁说只能用“功绩”去衡量？趋利避害，天性使然。危险来临，大家都希望自己的家人能够全身而退，平平安安。在小家与大义面前，张保国一家毫不犹豫地选择了后者。他们用无数个日夜的苦等煎熬，用小家的坚守支撑起了万家的平安。张保国去守护人民，他的家人则一直在他身后默默守护着他！他们，都是英雄！

上网搜索张保国，会有很多标签：“一级英模”“烈火金刚”“排爆英雄”“拆弹专家”……但对于张保国的家人而言，他只是妻子依靠的丈夫、父母牵挂的儿子、女儿敬仰的父亲，也是会疼会痛的普通人。

“如果我不上，组织培养我这么多年，等于临阵脱逃了。”张保国说。

“他不干，总要有人干，咱的孩子怕危险，别人的孩子也是一样的。”张保国的父亲说。

老家德州的小院里有一面墙，墙上大大的“福”字格外醒目，张保国家里也贴了、挂了很多的“福”，这是家人最虔诚的祈祷和最朴素的心愿，他们的全力支持就是张保国与死神博弈最有力的武器。

晚风微凉，星落平野。走在回家的路上，结束任务的张保国一身轻松。抬头望去，那盏灯依旧亮着，妻子依旧在等他。没有什么比看到这盏灯更踏实，因为这意味着，在与死神的对战中，他们又赢了！

23年来，无论深夜、周末还是节假日，一个电话就能把张保国拉回排爆现场。23年来，一家三口从没一起出去旅游过，家里甚至没有一张全家福。张保国常对李静说，等以后闲下来了，要每月带着她和女儿回一次老家，帮老父亲浇浇他钟爱的花草，推着老母亲去逛逛大集。但李静心里知道，只要张保国还干排爆一天，他就永远不会停歇。

灯亮，希望就在，爱意永不褪散。

希望所有的出警都是“虚惊一场”！英雄的家庭，值得一个美好的大团圆！

故事的延续

有一种传承，叫“长大后，我就成了你”。

张保国的女儿叫张汝佳，似乎在她很小的时候，“警察梦”的种子就在她心里种下了。“你长大之后想干什么”，这似乎是孩子成长道路上一定会被问及的话题。张汝佳记得，当时班里的小朋友都回答长大后要当科学家，只有自己说，她要当警察。

张保国父女俩之间也有过专属的“小秘密”。

由于张保国夫妻二人工作忙碌，汝佳两岁多的时候就入了幼儿园。2003年9月的一天，李静下班回家后，觉得家里气氛有点奇怪。往常下班，听到妈妈回来，肯定能看到小小的汝佳张开双臂，喊着甜甜的“妈妈”，摇摇晃晃扑进妈妈怀中的场景。但今天，少了女儿的热情迎接，也听不到女儿嘻嘻哈哈的玩闹声，李静正疑惑，进门一看小汝佳眼睛红红的，脸上还有明显的泪痕，一看就是哭过。

李静连忙抱起女儿温柔地问道：“宝贝，今天发生了什么事吗？是不是幼儿园有小朋友欺负你？”她心疼地摸摸汝佳的小脸，为女儿擦拭着泪痕。

小汝佳委屈地看向妈妈，过了一会才小声说道：“爸爸让我不要告诉妈妈。”

听到女儿的话，再看看一旁有些自责又有些不好意思的丈夫，“我带她出警了”，李静顿时明白了一大半。

这天像往常一样，张保国下班后接女儿从幼儿园回家。父女俩大手牵着小手，汝佳蹦蹦跳跳地跟爸爸聊着幼儿园发生的新鲜事儿。

突然，一阵急促的手机铃声传来，张保国心里一震：济南经十路附近一处施工现场发现了炸弹。看着前一秒还陪自己聊得热火朝天的父亲突然眉头紧锁，一言不发，小汝佳摇着父亲的手，疑惑地看向父亲。此时张保国也正经历着一番思想纠结：孩子怎么办呢？事发地位于市区，如果把孩子送回家再赶过去，施工工人可能会有危险，周边的百姓也会有危险，根本来不及！要不就让孩子跟着去？

短暂纠结过后，张保国还是决定带着不到三岁的汝佳去出警现场。“爸爸一会就回来，你在车里乖乖的，等着爸爸来好不好？”张保国温柔地安抚着女儿，狠下心来，把汝佳锁在了车里，自己迅速去处置警情。

在现场被发现的废旧炮弹，只有一小截露出了地面。张保国趴在地上，小心翼翼地处理着炸弹周围的浮土，一点一点地挖着，慢慢完成对废旧炮弹的转移……两个多小时后，筋疲力尽的张保国长舒一口气，最后一枚炮弹终于被安全转移完毕。

“坏了！孩子！孩子还在车里！”

排爆时精力高度集中，近三个小时后，张保国才猛地想起自己的女儿还被自己锁在车里！一身冷汗的他没等同事们互相道别，就冲刺般地跑向自己的车。

等他焦急地赶回车前，女儿已虚脱瘫倒在座椅上，嗓子已经喊哑了，哭得上气不接下气，车窗上满是挣扎的小手印。张保国再无法控制自己的感情，眼泪洒在女儿的脸上。这揪心的一幕，如今回想起来，张保国仍愧疚不已。

2005年，年仅四岁的张汝佳看到爸爸遇险受伤，看到满脸焦黑的父亲，她害怕地躲到妈妈身后。“爸爸，以后我不玩火了，你也别玩了好吗？”汝佳看到严重烧伤的爸爸，难过地大哭。长大之后，张保国也曾认真的同女儿探讨过未来的职业规划，他还记得自己当时让女儿从教师、医生、警察这三个职业当中进行选择，女儿毫不犹豫选择了“警察”。她是担心父亲，但父亲的精神何尝又不是深深滋养着她？对于这个家庭而言，女儿战胜了父亲受伤遇险带来的恐惧，去传承父辈的初心使命；父亲甘愿让女儿冒自己曾经冒过的风险，把选择当一名人民警察作为一生的追求。张保国用他的一言一行让女儿明白了警察的责任和警察的光荣。2019年，张汝佳梦想成真，如愿考入中国人民公安大学，完成了与父亲的“接力”，关于奉献、忠诚、担当的信念，就这样在这个家庭中传承。

有些悄悄话，张汝佳也从未向父亲说过。“其实你一直是我

◎张保国与女儿张汝佳

崇拜的对象、是我的榜样。我会向你学习，练好本领，以后在我的岗位上发光发热，成为和你一样有担当的人民警察。”

看着初入警的女儿，张保国仿佛看到了20多年前，那个同样心存光亮、理想满怀的自己。他骄傲，他欣慰，父女俩真正成了战友，在捍卫国家和人民安全的道路上并肩前行。

张汝佳始终对未来有清醒的认知，对于自己“一级英模女儿”的身份，张汝佳这样说：“我希望别人叫我张汝佳，而不是把我当作‘张保国的女儿’看待。”张汝佳明白，她不能躺在父辈的“功劳簿”上，自己能够传承的是父亲的初心和使命，而不是荣誉。未来，还有更多关于张汝佳的故事，等着她自己去创造。父辈为她立起了模范的标杆，她会努力去追赶，去超越。

英雄的精神长燃不熄，英雄的故事口耳相传。张保国的经历不仅影响着她的女儿，更感动着享受静好岁月的每一个人。

“张保国同志的事迹深深震撼了我，也解答了我‘如何成为一名合格人民公安民警’的困惑。展望未来，我充满力量！”中国人民警察大学学生方迎豪参加张保国同志报告会后有感而发。

“即使在和平年代，也会有危险，而我们之所以能平安无事，是因为已经有人替我们将危险挡下。”福建福州格致中学学生说。

……

全国各地掀起了学习张保国先进事迹的热潮，激励着每一位“后浪”奋楫前行。英雄的事迹，家喻户晓。崇尚英雄，才能成为英雄。争做英雄，才会英雄辈出！

此去应知山水重，愿为初心付此生。张保国甘用生命去守护平安、铸就忠诚，彰显了党性之纯、信仰之坚、力量之巨的伟大信念。他真真实实践行了“人民公安为人民”的初心和誓言，成为无愧于时代的一座丰碑！

（吕欣悦　陈志环）

羊城卫士
——李世全

李世全，广东清远人，1968年4月出生，毕业于中山大学档案学专业，大学本科学历，公共管理硕士学位。1990年7月参加公安工作，1994年5月加入中国共产党，生前任广州市公安局政治部主任。从警30年来，李世全长期奋战在公安工作一线，他和战友们先后完成了春运抗冰雪灾害、亚运安保、新中国成立70周年安保等各种急难险重任务，并肩冲锋在疫情防控第一线，参与谋划搭建广州公安现代化警务指挥体系、立体化社会治安防控体系和新时代广州公安政治建警机制，为平安广州建设作出了突出贡献。曾荣立个人一等功一次、二等功一次、三等功一次，获个人嘉奖九次，2008年获评全省优秀人民警察、全省公安系统奥运安保工作先进个人。2020年10月24日20时50分，李世全在广州白云山重阳节登高活动安保工作现场检查指导安保勤务、看望慰问安保人员时，突发心脏疾病倒地，历经21个小时奋力抢救，终因抢救无效，于10月25日17时55分溘然长逝，因公牺牲，终年52岁。2021年3月10日上午，广州市公安局举行“一级英模”称号颁授仪式，李世全被追授为“全国公安系统一级英雄模范”。

人民公安为人民

生而逢盛世，青年当有为

1986年9月，一名意气风发的少年怀揣梦想从家乡清远来到广州，他就是李世全，此时的他一定没有想到，眼前的这个城市将成为他用一生守护的地方。出生于农村的李世全家境贫寒，作为家中的长子，小小年纪就承担起家庭的重担，但是他从未放弃过刻苦学习，高考时，他以清远市文科第二的成绩考入中山大学档案学专业。在那里，李世全接受了四年专业系统的高等教育，为以后从事公安工作打下了坚实的基础。

1990年7月，李世全大学毕业，接受了祖国培养的他，选择投身公安工作回报党和人民，成为广州市公安局治安支队的一名民警，为公安队伍注入了新鲜的血液。“共产党员这一称号是神圣而又高尚的，它是一种荣誉，但更多的意味着奉献。我深知要成为一名党员，必须脚踏实地，从我做起，从现在做起，从小事做起。”1994年3月25日，26岁的李世全在入党申请书中写下了这句话。彼时，他还是入警4年的热血青年。此后的26年里，他没有一刻忘记当年入党的初心，奋勇拼搏、无私奉献，用坚定的信念将生命之火燃烧至最后一刻。

那是激情洋溢，青春飞扬的岁月，刚刚跨出大学校门的李世全一头扎进广州公安治安管理岗，一干就是18年。李世全刚参加工作时从事秘书岗位，当时计算机还没有在公安部门应用普及，文件仍然需要手写完成，治安管理部门的文件数量非常庞大，每年都有上千份，但是只要是李世全经手的文件，他都逐字逐句地修改，反复检查，从未出过任何差错。为了高质量地完成一份材料，李世全经常与治安的各个业务部门对接，向工作经验丰富的前辈请教，反复征求领导的意见，久而久之，他成为对治安工作最为熟悉的人。广州市公安局治安管理支队保安科副科长揭伟评价他说："李世全刚入警时已在队里小有名气，治安工作对统筹协调能力要求很高，当时他就已在方方面面体现出了很强的组织

◎年轻时身着旧式警服的李世全

能力。”

那时，李世全已经学着更多地站在治安管理支队、市公安局的高度去看待问题，直到把问题解决。厚积而薄发，正是因为前期的工作积累，为他后期创新广州安保模式奠定了基础。

作为改革开放的前沿城市，21世纪初的广州正经历着翻天覆地的变化，一座座高楼拔地而起，外来人口大量涌入，城市日新月异。当时，九运会给广州发展带来了契机，每一次大型活动的安保都检验着城市的布局、管理和运行，许多大型活动陆续在广州召开，然而城市治安秩序和交通秩序却急需提升。因此，利用有限的警力建立一套完备的安保体系成为李世全的目标。

2001年初，治安管理支队开始牵头负责广交会安保工作，并交由时任秘书科副科长的李世全着手组织落实。当时从广州市公安局到各业务警种部门都没有一套成熟的统筹组织运作模式，可以说谁也不知道该怎么做。李世全充分发挥调研能力和创新思维，迅速组建起广交会保卫办，提出了“以面保点”的安保新思路，首创了广州公安“以社会面稳定确保重点场所安全”的安保理念。最终，他建立起从无到有的广交会安保模式，这套模式沿用至今。

广州是与火车站结缘较早的城市之一，也是火车站点较多的城市。火车的便利、快捷、经济实惠带来人、财、物的大流动，也引发了一些社会治安问题。改革开放后，伴随着“东南西北中，发财到广东”的口号，以广州火车站为中心的流花地区成为人、财、物的交汇地，社会治安问题渐多，一度成为广州治安的“晴雨表”“黑三角”。从2003年底开始，春运安保工作正式移交给治安管理支队负责，对于治安管理支队来说，春运就如同一场战役，特别是春运主战场的广州火车站地区。当时广州火车站客流量巨大，电子售票还没有开始实行，旅客只能通过现场售票厅购票，春运购票高峰期排队人数甚至可以达到3万人以上。因为过去铁路系统不够发达，载客数量有限，有很多在春节期间着急购买车票的旅客因为购买不到火车票而情绪激动，或者因为抢购火车票大打出手从而导致治安秩序混乱。李世全接到组建市公安局春运办的任务后，他和同事们提前3个月开始筹备，根据往年安保经验，制订安保方案以及突发事件应急预案。在春运安保期间，李世全一直坚持在工作岗位上，他重新调整思路，探索出一套切实可行的治安管理措施，实现“由乱到治”，顺利完成了春运等特殊时期的治安管理工作。

2008年，对于中国人来说是不平凡的一年，对于李世全来说也是极为难忘的一年。这一年的春运期间，南方恰巧遇到了百年一遇的雪灾，数十万旅客滞留在只有0.1平方公里的广东火车站。这是广州公安安保历史上最为惊心动魄的11天，对于广州公安民警来说，这也是最为艰难的11天！时任治安支队一大队大队长的李世全不眠不休奋战在一线，时刻关注着火车站现场的情况，随时指挥现场管控分流，困了就在火车站广场武警执勤点的一个岗亭内眯一会儿。尤其是1月31日，部分车次恢复了通车，归家心切的群众闻讯后又一次涌向广场，人潮比以往任何一次都汹涌，形势更加严峻。李世全心里清楚，必须要马上疏导人群！李世全立即开始制订人群疏导方案，在人手不够时，他便徒步带领群众前往安置区。雪灾结束后，大年初二，李世全一刻没休息，立即回到单位总结雪灾处置的经验教训，并且做出一份火车站人员管控的分区方案，然而因为疲劳过度，他直接晕倒在了办公桌上。

同样也是2008年，第29届夏季奥林匹克运动会在北京召开，这场巨大的盛会是让世界重新认识中国、彰显我们国家实力的机会，因此奥运会安保工作至关重要，不允许出现一丝纰漏。在春运安保工作结束后，奥运会安保工作也进入了紧张的决胜阶段。命令就是使命，疲惫的李世全立马打起精神，全身心地投入到高强度的奥运会安保工作当中。当奥运火炬传递到广州站时，李世全接到了奥运火炬传递安保任务，不容有失！为了确保火炬传递任务顺利完成，整整70天，李世全吃住在单位，带领同事们将安保方案修改了18次。在活动当天，现场必须有一个能够及时掌握火炬传递动态，随时应对突发事件的人，而李世全最了解现场情况，所以这个人只能是他！李世全拿着对讲机一路跟着指挥车和火炬奔跑，火炬传到哪儿，他就跑到哪儿，全程10多公里。可就在火炬即将到达最后一站体育东路的时候，对讲机里传出天河体育中心东门被群众堵死的消息，车队无法通过。此刻，所有人的心都悬在了嗓子眼儿上。李世全凭着已烂熟于胸的工作预案，立即调配最近的支援警力，从外围疏导人群，硬是从人群切出一个口子，让车队顺利进入了天河体育中心。有领导后来对他说："世全，幸好有你啊！"活动结束了，李世全心疼自己的兄弟，对安保团队说："大家辛苦了，回去好好睡一觉吧。"可他自己却在第二天早早回到了单位，又开始了新一轮的工作。

攻坚克难创新进取，步履不停护民平安

"我们决定不了生命的长度，但是可以控制生命的宽度。"这是李世全的座右铭，也是他一生信奉的标准。

2011年11月17日，李世全被任命为广州市公安局指挥中心指挥处处长，在各项安保活动积累了丰富经验的前提下，在新的工作岗位上，他对自己提出了更高更新的要求。他把广州视为自己的第二家乡，希望能为建设"平安广州"贡献自己的力量。在当时，广州的治安防控体系还不够完善，李世全以广州亚运会为契机，开始着手社会治安防控体系建设，有针对性地建立了"六位一体"防控体系。这套涵盖"警情信息、警务指挥、巡逻防控、视频技防、治安卡口、网络巡查"六个方面的体系，反应之快速精准，在国内首屈一指，实现了科学用警、警力随警情集约投

放、措施随实战同步调整、绩效随责任捆绑落实的根本性转变，提高了警力使用效能，解决了过去治安防控一刀切的状况，开创了社会治安动态防控新局面，全市社会治安形势实现了“三降三升”：警情、刑事立案、突发事件下降，打击破案、抓获违法人员、群众满意度上升，实现了“增强群众安全感，维护社会大局稳定，保证人民安居乐业”的目标。李世全参与创立的新的治安防控体系如同一个“内外兼修”的“武林高手”，为广州的平安建设立下了汗马功劳。

随着广州向超大城市的发展，人流、物流、资金流、信息流加速流动，社会治安局势复杂多变，给广州社会治安防控带来了新的压力。特别是各类暴力案事件、个人极端行为偶有发生，对广州警方快速响应、高效处置各类街面突发暴力案事件工作提出了新的挑战。针对这种情况，除了常态指挥体系架构外，从实战开始，李世全着力提升对突发事件的动态指挥能力，从被动应付到主动应对，让指挥中心成为“最强大脑”。李世全协同同事们针对新问题，提出新思路——建立“羊城突击队”作为广州市公安局攻坚特战力量，专门针对重大暴力犯罪案事件、个人极端行为及其他正在发生的、严重危及人民群众生命财产安全的案事件，第一时间反应，第一时间赶赴现场，快速高效处置重大突发事件，及时平息事态，消除威胁，将危害和损失降到最低。负责指挥中心工作的李世全将“羊城突击队”和公安局联勤指挥部的

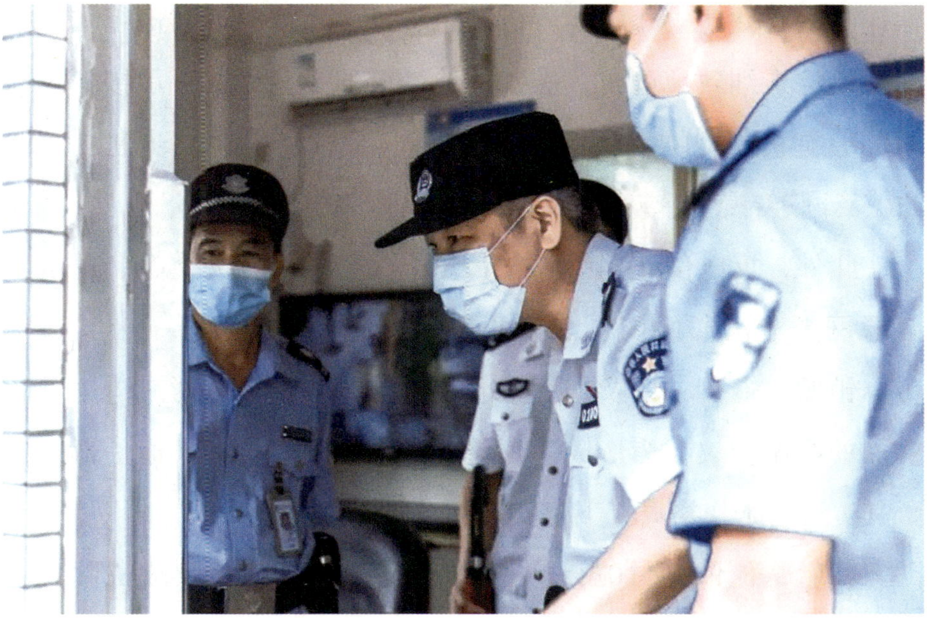

◎2020年，在隔离酒店督查的李世全

指挥调度联系起来，使突击队通过与联勤指挥部联网互通的110接处警平台以及有线、无线通信设备实时接收重大警情信息。一旦广州市发生重大暴力犯罪、个人极端行为等突发案事件，联勤指挥部根据事件性质、事态规模、紧急程度等因素，直接对“羊城突击队”下达行动指令。李世全使指挥中心从以前单一的110接处警，发展为可视化信息化的应急指挥体系和全时全域覆盖、快速响应的治安防控体系，成为广州公安的品牌，走在全国前列。

2015年，李世全坚持问题导向，建立广州公安反电信诈骗新机制。根据电信诈骗警情多发高发的态势以及市公安局党委关于成立反电信诈骗中心的决策部署，在当时尚无指挥部门设立反电信诈骗中心并建立相应运行机制做法经验的情况下，他组织指挥处开始深入细致地调研，借鉴其他城市的一些做法，承接刑侦部门的原有机制，结合110接处警快速反应的特点，初步建立起以110反诈骗专线为牵动的防范处置电信诈骗工作机制。

此外，反电信诈骗中心先后几十次上门与有关金融、通信、互联网企业沟通协调，取得共识，促成市政府召开了公安、宣传、银监、通管，以及相关银行和电信、移动、联通三大运营商参加的联席会议，为形成“政府牵头，公安、金融、通信部门各负其责”的工作格局打下坚实基础。

其后，他依托110反诈骗专线构建反电信诈骗实战机制，组建了一支由25名新警组成的反诈骗专线队伍，实行24小时运作，负责受理电信诈骗的咨询、求助、举报以及案件警情的接处警工作，将反电信诈骗关口前置，建立了从接处警、通知出警、收集涉诈信息、银行点对点查询冻结、立案单位送达法律文书、涉诈信息研判、新型诈骗形式推送宣传、有功人员奖励等一系列工作机制，并制定细化了处置规范和流程，减少了中间环节，提高了快速反应能力，有效提升电信诈骗的打防控综合效能，为群众及时挽回损失。

在指挥中心工作期间，李世全注重动态调整，致力于完善社会治安防控工作；注重规范建设，致力于提升突发群体性事件应急组织指挥能力；注重严谨细致，致力于提高接处警及信息报送工作；注重实战需求，致力于提升指挥系统信息化应用水平；他积极参与研究建立立体化社会治安巡逻防控工作机制及工作规范、参与市公安局联勤指挥部的规划建设、建立反恐应急机制。这就是李世全，在他手里，公安指挥效能极大提升，为“平安广州”建设夯实指挥基础，写下功不可没的一笔。

2016年9月，李世全调任越秀区公安分局分局长，守护一方平安，他觉得自己身上的担子更重了。李世全认为要想将辖区公安工作做得好，必须对辖区有深入的了解，刚来越秀的前三个月，他吃住都在单位，基本没怎么回过家。那时的他，既是指挥员，又是战斗员。在担任越秀区公安分局分局长的短短十一个月里，李世全把越秀分局近五年的文件资料翻了个遍。当时越秀区的治安环境还比较复杂，他常常是深夜批完文件后，带上一位工作人员去实地走走，发现问题隐患就立即用手机拍下来，发给有关部门及时整改。就这样，李世全走了三个月，每天要走三四万步，最晚的一次甚至走到了凌晨三点，同事苦笑着说，跟着他出去，可千万别穿皮鞋，脚受不了啊！时任越秀区公安分局指挥中心副主任谢黎川有一天晚上值班时，凌晨三点巡视办公楼，发现李世全办公室的灯还亮着。谢黎川敲门，没人回应。正当他准备进去关灯，李世全从一摞材料后探出头来，吓了谢黎川一跳。李世全正在批阅文件，桌子上堆着一大摞文件，都是前五年的文件。谢黎川回忆道：“李局说刚来越秀，情况不熟，要把之前的文件都看下。”他至今仍记得那个场景，李局戴着眼镜，看到他进来微微抬起头说道：“没批完文件睡不着觉。”谢黎川回忆说，李世全不仅是一个“加班狂”，还是一个“散步狂”，“那个时候我们经常从晚上八九点走到凌晨两三点，一趟下来三四万步是家常便饭。他走路特别快，呼呼带风。他在前面走，我们在后面小跑。”正是在李世全的这种努力下，2017年广州市群众安全感和治安满意度通报中，越秀区取得群众安全感、治安满意度、公安工作满意度全部“三个大项”和公安工作“七个子项”得分全市第一的成绩。一个个数字，一项项成绩体现出李世全扎实的工作作风和爱岗敬业的赤诚之心。

2017年，李世全被任命为广州市公安局政治部主任，本就擅长秘书工作的他希望在新的工作岗位上有更大的作为。在政治部工作期间，他以业务干部的独特视角审视队伍建设，探索创新了一系列工作举措和方法。

广州公安队伍拥有三万多名民警以及三万多名辅警，主抓这样一支队伍的政治工作，难度压力可想而知，而如何评估干部，如何评估队伍，党建与业务工作如何融合，这成为李世全任职后思考的首要问题。2018年，广州市公安局制定印发了《广州市公安机关全面加强党的建设三年工作规划》，以一抓三年的决心和力度推动全局党建工作跨越提升。

为压实党建队建主体责任，针对性破解党建队建虚化、弱化、边缘化及与业务工作“两张皮”等问题，2019年，经过一段时间的调研，广州公安试行政治工作目标管理责任制，探索建立衡量党建队建工作成效的量化指标体系，强化目标与措施的关联分析，牵动各项政治工作务实有效开展，发挥监督评议、履职业绩、队伍发展等各项指标数据作用，同时，以目标牵动工作措施落实，用制度、用标准、用数据来评价每个单位。政治工作目标管理责任制，作为指导推动全市公安党建队建工作的一根“指挥棒”，将政治工作的方方面面有机结合起来，相当于把任督二脉都打通，这项制度在实践中取得了良好的效果，并且通过实践进一步完善优化。

2020年，政治部对全局42个单位检查评估，检查共发现党建工作、人事工作、教育培训、队伍管理和监督评议五个方面20个问题，并提出了改进提升工作意见。

此外，李世全以队伍改革为牵引，探索开展南沙新警务和机构改革，扎实推进边防、港航、特勤等机构改革，形成了公安管理体制改革的“广州经验”。他牵头的广州公安党建重点课题调研，分别在2018、2019年度公安党建重点课题调研成果评选中荣获一等奖。他主持创立的忠诚教育“一三五工作法”，荣获公安部“践行新使命、忠诚保大庆”实践活动创新成果一等奖。

李世全犹如一台“精密仪器”，严谨细致的工作态度令人叹服。他深知“以文辅政”的特殊性，对文字材料要求非常严格，每份材料都会不厌其烦、逐字逐句斟酌推敲，确保每个环节毫厘不差，绝不允许自己经手的材料出现纰漏。他深知文字虽小，可一旦出错，极可能影响整个大局工作。

消除贫困、改善民生、实现共同富裕是全党全国各族人民矢志不渝的奋斗目标。作为广州市公安局脱贫攻坚领导小组副组长，李世全先后20多次、每次往返近千公里去对口帮扶的大埔县三河镇梓里村看望村民。他把政策吃透，把情况了解细致，秉持匠心将扶贫工作落实到每一处细节；他指导摸清底数，为建档立卡贫困户争取各方支持，落实帮扶资金；他指导探索“公司+合作社+农户”模式，成功推出“梓里蜜柚”品牌；他力推惠民利民基建项目落地，协调投入近30万元维修村卫生站，牵头落实路灯、公厕、文体广场、学校综合楼项目建设……因为他的不懈努力，经当地镇、县审核验收，梓里村贫困户2020年上半年人均可支配收入超过5000元；广州市公安局对口外市扶贫工作绩效考核成绩2017年至2019年连续三年排名全市第一。

自古重阳长久，岂料世事难全

2020年1月26日岁始，新冠肺炎病毒疫情汹涌袭来。李世全视控制疫情为命令，冲锋在前，勇挑重担。作为一名领导，他细心部署防疫政策，他说："疫情当前，我就是一个普通战斗员，我只是想做自己力所能及的事情。"

2020年10月18日下午，他在参加完全局工作会议后，便马不停蹄地赶赴60公里外的南沙区检查集中隔离酒店疫情防控工作。年逾五旬的他，身着防护服，从楼梯一级级爬上九楼天台，每一个楼层、每一条通道、每一处监控，甚至每一扇门窗他都推开认真查看，确保不留下任何安全隐患。他边检查边说："摸一摸检查下（门窗），心里会更踏实。"看着他疲惫的神态和认真的劲头，同事们心里都很清楚，他作为对点联系的局领导，近半月来已经数不清第几次赶赴南沙检查工作了。每次都是尽心尽力，亲力亲为，就连基层民警也不禁肃然起敬，由衷钦佩："李主任太尽责了！"

当天检查完工作返回单位已经是深夜23时，李世全又回到了他熟悉的办公室，提笔伏案，签批文件。了解他的同事都知道，"事不过夜"是李世全铁一般的工作作风，也是他从警30年对自己的严格要求。

就在疫情防控最吃紧的阶段，他从严从实从细抓好各项战时思想政治工作，探索创立"组织部署四到位、应急处置五注意、民警员工六报告、单位防控七加强"工作法，多次亲临一线参加疫情防控和检查慰问，在战疫前线发展党员，动态调度骨干力量投入疫情防控关键岗位，组织对表现突出的人予以战时表彰，确保了党旗始终在广州公安抗疫一线高高扬起，他用实际行动统筹思想政治工作与疫情防控工作双发展。

疾风知劲草，烈火炼真金。2020年以来，按照上级部署，广州公安先后组织开展了春节、全国“两会”、国庆和中秋“双节”、重阳安保等一系列重大安保活动。如何发挥政治工作生命线作用，为顺利推进安保工作提供强有力的政治保证和战斗力支撑，成为摆在李世全面前的重要课题。面对难题，他思路清晰，举重若轻，在国庆中秋、重阳安保工作伊始，他用两天时间马不停蹄地开展调研工作，深入研究思想政治工作举措，审定推出“励警暖警十项措施”等政治工作方案和从优待警举措。正是他的这种严谨、快速、高效的工作作风，为全面提升政工效能提供了根本保障，就似强心针，注入广州警队的健壮肌体，催生了更为强大的凝聚力和战斗力，激发全体民警辅警奋勇前行。“那种被温暖、被关注的感觉，真好！”基层民警在宣传专刊评论栏留下了感慨的心声。

2020年9月25日至10月24日，是安保工作相当紧张的一个月，李世全经常吃住在单位，因为长时间加班熬夜，办公室里存放的两箱方便面早已被他吃掉大半，他经常调侃地跟身边的同事说：“等我把这些垃圾食品消灭干净，我们就可以转换到下一个工作频道了。”一个月的时间，他组织带领全局思想政治工作全面铺开，设立临时党组织、党员突击队、党员先锋队（岗）和党员服务示范岗，前线发展党员70名，刊登大量宣传专刊，对多个集体和个人记功嘉奖，组织“广州公安红色文艺轻骑兵”开展宣讲，组织慰问演出活动。在这种忘我工作的激情中，李世全甚至没有察觉到他的身体早已透支。多年前曾与他共事过的从化分局指挥中心副主任王忠华在一个工作场合中与他匆匆见了一面，王忠华向李世全打招呼，李世全摘下口罩向他点了点头，匆忙走了。当时王忠华就看到李世全脸色很不好。没想到，这是他跟李世全的最后一次见面。

2020年10月24日，广州市公安局开展重阳安保检查慰问活动，考虑到这段时间李世全连续超强度工作，局里已经安排了政治部其他领导参加，希望李世全可以好好休息。但李世全想到现在正是安保任务的冲刺阶段，容不得一丝疏忽，自己亲赴现场会更加放心，况且无数的一线民警不分昼夜，连续作战，李世全希望自己能够亲自将关怀和慰问送到他们身边。就这样，李世全全然不顾身体的疲累，晚上8点连夜赶往安保活动现场白云山，并从山脚徒步上山，沿路到每一个执勤点逐个检查安保工作并看望慰问执勤民警。这条上山的路，李世全走过很多次，但是没想到这次他没能走完这条路。

晚上8点50分左右，当走到半山腰的安保指挥分部时，同事发现李世全身体突然摇晃，于是上前搀扶，此时，他已经说不出话，跌倒在地。现场同事马上给他做心肺复苏，随后救护车赶到，紧急送往医院抢救。历经21个小时奋力抢救，10月25日17时55分噩耗传来，李世全因抢救无效，溘然长逝，因公牺牲，终年52岁！

这一天是农历九月初九，是秋游赏菊、登高祈福的重阳节，就是在这天，如同“铁人”一般的“羊城卫士”永远地离开了我们，作为一名公安民警，李世全以忠诚和担当作为自己一生的座右铭，也以忠诚和担当诠释着自己对生命长度宽度的理解。

事实上，在李世全去世之前，他的身体早已经对他亮起了红灯，他的心脏和心血管都已出现了不同程度的病变，医生郑重叮嘱要想控制病情，必须入院治疗调理，否则很有可能会出现严重后果。尽管医生苦口婆心，但一心扑在工作上的李世全还是婉拒了住院方案，只接受了每周定期检查的保守治疗。在此后的时间里，每次忙完一天的工作，李世全都要来到医院进行输液治疗，第二天拔掉针管又准时返回工作岗位。带着足够一周用量的药物返回单位，并在办公桌抽屉里开辟了一个秘密“药箱”。这个不为人知的治疗经历，却在他离世后才得以揭秘。他在昼夜不歇地工作时一定经受着无数次病痛的折磨，是怎样坚定的信念支撑着他强忍病痛坚持在工作岗位上。李世全，他用毕生的心血守护着广州这个城市，守护他的平安祥和。

亦如人间四月风，轻拂吹过暖羊城

李世全的微信名字叫“四月天”，人如此名，李世全就像岭南四月那最和煦的春风和最暖人的阳光，照耀他身边的每一个人，温暖着这座城市。

李世全是一个重情重义的人，他对待同事朋友就如同春天般温暖。在同事们的印象中，李世全总是眉眼和善，走路步速很快，说话不紧不慢却语气坚毅。虽然李世全工作岗位时有调动，但是作为领导，即使工作辛苦忙碌，他也能记住和他共事过的每一个同事的名字，甚至同事们家里的情况，他也能说出一二。当同事或者下属遇到困难，他总是尽自己所能去帮助他人。曾经有一位与他交集不多的下属的母亲突发疾病，生命危在旦夕，事发突然下属不知道向谁求助，六神无主之下他拨通了李世全的电话。李世全听到同事有困难，二话不说、连夜联系医院和专家，帮同事把母亲从死亡线上拽了回来。李世全曾在从化区分局挂职副局长，2018年，从化区公安分局女警陈洁因公牺牲，在她的事迹报告会上，民警们在台上讲述她生前的点点滴滴，虽说男儿有泪不轻弹，但看到与自己共同战斗过的战友牺牲，李世全在台下与民警们一同落泪，难掩悲痛，并带领同事们为战友家里捐款。

在同事们的心里，李世全不仅仅是领导，更多的时候是良师益友，他认真细致的工作态度影响着身边的每一个人。在工作中，他会与同志们推心置腹："我们呈报的每一份材料，都是给党委决策参考的，要用认真负责的态度去对待。核对清楚每一个细节，既是对自己负责，也是对全局工作的负责。"指挥中心廖伯生十年前还是李世全手下的一名副科长，他清晰记得："李世全同志曾经对我们说，你们的岗位太重要了，如果你们提供的数据有一个错误，就可能在实际工作中被放大很多倍，甚至影响领导决策。后来他还送我们几个人一本书《有一类战犯叫参谋》，这本书我现在依然珍藏着，可以说影响和改变了很多同志对待工作的态度和方式。"

对待群众，李世全同样身体力行，将温暖烙印在群众心头。2020年10月31日，李世全的送别仪式在广州市殡仪馆举行。送别仪式上，600名民警整齐列队向李世全鞠躬，平日里那些铁骨铮铮的公安干警流下了伤心的眼泪。当天众多哀悼者中，有一名不远数百公里、带着全村村民嘱托而来的老人，面对着李世全的遗像泣不成声："三年了，每次都是你来看我们，这次换我来看你，怎么就是最后一面了呢。"这位老人叫孔祥标，是梅州市大埔县梓里村的村支书。梓里村是广州市公安局对口帮扶的贫困村，自扶贫工作开展以来，李世全同志作为市公安局脱贫攻坚工作领导小组副组长，多次往返近千公里去当地看望村民、指导当地扶贫工作，向他们传递中央精准扶贫的心意、带去走向富裕的希望。

2017年，李世全到梓里小学走访，看到饭堂条件差、学生们的午饭冰凉，深受老胃病之苦的李世全心想，孩子们正是长身体的时候，无论如何也得让孩子们吃上一口热饭。回到广州后，他立即牵头相关部门研究落实，着手为学校翻修饭堂、新建午休室。通过努力，学校的孩子们不仅吃上了卫生、暖心的午饭，还能好好睡上个午觉。梓里小学的校长范伟增总说："李主任虽然远在广州，但比我这个校长想得都细。"

梓里村的陈以清是村里的贫困户，他居住的地方属于地质灾害区，曾经有过多次塌方。他右手有三级残疾，家里又穷，一天只能吃上两顿饭，更别说拿钱建新房。加上传统观念的原因，他一直固执地守着自己的"家"，靠一些简单的种养维持生活。李世全了解了这个情况，不厌其烦一次次去他家，一次次做工作。功夫不负有心人，陈以清最终同意搬下山，李世全又充分利用各种扶贫政策，多方协调，在他不停地奔波下，陈以清一家住进了62平方米的新房子。李世全还细心地考虑到陈以清身患残疾、后续生活存在困难的实际，专门为他找到一份安稳的工作，保障他和家人的生活。陈以清为此无数次找到驻村干部问："那位广州来的头发花白的寸头领导，什么时候再来啊？我要当面感谢他！”不只是陈以清，梓里村的每位村民都对李世全充满感激。可惜，李世全已无法再次踏上那一方土地，亲眼去看看脱贫致富后的乡亲们了。

李世全是党和人民纯粹而忠诚的好干部，但是对家庭，李世全有太多亏欠。李世全曾经答应女儿和妻子，等他退休了，一定好好抽时间陪她们母女俩出去旅行，没想到，这竟是一个永远无法兑现的承诺。无情未必真豪杰，怜子如何不丈夫，哪有父亲不疼爱自己的女儿，只是世间没有两全其美的事，李世全将更多的时

◎李世全生前的工作照

间和精力奉献给了工作和人民。李世全的女儿回忆起父亲说，“父亲是一个对家庭很有交代的人，疫情防控期间，只要不值班，无论工作到多晚，父亲都会赶回家。次日，他尽量开车送我上班。我不上班的时候，他总在出门前把我叫醒，絮絮叨叨地说，今天准备去哪去哪。你说大清早的，我都没睡醒，他跟我说这些，我哪会记得？”说到这里，李梓瑜停顿了片刻，忍不住哽咽。

李世全对他人有情有义，对自己却非常“无情”。在工作中他总是严格要求自己，发挥模范带头作用，处处讲党性、讲原则，严格落实“八项规定”，坚持厉行节约。在疫情时期经费最吃紧的时候，李世全提出要突出精准激励导向，把有限的慰问经费用到任务“最强岗”、加班“重灾区”，同时杜绝浪费，对于一些不必要的支出能省则省。政治部民警宋军华说：“李主任工作非常细致，我们日常报上去的每一笔有关经费支出的审批，不管金额大小，他都对照政策一笔一笔过，用计算器一个数一个数地核。他总跟我们说，经费的使用是有严格规定的，要确保每一笔钱的支出不仅合规合法，更要用到刀刃上。”

李世全对物质生活一直要求很低，可以说是两袖清风。他崇尚节俭，也崇尚绿色出行，经常高峰期挤地铁。有民警在地铁上遇到他：一件T恤，一条警裤，一双制式皮鞋，一个普通的双肩背包，袜子甚至都快要磨破了，他说这样穿着舒服方便。熟悉了解李世全的人知道，他一家三口，一直住的是20多年前单位分配的80平方米福利房，已经斑驳的墙面，款式过时的家具，这么多年了仍是入住时的装修；他开的是一辆买来时已有10年车龄的二手车，因为故障不断，常被朋友调侃开起来像台拖拉机，有时候车窗玻璃摇不上去还需要用一只手提着；跟随他多年的双肩背包拉链坏了，他让家人拿去修好了再用；他每天使用的，还是那个写着“广州市公安局治安处”字样的白瓷杯子。某次因为工作需要必须穿正装，李世全翻出了结婚时的那一套西服，领带还是向同事临时借的。李世全的生活里除了工作，还是工作，谈起工作来同事们对他都很熟悉，但是李世全的生活同事们都很陌生，不知道他的口味，不知道他的爱好，没听说他去旅旅游、看看电影、看看电视什么的，在同事们的心里，他永远是个纯粹的、高尚的人。他坚持干净纯粹，天地正气滋养了他的精神，简单纯粹锻造了他的风骨。

李世全不仅对自己要求严格，对自己的家人亲友也要求严苛。从警30年，李世全爱憎分明，从不认为自己应该有“特殊权力”。他是家中长子，父亲卧病在床，弟弟妹妹都是普通职员，他赡养父母，接济弟妹，但一直教育弟妹要本分，不能打着自己的旗号找谁要待遇，他宁愿自己苦一点扛起来，也不利用职权求一个人、不在政策之外开一个口子。即便是现在官至市公安局政治部主任，李世全却从没有托分局下属办过一件私事，下分局工作也是尽量压缩行程，生怕给基层添一丁点麻烦。

李世全就是这样的人，守得住清贫，耐得住寂寞，一辈子想着对别人好，让领导放心，却总是不记得善待自己。李世全坚持孝悌忠信，立身天地之间，为了赡养父母，他节衣缩食，让妻子退休后选择返聘回服装厂上班，独生女儿也在毕业后凭借自己的努力考取一份工作。就在李世全离世的第二天，他82岁的老父亲难忍白发人送黑发人的悲痛，与世长辞。

2021年3月10日，广州市公安局隆重举行“一级英模”称号颁授仪式，向李世全致以崇高敬意。仪式上，广州市公安局为李世全的家属颁发“一级英模”奖章、证书，广东省公安厅政治部公布人社部、公安部关于追授李世全“全国公安系统一级英雄模范”称号的决定。

父之美德，儿之遗产。冲锋在一线的父亲走了，给女儿留下了最宝贵的遗产。在颁授仪式上，李世全的女儿讲道：“父亲一直是家里的顶梁柱，是我和母亲的主心骨。”但是，她们也深知，他是一名人民警察，他的肩上负有千钧的重担，有必须坚守的使命担当！“父亲没有给我留下丰富的物质财富，可是他留给了我最宝贵的品质和坚韧的风骨，他勇于担当、夙夜在公的精神，一丝不苟、甘于奉献的作风，将永远照亮我的前路，也将永远激励我矢志不渝勇往直前！”作为一级英模的女儿，她表示：“我一定继承父亲的遗志，肩负父亲未竟的事业，在照顾好母亲的同时，更加奋发图强，更加努力地工作，以优异成绩告慰父亲的忠魂！”

李世全，他如同他的名字一样，事事求全。不忘初心、献身使命，他始终是对党忠诚的坚定捍卫者；亲民爱民、为民着想，他始终是服务人民的无私奉献者；勇于创新、蓄意进取，他始终是探索前进的勤勉践行者；两袖清风、无愧本心，他始终是廉洁奉公的忠实行动者。李世全以坚定的理想信念、强烈的责任担当和无私的奉献精神，战斗到生命的最后一刻！

（鲁晓文）

当好群众的“贴心人”
——郝世玲

郝世玲，女，汉族，1961年5月生，陕西清涧人，中共党员，一级警督。现任陕西省西安市公安局莲湖分局调研员，第十三届全国人大代表。1978年，年仅17岁的郝世玲参加公安工作，1987年至今任西安市公安局莲湖分局劳动南路派出所社区民警。她扎根社区，创新智慧社区管理模式，在她四十年如一日的辛苦付出中，民航社区先后获得陕西省“最美社区”“文明社区”等40项荣誉，公安部先后授予她“全国优秀人民警察”、“全国公安机关爱民模范”和“二级英雄模范”称号，全国妇联授予她“三八红旗手”称号，人力资源和社会保障部、公安部授予她“全国特级优秀人民警察”荣誉称号，中共中央、国务院授予她“全国先进工作者”称号。当选第九届全国“人民满意的公务员”。先后荣立个人一等功一次、二等功一次、三等功四次，并受到了习近平总书记等党和国家领导人的亲切接见。

郝世玲认为："社区是民警的一面镜子，社区警务工作的好坏都会在这面镜子上得到真实的反映。"她以社区为家，扎根警务室，深入社区群众，社区里不管年老年少的居民都亲切地称她为"郝大姐"。一路走来，时代在变，环境在变，她的岗位始终没有变。有人曾问她：你苦不苦？累不累？烦不烦？她回答：苦过，累过，也烦过。但是，从来没有后悔过。郝世玲曾在日记本上写下："从警37年来，青春在一天天消逝，最大的信念就是多为社区群众办点实事，让家家户户都平平安安，这样，才是一名合格的共产党员，才是一名合格的人民警察。无论经历怎样的考验，我都无怨无悔。"

心中有信仰，行为有方向

1978年，中国实行改革开放那一年，郝世玲以知青身份在绥德县公安局参加工作，直到1980年她才拥有了自己的第一身警服：上白下蓝，无檐帽上镶嵌着红色的圆形国徽，肩扛红色领章。40多年来，公安制服几经改革，1983年公安制服改革为一身橄榄绿，1999年警察制服的颜色又变成了藏青色和藏蓝色。警服的样式、颜色及警用装备等都发生了变化。头顶国徽，郝世玲除了骄傲自豪，更多的是从不断变化的警服上感受到一份沉甸甸的责任。

当人们说起西安机场，立马想到西安咸阳国际机场。事实上，西安原本还有个老机场。老机场名叫“西关机场”，建于1924年，是西安最早的民用飞机场，也曾是我国距离城市中心最近的机场，距西安市中心钟楼直线距离仅有4400米。西关机场见证了西安60多年的历史，也承载了历史上重要一幕的记忆。西安事变之后，蒋介石离开西安返回南京时，正是从西关机场登机的。随着西安城市和航空业的快速发展，西关机场迫切需要迁址。1984年西安机场迁建咸阳方案选定。1986年，郝世玲从绥德县城关派出所调到西安莲湖分局，正是分配到这个机场派出所。这个派出所应该说是一个治安所，没有户口业务。她的主要工作就是沿线执勤，负责保障机场重要客人的安全。当时整个所里只有7位民警，她住在集宿舍办公于一体的平房里。满院杂草，也没有任何交通工具，所有的走访工作都靠步行。1987年所里才有了一台三轮摩托车和一台12英寸的黑白电视机，那个时候电视机可是贵重物品，大家每次看完电视节目后都小心翼翼地把它锁起来。1987年下半年，机场开始搬迁，机场派出所管辖范围也随之扩大，所里还增加了户口管理工作。随着西安老飞机场的搬迁，民航社区景况渐渐出现第一个拐点，当时这里居住的多数是飞行员，经济条件较好，入室盗窃案件高发，管理出现混乱，引起周边群众不满。于是派出所支部决定让胆大心细、工作扎实的郝世玲担任民航社区的片警。当时，在别人看来，这个社区是个难啃的“骨头”，一般民警不愿接手，郝世玲二话没说，欣然“临危受命”。“我是共产党员，是人民警察，就要听从组织安排，迎难而上。”这是郝世玲心中的信念。四十载风雨兼程，不改巾帼本色，四十年扎根社区，不忘为民初心，她心系百姓、勤思笃行、与时俱进、开拓进取、多措并举、智能防控、攻坚克难、旗帜引领，用真情和汗水，为辖区群众撑起一片平安祥和的天空。

郝世玲头顶警徽身穿警服，扎身社区是她坚守的梦想，“一日从警，为民奉献”是她作为一名党员的铮铮誓言。她始终牢记自己的党员身份，创新推出了“以为民服务为宗旨、以平安社区为目标、以公安民警为主导、以社区警务为前沿、以物业支撑为后盾、以智能数据为平台”的智慧社区服务管理模式，助推“汗水警务”向“智慧警务”转变，让“大杂院”成了平安社区，被大家尊称为“郝大姐”。

关心群众冷暖，仅仅依靠郝世玲个人力量远远不够。2012年她在社区建立了流动人口共产党员活动室，调动社区党员和流动党员的示范带头作用，在社区积极开展扶贫帮困献爱心活动，使流动党员感受到党组织的凝聚力和温暖。2016年全国开展“两学一做”学习教育。在郝世玲看来，“两学一做”就如同一本武林秘籍，只要你有心，就能在其中找到有助于自己工作的专属答案。“对于社区民警来说，通过‘两学一做’提升为群众服务的效能就是主要任务。比如，在发动群众方面，你可以借用党员的力量带动更多群众积极参与群防群治。”郝世玲做了一个统计，辖区常住人口中，党员有281名，流动人口中，党员29人（后增加到41人），如果每一名党员都是一个宣传员、一个先锋员，警务室就相当于多了300多个宣传员和先锋员。经过周密思考，郝世玲推出“1234”工作法，即“举起一面旗帜、组建两支队伍、开展三项活动、实行四个走进”，以践行“两学一做”。“让党徽永远闪耀”的旗帜很快在民航社区飘扬起来，民航社区警务室共产党员服务队、流动人口共产党员服务队也随之诞生，开展集体学习、社会公益和文艺宣传“三项活动”，让党员走进社区安全防范、走进社区消防管理、走进社区交通管理、走进社区群众心中。通过“1234”工作法，警民联合的力量更大了，社区安全也更好了。社区老党员王文祥是咸阳机场公安局退休民警，他响应郝世玲的号召参加了党员服务队，义务承担起幼儿园上下学高峰期的治理维护工作，每天按时上岗，风雨无阻。王文祥说：“社区安全人人有责，咱是党员，咱不带头谁带头？”1973年入党的李增福也是退休民警，退休前多次被评为“优秀共产党员”，在郝世玲的邀请下，欣然加入党员服务队，承担起社区日常巡逻。李增福说：“每位退休的党员都希望有个精神寄托，能成为党员服务队的一员，有机会再给群众多做点事，我感到很有价值。”2016年6月15日上午，西安市公安机关“两学一做”学习教育郝世玲“1234”工作法观摩交流会在西安市莲湖区民航社区召开，百余名民警现场学习，“1234”工作法一时风靡公安圈。公安莲湖分局局长胡伟田非常赞赏郝世玲的创新之举，他认为："一名党员就是一面旗帜、一个哨岗，民航社区在300名党员的模范带领下，民航社区安全防范和矛盾调处工作也大大得到加强。百户联防、邻里守望等工作顺利得到落实，郝世玲辖区里的300多位党员已经成为300多面鲜红的旗帜，在守护辖区平安、传播爱与正能量、凝聚民心、夯实党的执政基础等方面发挥着日益重要的作用，也让民航社区这张名片愈发闪亮，甚至有群众慕名搬家而来。"

2021年7月1日上午，郝世玲作为全国"人民满意的公务员"代表受邀赴京参加中国共产党成立100周年庆典。当得知自己被邀请参加庆祝中国共产党成立100周年大会时，郝世玲的心情久久不能平静。郝世玲说："能够受邀赴京观礼，我感到无比的光荣和自豪。"现场，随着一首首经典歌曲齐唱、一阵阵欢庆礼炮鸣响，一步步铿锵步伐迈进、一架架新型战鹰翱翔，尤其是现场聆听习近平总书记重要讲话的时候，郝世玲心中那股作为中国人的自豪之情溢于言表，她感到热血沸腾，泪湿眼眶。随后，她还受邀观看文艺演出《伟大征程》，参观中国共产党历史展览馆。她回忆说："当看到伟人毛泽东、北京奥运会、战'疫'群像、中国空间站等影像出现在大屏幕上时，我倍感振奋。今日之中国，今日之盛事，是中国共产党团结带领全国各族人民从站起来、富起来到强起来的伟大飞跃。让我由然产生了'中国人民从此站起来了'的震撼感和自豪感。"这场犹如"镌刻辉煌成就的党史书”的中国共产党历史展览，真实地反映了党的不懈奋斗史、理论探索史、为民造福史，让郝世玲更加深刻地认识到红色政权来之不易、新中国来之不易、中国特色社会主义来之不易。郝世玲说：“一百年来，我们取得的一切成就，是中国共产党人、中国人民、中华民族团结奋斗的结果。社区的平安、祥和离不开广大党员的无私奉献，人民群众的获得感、幸福感、安全感的显著提升是民族昌盛和国家富强的重要标志，我们更应感党恩，我也更知责任重！”传达宣讲好习近平总书记重要讲话精神，成为她义不容辞的责任。在返回工作岗位的第一时间，郝世玲便通过报告会的形式，向本单位民警传达宣讲习近平总书记重要讲话精神，并受邀前往特警支队进行宣讲，分享赴京参会的新收获、新感悟。在劳动南路派出所，郝世玲围绕学习习近平总书记在庆祝中国共产党成立100周年大会上的重要讲话精神与同志们开展交流，和大家一起谋划新时代如何立足本职岗位，激发新作为。与队员们座谈时，郝世玲勉励大家，要认真贯彻落实好习近平总书记讲话精神，要把学习成效转化为履职尽责的实际行动，为平安西安建设贡献特警力量，以优异成绩献礼建党100周年。作为一名基层公安民警，她不忘总书记的殷殷嘱托，继续发扬为民服务的螺丝钉精神，为平安西安建设和平安社区建设书写为民服务的新篇章，自觉践行全心全意为人民服务的宗旨，坚持不懈为群众办实事做好事，在社区一亩三分地继续发光发热。

人民公安为人民

2021年8月16日上午，郝世玲作为西安站第97棒火炬手参加了十四运会和残特奥会火炬传递，在完成火炬传递后，她说：“我的心情非常激动，举起火炬的一瞬间感受到了神圣的使命感和人民警察的担当。”并激动地表示将继续发扬西安公安铁军精神，与全体同事一起携手为十四运会的成功举办保驾护航，为人民群众带来更多的获得感、幸福感、安全感。

走街串巷，入户走访

1986年郝世玲正值风华正茂，接手民航社区警务工作，管辖东、西桃园，糜家桥和劳动南路一条街。以前东桃园是卖豆芽的，西桃园是菜农种菜的，郝世玲每天走访回来两腿都是泥，真正成了名副其实的片警。西安市民航社区坐落劳动南路中段西关街道，面积0.69平方公里，居民楼148栋，分散在9个院落，人口1.8万人，曾经是一个鱼龙混杂的“大杂院”，无门卫、无物业、无技防，治安乱、发案高、群众意见很大。据社区家委会主任回忆：“以前小区乱得让人睡觉都不踏实，我家都被偷过，让人烦死了。”

郝世玲接手以后，一头扎进社区，把社区的事情当成自己家里的事情去做。当时民警们的工作要求是“六知”：知人、知年龄、知性别、知人员来往、知家庭经济状况、知有无违法犯罪记录。提起一个人名字就得马上报出这个人的所有详细信息，被称为“背户口”，谁家里有电视机、录像机等也需要熟记于心，因为那个时候这些都属于贵重物品。正是那个时候锻炼下的“背户口”能力，为郝世玲后来的社区民警工作打下了很好的基础。

初到民航社区，为了尽快熟悉情况，郝世玲制定了“走街串巷，入户走访”方法，每天坚持入户走访，与村民真诚交流。郝世玲带着台账，一次次敲开群众的家门，挨家挨户地走访摸底，她说：“作为一名社区民警，必须要做到‘四知六熟悉’，对辖区情况要了如指掌。”那时起，郝世玲每周在社区工作的时间平均都在50小时以上。“当时天天骑着自行车下责任区。”郝世玲回忆起了她刚当上社区民警时的情况。有一天，她推开管片村子里的一户房门，突然看见房子里横躺竖卧着七八个青年，其中还

◎郝世玲走访调研

有个女青年剃着光头，他们看见民警闯进来便神色慌张起来。稍作询问后，郝世玲发现他们分别来自不同的地方，而且大白天男女混居一室，枕头下还藏着刀，毫无疑问，这伙人很可疑，必须带回派出所做进一步审查。但在当时，没有便捷的通信设备，在人数上她也处于劣势，怎么带走这伙人成了大问题。身上的警服，头顶上的国徽给了郝世玲勇气。这时，剃着光头的女嫌疑人开始撒泼撕扯，郝世玲果断出手三两下就把她拿下了。随后，在两名巡防大妈的配合下，这伙人都被郝世玲用皮带反绑住双手，跟在她的自行车后，顺利带回了派出所。经审查，这是一个特大入室盗窃团伙，通过此案，又破获案件70多起。

走访之初，群众并不买她的账，都在观望郝世玲能否把困扰社区平安的大难疾“烟民”问题解决。有以前的“背户口”基础，再加上深层次研究，郝世玲发现，社区案件高发的症结是盘踞在社区的20多个吸毒人员经常性的小偷小摸，这也是社区居民的心头病，郝世玲经过调查取证、蹲点守候，摸清辖区所有吸毒人员的情况后，在派出所的支持下将吸毒人员全部送戒，成功拔掉了群众身边的社会毒瘤。社区家委会主任说：“这件事在我们这小区都摇了铃了，大家都在传郝警官确实厉害。”“多亏了郝大姐，现在小区非常安全，家人也放心我一个人下楼了。”公园天下小区（属于民航社区）业主张先生高兴地说道。张先生介绍，此前由于该小区所住人口较为复杂，时不时便会有案件发生，所以每次下楼，家人都要派人跟着他，让他觉得很不自在。现在社区在郝世玲的管理下，安全了，自己终于可以一个人下楼了。社区保安队长说：“一个女警察敢对这种闲人下硬手，群众当然认可。”在民航社区，有困难找“郝大姐”，渐渐成为社区居民常挂在嘴上的一句话。郝世玲和同事每天从8时到晚上休息前，腿不停、嘴不停，守护着社区居民的平安健康。

郝世玲的工作笔记越记越多，高达150余本，这些台账记在本子上，也记在她的心里，她对社情民意一口清。有一次，西安咸阳国际机场接到一个匿名电话，声称在候机楼安放了定时炸弹。作为民航社区民警，郝世玲也参与了该案件的侦破工作。当专案组民警将嫌犯录音播放给郝世玲辨听时，她脱口说道：肯定是刘某！随即带领专案组民警将刘某抓获。事后，市局专案组同行深有感触地说：“以前只听说郝大姐的基本功扎实，百闻不如一见，这次终于领教了，佩服！”

把群众的事当自己的事情办，群众的安危冷暖就是郝世玲最大的牵挂。社区居民郑晓萍一家，每月只能靠她微薄的退休金度日，她有一个35岁的脑瘫儿子，从小不能说话，医生曾诊断其活不过20岁，这些年让郑晓萍操碎了心。知道了她的困难，郝世玲每月都要去看望这个困难家庭，提供一些力所能及的帮助，陪她聊天、帮着求医问药、帮忙整理家务，还在社区专门为她们母子各找了一份工作，在思想上、生活上、感情上给了她很多关心和鼓励，也让这个不幸的家庭从此多了欢声笑语。看到儿子情况一天比一天好，都能骑着电动车在社区巡逻，郑晓萍感激地对郝世玲说：“这些年，真的非常感谢姐姐，要是没有你，我这孤儿寡母的日子可就艰难了。”

82岁的王奶奶独居，用的是老年手机，手头没有现金，买药、买菜都成了难题。王奶奶第一时间想起郝世玲。郝世玲把身上仅有的500元现金都塞给了王奶奶。王奶奶要写借条，郝世玲连忙摆摆手，转身就走。

郝世玲对违法犯罪疾恶如仇，对失足人员竭力挽救，用心融冰，用情化石，引导他们积极向上，回归社会。社区居民冯某原本有个幸福的家庭，可染上毒品后，不但将家里的积蓄全部花光，还经常靠盗窃、敲诈来满足自己的毒瘾，不堪忍受的妻子跳楼自杀。冯某戒毒归来，妻子离世，孩子年幼，生活极度困难，于是他自暴自弃。郝世玲推心置腹地与冯某谈心，帮助其放下包袱，树立生活信心；多方协调，帮助冯某开了一间修车铺，收入稳定；帮助冯某和女儿上了户口，使冯某一家重新过上了正常的家庭生活。冯某逢人便说：“我能有今天这个家，离不开郝大姐对我的关心和帮助，现在我全家人把她当作亲人，甚至比亲人还要亲，没有郝大姐就没有我今天这个家。”社区困难群众始终是郝世玲的牵挂，她先后帮助15名生活窘迫的社区群众找到工作，有了稳定的收入。她以社区为家，把群众当亲人，正是社区民警践行枫桥经验的写照，她雷厉风行抓治安，真心实意解民忧的事迹，不胫而走，“郝大姐”的称呼开始广为传播。

创新智慧社区管理模式，打造最美社区

平安和谐是衡量社区民警工作的一把尺子。2010年，全国推行社区综合治理模式，郝世玲就琢磨着如何最大限度地整合资源，把警务室建成警民沟通的纽带和前置服务的平台，打造出一个受群众欢迎的家门口派出所。她探索推出以公安为主导、以企业为支撑、以社区为基础的“1+2”社区综合治理管理模式。该模式在全省户政系统得到广泛推广和应用。随后，她又把枫桥经验引入民航社区管理，在不断地丰富和充实“1+2”社区综合治理管理模式基础上，又创造性地提出了“1+3”社会管理综合治理模式及社区警务管理等一系列服务模式，并把九种力量引入社区治理，即以公安为主导力量，以知名人士为主的指导力量，以安保人员为主的专职力量，以企业为主的支撑力量，以执勤人员为主的协管力量，以社区群众为主的志愿力量，以社区住户微博及QQ群、微信为主的微群力量，以社区消防安全员为主的消防力量，以及服务社区的交警力量进社区，实现了单元楼智慧化、网格化管理，既加强了辖区人、房屋管理和安防力量，有力震慑了违法犯罪，又及时消除了安全隐患。

这些年，谁家的鸡吃了园子里的菜了，谁看不惯邻居放纵宠物狗了，住户嫌在院里玩麻将的老太太为个几毛钱的输赢拌嘴要打架的，都来找郝世玲。看着社区一天天平安起来，她又在化解纷争、促进和谐上做文章，积极协调设立了社区联合调解室，着力化解各类矛盾纠纷。郝世玲创新推出了由公检法司等7个部门、7个企业事业单位和区政府、街办、社区分类知名人士参与的“3个7”联合调解纠纷法。之后，随着“百万警进千万家”大走访工作的开展，郝世玲开拓矛盾纠纷调解工作思想，在原有“3个7”警务联合调解室的基础上，又总结试行“三五十”矛盾调解运行新机制。即利用“三张网”、实施“五步工作法”、做到“十个入户”调解矛盾。特别让她开心的是，在2021年全国“两会”上，民航社区警务室化解矛盾纠纷的工作模式，被写入最高法的工作报告中，这成为激励她创新社区警务工作的又一动力。

郝世玲立足警务室平台，建立起了“957”社区工作法，即暂（寄）住人口便民服务岗、访评便民服务岗、外籍人员登记服务岗、治安防控巡逻服务岗、扶贫帮困服务岗等5个便民服务岗，积极推进消防、交警、住户微博及QQ群等9种力量进社区等。把民警的办公桌前移到了社区群众的家门口，真正实现了“警务前移、服务延伸、便民利民”。为了回应群众期待，郝世玲逐区逐片摸排、统计、测量，重新划分了社区停车区域，使社区面貌变得井然有序。同时，她创新流动人口服务管理模式，创建了出租房屋中介无偿服务站，并把驾驶员体检业务配套在民航医院。她还主动联系交警莲湖大队，创建了民航社区交管服务站，现在，群众足不出社区，就能轻松办理换证补牌、处理交通违法和轻微交通事故等车管业务，引得其他社区的群众也前来办理。社区里不少常住户、房屋中介、流动人口和商户都放心地把钥匙交到社区钥匙保管箱里，由郝世玲和服务队的党员帮着出租房屋、照看老人，甚至谁家突然有事时他们还会帮着接送孩子。为了提升社区消防管理水平，她积极协调莲湖区消防大队，创建了社区消防工作站，开展了防火、灭火实战演练。当孩子们和居民群众看到"大块头"的消防车和消防器材展示，并参与到防火、灭火和火场逃生等场景体验时，树立起了"隐患险于明火，防范胜于救灾"的消防意识。她组织党员真情服务社区，引领和带动了群众主动关心支持社区警务工作，最大限度地打通了服务群众的"最后一公里"。

虽然郝世玲文化程度不高（大专），年龄也大，但她对社区警务工作的创新，始终充满激情，因为不创新，就跟不上社会管理的需要。在微博刚刚兴起的时候，她就建立了"郝大姐的微博警务室"，通过微博，曾为湖北一名网友找到失散26年的妹妹。又建立了10个微信工作服务群，这些都成为她联系群众、服务群众的重要平台，也弥补了在社区警务工作中"看不着、听不见、走不到"的盲区。

她还提出空中巡视网、楼域防控网、社区巡逻网、门禁监控网、反恐防恐维稳宣传网、微博微信及电子宣传网等综合形成的“六网立体安全防范模式”。利用“电子眼”对辖区实行24小时监控，形成空中巡视网；给居民楼安装电子门，护楼员定时巡查，形成楼域防控网；给保安配备警用自行车实行24小时巡逻盘查，形成社区巡逻网；让车辆道闸系统结合夜间门卫检查，形成门禁监控网；利用手机和电视屏幕以及APP平台对辖区群众进行治安防范的宣传和警情提醒，发动群众积极提供各类案件线索，形成反恐防恐维稳宣传网、微博微信及电子宣传网。几年来，通过“六网”抓获各类犯罪嫌疑人20名，破获各类案件32起，在辖区开展治安防范宣传活动127次，发放各类宣传资料2万份。

2015年，郝世玲又在民航社区率先开展了“双联双守”活动，通过“百店联防、百户联防”，实现“邻里守望”。将社区街面的商业店铺分成6个片区，选出街面长；将社区148栋楼划为

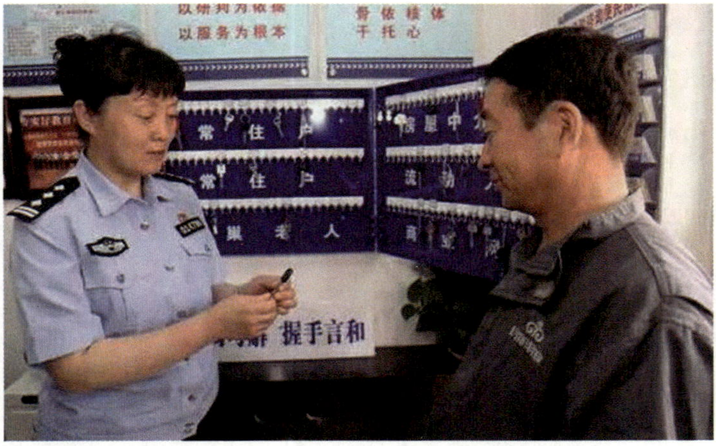

◎郝世玲帮助社区居民解决问题

25个小区，由群众选出区域长。通过警民合作，邻里守望，发案率大幅减少，居民居住在这里感到放心。社区居民对此竖起拇指称：“邻里相互操心，胜过几个防盗门。”

郝世玲一系列社区警务模式创新的“组合拳”，很快把曾经的高发案社区，打造成了一个防范严密、环境整洁、邻里和睦的“零发案”社区，使社区警务室真正成为了服务群众的新平台、联系群众的新纽带和畅通民意的新桥梁，其社区警务管理经验做法在全市进行推广。措施不断细化、力量不断增强、质效不断提升、功能不断完善，社区发案率逐年下降，群众安全感逐年提升，郝世玲社区警务工作法，一时间风靡公安圈，省内外同行们纷纷慕名前来取经，得到党和人民的认可，郝世玲本人前后荣获全国劳动模范、全国特级优秀人民警察、全国人民满意的公务员等20多项荣誉，受到习近平总书记等党和国家领导人的亲切接见，2017年受邀参加全国公安系统英雄模范立功集体先进事迹报告团，成了全国人民的“郝大姐”。

创新步伐不停歇、服务百姓无止境，2019年全国“两会”期间，一位来自上海的人大代表提出，要想打造智慧化城市，就必须要建设智慧化社区。一席话，引发了郝世玲新的思考：如何通过智慧社区建设，助推西安建设新型智慧城市呢？

2019年5月，经郝世玲牵头组织，西安市公安局莲湖分局在民航社区选取了两个试点小区，通过搭建智慧社区大数据系统、民警

APP、业主APP等三大平台，建成了集“采集、录入、管理、分析、预警”为闭环的智慧社区警务系统，先行先试开展智慧社区建设。

“简单点说，就是先录入小区所有住户的照片、户籍、房间号等信息，再根据其在社区的活动轨迹进行统一管理。以民航小区为例，这里的住户以老人居多，要是哪位老人连着几天没有出入记录，物业人员就会第一时间上门走访，查看老人的情况。”郝世玲告诉记者，民航社区还在试点小区“上线”了车辆识别、人脸识别、访客人证合一验证、智能门禁、智能消防等功能，社区智慧化管理水平在全省领先。目前，该模式已在许多社区推广，有效助推了全市社区管理、社区防控、社区服务全面升级。

“不用门禁卡，也无需指纹和密码，人只要走近单元门前，大门便会自动打开，与以前相比，更为方便、安全，这一切都得感谢郝大姐。”近日，自家小区里出现的一些高科技装备，让88岁的朱大爷欣喜不已。

郝世玲再度创新推出的这一“以为民服务为宗旨、以平安社区为目标、以公安民警为主导、以社区警务为前沿、以物业支撑为后盾、以智能数据为平台”的智慧社区服务管理模式，探索建设智慧社区大数据系统、民警APP、业主APP三大平台，建成集“采集、录入、管理、分析、预警”为闭环的智慧警务新模式，实现了人过留影、车过留牌、机过留码、推进管理防控服务全面升级，成为远近闻名的最美社区。

社区居民夸奖说：“郝世玲就是我们社区群众的好大姐，人人见了都竖起大拇指夸奖她。”四十年如一日扎根社区，四十载坚守为民初心，郝世玲在社区管理服务中，始终把握时代脉搏、紧盯人民期盼、锐意改革创新，引领着社区警务管理服务工作前进的方向、团结带领社区群众、共同打造人民满意的平安社区，让枫桥经验在新的历史时期焕发出耀眼的光芒，使警徽在社区上空闪耀，照进群众的心田。

辖区内公园天下小区和民航小区智慧社区建设后完善安装人像识别监控10路、门禁系统80套、高清监控124路、手机电子围栏10路、车辆抓拍单元8套等感知设备，基本形成对社区动态全天候、全时段感知。截至目前已采集感知数据38万条，共采集小区及沿街商铺从业人员手机信息20894条、人像比对人员信息349万余条、比对车辆信息132万余次，重点人员预警80次，抓获盗窃嫌疑人1名。有效实现传统视频监控的应用模式从“看视频”向“搜视频”，从“人工值守”向“自动预警”的转变。智慧化社区的建成得到了社区群众的认可和点赞。

疫情在前，警察不退

2021年底，一场没有硝烟的战斗，让西安按下了“暂停键”。郝世玲居住的小区成了封控区，她因不能第一时间奔赴单位而心急如焚。郝世玲每天关注着工作微信群、社区微信群、小区微信群中的消息。她看到小区需要志愿者，便第一时间报名参加。郝世玲说："哪里有需要，我们就在哪里。无论何时何地，我们的工作都是为群众做好服务。"在做完多轮核酸检测并且结果都显示阴性后，郝世玲终于可以返回岗位工作了。此后的一个多月时间，她再也没回过家。疫情期间，身在防控一线的她和同事们，每天是这样度过的：

8时："你好，我是劳动南路派出所民警郝世玲，有一个信息需要跟您核对一下……"2月19日一大早，还没有走近郝世玲的办公室，楼道里就传来她的声音。自疫情防控阻击战打响以来，每天早上8点不到，郝世玲就开始工作了。她说："疫情防控时期的工作量比平时增加许多，即便早一点开始工作，还是感觉时间不够用。"

9时：上午开完晨会，郝世玲便开始了一天的走街串户。9时30分，郝世玲在民航警务室和社区居委会、物业工作人员把每天的工作布置好之后，第一件事儿就是去走访涉疫情人员。疫情发生后，郝世玲和同事共筛查出辖区有36户居民近期到过疫区，需要居家留观。"这是个体力活，每天最少要用两三个小时，必须保证每个地方都巡查到位。"

10时：10时10分，在涉疫情人员谢先生家门口，郝世玲问："今天身体情况怎么样？跟家人千万不要出门。你昨天说家里没有菜了，我给你带了一些，还缺什么随时给我打电话。""朱大爷，我们给您送菜来了。”10时50分，郝世玲把鸡蛋和蔬菜送到了一直独居的朱大爷家里。为了不让涉疫情人员感到无助和恐慌，郝世玲建了一个“民航警务室同心战‘疫’”微信群，把大家都拉了进来。每天她都会在群里问候和鼓励大家。

12时：核查、排查、走访、劝导……一上午时间悄然流逝。郝世玲返回派出所时已是12时25分。匆匆吃了午饭，她又开始梳理、汇总、整理、校对核查走访数据。“阻击疫情，社区是关键。尤其是各项核查排查工作，不能出一点问题，必须真实无误。”

13时：13时50分，郝世玲又来到了公园天下小区出入点。“配发的物资还够吗？”“早上有没有特殊情况？”“又给你们买了一些手套、护目镜”……一连串的叮咛，让疫情期间24小时轮班值守的保安员们心里热乎乎的。“谢谢郝大姐！”“你放心吧。”除了入户排查和防疫宣传，郝世玲每天还要到辖区小型超市、餐饮店去，检查这些场所是否按照要求关停，是否落实消毒防护措施。

17时：17时20分，郝世玲回到警务室，拿出手机一看，“民航警务室同心战‘疫’”群里又多了几十条未读信息。“大家千万不要出门，要服从物业的管理。我一直都在，大家有什么困难随时找我。”郝世玲发出了这条语音。

20时：工作没有随着下班时间的到来而结束。疫情发生后，郝世玲每天都要夜间巡查。20时30分，郝世玲再次来到民航社区，检查各个出入点防控措施落实情况，叮嘱值班保安做好夜间疫情防控工作……

22时：返回派出所时已经快22时了，一天下来，郝世玲的脚步几乎没停过。“天天都是这样。有社区住户问过我，在外面这样跑怕不怕？”郝世玲说，“我给他们说，这儿就是我的战场。怕，也要上！”

2020年，外地人老张租了个挺大的门面房，经营烧烤和小吃。开张两个月，赶上春节，关张歇业。没想到，疫情突然降临，老张的饭馆迟迟没法儿重开。老张扛不住，就跟房东打招呼，他不租了。房东又找来新房客，将老张的饭馆租了出去。新房客经营一家义乌小商品特卖场。人家简单装修，准备开张了，老张却带人来拉横幅、堵门。为啥？原来是他在房东那儿押着10万元的押金，房东不肯退。郝世玲参加完全国“两会”，从北京一回来就得知此事，赶紧把双方都叫到她警务室里。房东没来，派了别人过来。原来，老张跟人家合同一签是五年，这才干了半年光景，算违约。按合同规定，这押金是不给退的。可老张认为，赶上疫情，饭馆开不了门，政府都提倡减免税费，帮助企业渡过难关，这押金房东怎么就不能给他退了？郝世玲一再做工作，房东方只同意退2万元，而老张却要求退7万元，双方僵持不下。

郝世玲与房东接通了电话。房东虽跟郝世玲不熟，但电视里见过她，知道她的事迹。出于对她的信任，老板答应，押金可以退还老张5万元。“调解到这一步，如果你不接受，可以到法院打官司。

但如果继续封门、堵路、拉横幅，派出所就要依法拘留你了。”听了郝世玲的话，老张思前想后，最终答应接受调解。当天中午，双方都在调解书上签了字，老张拿到了房东退给他的5万元押金。

从入户宣传到小区值守，到摸排人口底数，协调核酸检测点位，了解隔离情况，再到帮忙安排好密切接触者的生活……郝世玲每天辗转在社区的街道、门栋之间。“通过这次疫情，也让我们看到目前社区工作中还存在的一些问题。与新时代基层社会治理要求、城市居民服务需求相比，社区工作人员队伍建设方面仍显薄弱。”郝世玲说，“疫情过后，我做了很多调研。结合相关工作经验，我准备了一份关于加强社区工作者队伍力量的建议，希望能进一步完善社区工作者的人才培养、引进、激励等配套措施。”

行使人民代表权利，关注重点人群

当选第十三届全国人大代表，让郝世玲多了一条路径去靠近老百姓、去帮助解决老百姓的难题。她认真履职，走访调研，提交了加大打假力度、积极预防双低人员违法犯罪、从优待警等10余份建议。

伴随着近年来我国老龄化问题逐步加剧，养老问题成为公众关注焦点。据国家统计局数据显示，2019年底，我国60周岁以上人口数量已突破2.5亿，占全国总人口数约18%。到2022年底，全国65

周岁以上人口将占到总人口的14%，我国将迈入老龄社会。郝世玲表示，受传统文化影响，中国老年人更偏好选择居家养老，然而现实中，特别是独生子女在繁忙的工作和抚育子女之余往往无暇照顾老人。因此，2021年全国“两会”期间，郝世玲提出，用人单位应设置护理假，在老人患病住院治疗期间，要给予子女护理时间并享受正常的工资福利待遇，同时必须加快养老护理服务员队伍建设，以充分保障广大失能老人、高龄老人、独居老人、空巢老人的合法权益。

除此之外，还要提升养老服务业从业人员薪酬。郝世玲称，目前在家政市场中，雇主雇佣专业养老从业人员需求旺盛，但与此同时，匹配有从事老年护理服务意向且能为老人提供优质服务

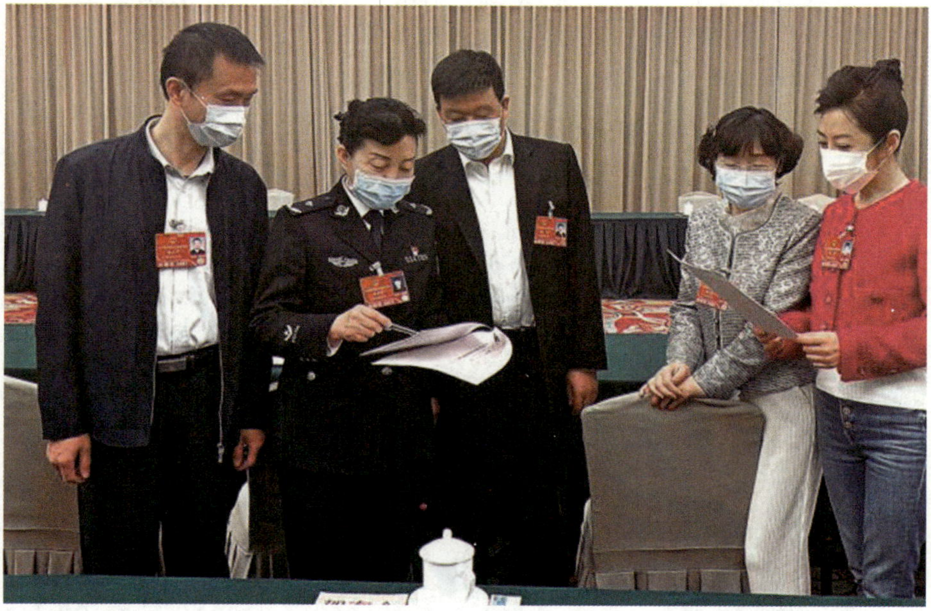

◎2022年3月5日，郝世玲（左二）与其他全国人大代表一起审议政府工作报告内容

的合理收费的家政人员数量较少，很多养老护理人员是来自农村的务工人员或者是城市里的下岗、失业人员，普遍年龄偏大，文化程度不高，且未接受过系统的护理教育，医疗护理专业知识欠缺，养老服务人员专业程度较低，难以满足市场需求。

此外，由于我国对养老服务的认识还不够充分，社会对养老服务人员存有偏见，将养老服务工作较为狭隘地定义为护理照看老年人的工作，养老服务工作强度大待遇低，很多护理人员没有法定的工作时间和规范的休假制度，工资、医保、养老金、住房公积金等待遇较差，导致养老服务行业不仅面临人才流失的难题，更难以吸收专业护理和医学人才。

郝世玲就此建议，要探索建立科学合理的薪酬制度，吸引更多优秀人才加入养老护理一线服务队伍，加强职业教育培训，执行职业准入制度，提高养老从业人员的服务水平。

郝世玲在平时，也特别关注照顾社区老人。2019年6月底的一个雨天，在公安莲湖分局劳动南路派出所民航社区警务室，社区民警郝世玲正忙着给一名群众出具无犯罪记录证明。她办公桌上的一个“红包”特别显眼，“红包”上署名“704楼住户”。刚刚荣获“人民满意的公务员”称号，从北京载誉归来的她就收到“红包”？“社区民警人称赞，不忘初心记使命……”原来红包里装的是一首诗，字迹工整，一共十四行。下面的落款是“民航社区704楼耄耋之人：朱德成”。这个朱大爷为什么要给郝世玲用“红包”

包一首诗送过来呢？朱大爷是西安市教育局的退休干部，今年88岁了。10年前，儿子在民航社区给他租了现在这套房。在这个社区，他们老两口住得挺习惯，可五年前，房东却要退租。后来，多亏“郝所长”出面，房东才改了主意，让他们一直住到现在。朱大爷一直把郝世玲的警务室当成“派出所”，管她叫“所长”。房东催促朱大爷搬家时，朱大爷来警务室找过她。郝世玲一联系，房东是东航货运部门的一个职工，嫌房租太低，打算把房子重新装修之后，租一个更好的价钱。郝世玲给房东打电话，经过耐心劝说，最终，房东答应两位老人继续在这儿住下去。为这事，朱大爷老两口儿一直对郝世玲十分感激。6月25日晚，朱大爷从新闻联播上看到了郝世玲。习近平总书记接见“人民满意的公务员”时，郝世玲就站在第一排。朱大爷十分激动，就给郝世玲打了一个电话，表示祝贺。当天晚上，郝世玲手机上还收到了很多祝贺的微信。第二天坐高铁返回西安前，郝世玲在北京西客站专门给朱大爷买了一盒稻香村点心，回来上班的第一天就给朱大爷送了过去。朱大爷十分高兴，就写了一首诗，装在红包里，送到了警务室。

“还有人看了报纸、电视上郝世玲的事迹后，专门慕名到民航小区租房住呢。”辅警杨翠告诉记者，701楼的唐淑英老奶奶就是这样的人。唐奶奶今年92岁，原来住在碑林区，独生女儿病故后，在外地工作的外孙愁得不行。几年前，看了郝世玲的事迹报道后，唐奶奶的外孙就在民航小区租了房，把唐奶奶托付给了郝世玲。唐奶奶生活尚能自理，但年纪大了，爱忘事。她家的钥匙，就放了一把在郝世玲这儿。平时下楼遛弯儿，唐奶奶总爱到郝世玲这儿坐一坐，唠唠家常。只要有空，郝世玲也会去唐奶奶家看望她。唐奶奶不会用手机充话费，每次座机欠费，都是郝世玲帮她去交话费。每年中秋节，唐奶奶最爱吃郝世玲托人从陕北老家捎来的手工月饼。有回电视台采访，唐奶奶说，郝世玲就像她亲女儿一样。

2022年3月十三届全国人民代表大会第五次会议上，郝世玲主要带来两个建议，一是建议在中小学实现法律顾问全覆盖，二是建议提高辅警人员工资待遇，开通“转正”渠道。“不久前，我们破获了一起留守儿童盗窃案。”郝世玲回忆，“5名外省辍学儿童在当地盗窃了一辆吉普车，一口气开到西安。我问开车的孩子，车是偷的，你也没有驾照，路上遇到交警查车怎么办？没想到，这孩子眉毛一挑，满不在乎地说，谁敢拦车就撞谁！”“还有一次，一位妈妈心急如焚地跑到派出所报警，称14岁的女儿失踪了。民警们满世界地找，最后在网吧找到了女孩。”郝世玲说，原来，女孩因为期中考试成绩不好，选择了离家出走。“我们几个磨破嘴皮子，好说歹说，才把她劝回家。可是没过多久，这个叛逆的孩子和妈妈因意见不合，竟要从二十几层的家里跳下去。”这样的警情多了，郝世玲的心里像被揪住了一样：“那些校园霸凌事件的主角，也多是这样的孩子。我就在想，问题究竟出在哪儿？”

作为一名基层民警，郝世玲通过调研深入了解警务辅助人员的现状，发现辅警工作出现了诸多问题，如用人单位和劳务派遣公司职责不明，稳定性有限，客观上造成了辅警留不住人的现实，每年都有大量辅警辞职，不得不重新招录。2020年以来的疫情，让她对这一问题有了更为深入的认识，她建议提高辅警待遇；规范招聘程序，给予晋升空间；规范岗位要求，促进辅警职业化；强化职业保障，营造拴心留人环境。

郝世玲从“警察姐姐”干到了“警察奶奶”，收获了群众的爱，也收获了自己的警察人生。她曾先后荣获“全国优秀人民警察”“全国公安机关爱民模范”等多项荣誉称号，并先后荣立个人一等功一次、二等功一次、三等功四次。先后于2016年和2019年受邀参加“9·3”纪念中国人民抗日战争暨世界反法西斯战争胜利70周年阅兵式和庆祝中华人民共和国成立70周年阅兵式。2017年被推选为全国公安英模和陕西省英模报告团成员，在全国、全省进行巡回报告，受到过习近平总书记等党和国家领导人的亲切接见。在社区民警这个最基层的岗位上，郝世玲一如既往地奉献着自己全部的光和热。

这就是郝世玲，群众口中的“郝大姐”，一名普通的社区民警，用她几十年如一日的行动，履行着“一日从警，终生为民”的铮铮誓言，谱写着新时代人民警察最动人的诗篇。

（郝胤舟）

用生命守护生命
——杨雪峰

杨雪峰，男，汉族，重庆渝北人，1976年6月出生，中共党员，1997年7月入警，1999年9月入党，生前系重庆市公安局渝北区分局交巡警支队石船公巡队副大队长。杨雪峰先后荣立个人三等功两次、嘉奖七次，五次获得“优秀公务员”称号，获得“全国公安系统一级英雄模范”称号。2018年2月18日（农历正月初三），杨雪峰在执行春运交通安保任务中，面对突如其来的暴力袭击，为防止伤及无辜群众，在连中数刀、血流如注的情况下，紧紧抓住犯罪嫌疑人，与之英勇搏斗，拼尽最后一丝力气打掉凶器，终因伤势过重，英勇牺牲，年仅41岁。2018年2月20日，杨雪峰被重庆市公安局追记一等功，2018年8月27日中宣部追授杨雪峰“时代楷模”称号。

人民公安为人民

也许会有这样一天
当幸福的人们回眸沧桑岁月
共和国成长的一圈圈年轮
早已淹没了你疲惫的容颜
汗水、热血、眼泪乃至牺牲

所有关于你的记忆
都在岁月的流逝中消散
连镌刻着光荣的纪念碑上
也没有留下关于你的只语片言

你就这样去了
仿佛消逝在时间隧道的尽头
无声无息且永远永远
而我，只有我，深深地明白
那曾经照耀着你的辉煌
依旧与日同天

你是我永远不倒的旗帜
我是你连绵无尽的期盼

你知道，我也知道
我们共同的名字叫作忠诚
忠诚是我们永远不断的血脉

这首诗，是杨雪峰最喜欢的电视剧《警察世家》里的片尾诗，名叫《忠诚》。2001年《警察世家》热播，杨雪峰的母亲余小寒特意抄下了这首诗，送给入警不久的儿子。时至今日，这份手抄的诗仍然被余小寒精心保存着。每每看到这份手抄诗，儿子身穿警服的样子总会在余小寒的脑海中浮现。20年的时间，信纸已然泛黄，字迹却依旧清晰，正如当初从警时的入警誓言，经过21年的锤炼，字字句句早已在杨雪峰的心中烙下了永不磨灭的痕迹。

苍天挥泪，青柏苍翠，忠魂不朽！

重庆交巡民警杨雪峰大年初三执勤时被刺殉职，直到生命最后一刻仍紧紧抓住凶手，他牺牲的消息传遍了山城。2018年2月21日，渝北区殡仪馆，杨雪峰的追悼会在这里举行。天还没亮，渝北区殡仪馆就已经挤满了前来送别的人，有跟杨雪峰朝夕相处的领导同事，有曾经被他罚过款的超载司机，有辖区学校的师生家长，有石船场上的老少百姓……上千人自发来到告别仪式现场，含泪为英雄送行。

谁也不敢想象，这个大大咧咧、身材高大的好同事、好战友，就这样永远离开了大家……

杨斌是杨雪峰的师弟，参加工作认识的第一个人就是杨雪峰。他说，一个像大哥哥一样的好人，怎么说走就走了……

渝北区公安分局交巡警支队石船公巡大队大队长黄长富说，初三那天，杨雪峰还答应了家人回去团圆，还说要给他们炸酥肉……

他们再也等不到他了……

杨雪峰牺牲时年仅41岁，然而他在公安一线却奋战了21年。21年从警路，他活成了值得敬重的清晰的路标！

“到基层去，到一线去”

杨雪峰出生在军人家庭，他的父亲杨运泉1968年入伍，因表现突出，便很快在部队里提了干、入了党。生在军营、长在军营，父亲的一言一行深深影响着杨雪峰，家里大门上挂着的“光荣之家”的牌匾更是让他倍感骄傲。对他而言，这是来自国家的肯定，也是一份沉甸甸的责任。

在杨雪峰小时候，父亲常常带着他去参观渣滓洞、白公馆。红岩英烈们在敌人疯狂的屠刀下，表现出的宁死不屈和视死如归的英雄气概，让小杨雪峰深受触动。这使杨雪峰从小便立志要像父亲一样、像红岩英雄一样，做一名堂堂正正、保家卫国的男子汉。

“好男儿不在军营就在警营”，父亲的话始终萦绕在杨雪峰的脑海中。等到高考填报志愿时，他毫不犹豫地报考了警校，并以高分被重庆警察学院录取。杨雪峰为人正直大方，学习刻苦认真，成绩在班上总是名列前茅，是校散打队的队员，还被选为班长。优秀如他，老师对这个学生也是格外青睐，为他提供了留校任教的机会。可杨雪峰却下定了决心，他一定要去基层，去一线！

重庆是出了名的“火炉”，夏天地表温度有时能高达六七十摄氏度，烫得能够煎熟鸡蛋。一到冬天，空气又开始变得潮湿，加上经常碰到阴雨连绵的天气，站在大街上也能给人冻得透心凉。在这种气候条件下，基层一线的交警往往一站就是好几个小时，与留校任教相比，这确实是份“苦差事”。

杨雪峰的母亲余小寒自然不舍得让儿子受这份罪，她苦口婆心地“教育”儿子，劝他接受留校任教的机会，可杨雪峰坚决不同意。他铁了心要到基层去。一来二去，母子二人都“红了脸”。“哪有当警察怕苦怕累的，我就是要到一线去！”杨雪峰这次拒绝得斩钉截铁。余小寒了解儿子，她知道只要是儿子认准的事情，任谁也无法让他放弃。不过看着儿子这么笃定，余小寒心疼之余，更多的还是欣慰。

杨雪峰生前所在的石船公巡大队，是渝北分局最偏远的单位之一，辖区有4个镇79个村，通车里程1057公里，只有9名民警，交通管理任务很重。面对常人难以想象的繁重工作，杨雪峰毫无怨言，勤勤恳恳，不断接受着新的挑战。21年从警生涯中，杨雪峰先后进行了6次工作调整，但没有一次离开过一线，他参与侦破案件近300起，处理警情2万余起，没有一起群众投诉，真正将自己的根扎在了家乡的道路上。

杨雪峰扎根基层21年最显著的特征，便是他的“职业病”。他的妻子黄雅莉说，每当一家人去外地旅游，丈夫总是不忘自己的职业特点。美食美景对他来说好像没这么大的吸引力，每到一个地方，他总是习惯性地观察当地的警察是怎么工作的，他们配的装备是什么样的，在记录各地交警的工作状态后，他还会认真分析，这其中有哪些好的方面可以借鉴，有哪些不足，自己也要避免。重庆市公安局渝北分局政委卢政评价他说，杨雪峰干练朴实，做事认真，浑身上下充满了奋发向上的干劲，什么事都要努力做到最好。

杨雪峰刚刚参加工作时，看到执勤的路段中巴车超载、乱停、抢客现象比较突出，安全隐患大，群众怨声载道，他下决心整治。他一面在车站、社区张贴宣传单，公布举报电话；一面在重点路段设卡纠违，骑着摩托车来回巡查。当时不少人打招呼、说人情，有的甚至告黑状、打匿名电话威胁，杨雪峰都不为所动；有的车主悄悄递上现金，他都严词拒绝；当10多名违法驾驶人到办公室“讨说法”，他动之以情、晓之以理，最终让他们接受了处罚。不管外界说什么，他始终朝着目标坚持做下去，就是这么认真、较真，最后硬是把这一带的交通秩序整顺了。

然而，就是这样一位充满工作干劲与热情的好警察，在同事和家人的眼中，有时却有“另外一番印象”，原因只有一个——

他太正直了！他才不要听别人天花乱坠的奉承与评价，规矩就是规矩，法律就是法律，求的只是问心无愧！“坚持自己的原则不为所动”，这是杨雪峰生前的同事潘勇对他最深的印象。虽然当时有不少老同志都对杨雪峰有“你这年轻人，才上几天班，怎么一点面子都不给我”之类的抱怨，但心底也不免对他这种“针插不进，水泼不进”的作风感到由衷地赞叹。

杨雪峰从小跟舅舅感情特别好，然而2014年发生的一个小插曲，却差点在二人心里留下芥蒂。

那天，杨雪峰的舅舅余红兵驾车出门，一不留神就跟另一辆车发生了剐蹭。双方发生了争执，就事故责任和赔偿商讨无果后，对方将警察喊到了现场。不管余红兵怎么解释，交警依旧坚持对他进行200元的处罚。余红兵觉得冤枉，满心委屈的他拨通了杨雪峰的电话，想让同样当交警的外甥做自己的“救兵”，替他向罚款的交警求个情。“该啷个办，就啷个办”，电话那头传来了杨雪峰坚定的声音。一听这话，余红兵也愣了。接连碰壁的他心情沮丧，虽然能理解外甥的做法，但外甥这种铁面无私的作风，也着实让他心里不是滋味。没隔多久，正处在气头上的余红兵接到了杨雪峰的电话：“舅舅，我把罚款给你交了。但是舅舅，你也得理解我的工作。”听到外甥这么说，余红兵心里也是又苦又甜：虽然求帮忙被拒绝，但在外甥那个职业里，他能守住自己的底线，家里出了位人民的好警察！

在杨雪峰看来，小岗位连着大使命，小警察也能有大作为。当民警时，他在技能比武中勇夺第一名。任副大队长时，他是远近闻名的“杨百科”，创下了21年执法“零投诉”的记录。在他身上，总有一股打破砂锅问到底的钻劲儿，有一股永不服输的劲儿，对新知识孜孜以求，对交通管理的“疑难杂症”反复琢磨。他带领战友站岗点、疏交通，使辖区摘掉了“堵城”的帽子。

他的坚守，家乡的每一条道路记得。华灯初上，霓虹闪烁，重庆街头车水马龙，当城市升起岁月静好的烟火气息，我们都会想起他。

“不思量，自难忘”

“家里年初三晚上还要招待亲戚，我还在等他下班开车接我去超市买菜，谁知道，等来的却是……总感觉他还是去执勤了，还没回来……他从来都不按时回家，我都习惯了……”每次提到杨雪峰，妻子还是哽咽到难以完整叙述他牺牲当天的事。

杨雪峰的妻子黄雅莉是重庆渝北区法院的基层法官，同在政法系统工作的两人在一次聚会中相识相知，第一次见面就感觉特别投缘。朝夕相处、相濡以沫的黄雅莉给予了杨雪峰很高的评价：坦诚信任、体贴大度、相亲相爱，是个不折不扣的好男人、好丈夫。

杨雪峰对待工作认真负责，生活中，这个身材魁梧的钢铁汉子又将爱与温柔播撒在小家当中。

嫁给杨雪峰，黄雅莉始终觉得很幸福。他是孝顺双亲的好儿子。虽然工作忙碌，但他总是尽可能多地抽出时间陪伴父母。杨雪峰的母亲有糖尿病并发症，手脚皲裂，他买来专用药，帮母亲涂上，还标明“手用”“脚用”，以防老人用错。2017年杨雪峰的父亲被查出患了骨癌，他到处求医问诊，下班再晚也要从50多公里外的单位赶到医院照顾老人，帮父亲擦身子、喂汤药，还每天用本子记录父亲的生理反应状况、复查的血红蛋白指数。2004年，黄雅莉的父亲因胆结石住院，杨雪峰每天都和黄雅莉一起跑上跑下。准岳父下不了床，大小便只能在床上解决，他端屎端尿，完全像亲儿子一样无微不至地悉心照顾。

他是懂浪漫的好丈夫。黄雅莉回忆，他们结婚第一年的情人节，晚上8点多钟，杨雪峰才拖着疲惫的身躯下班回到家。黄雅莉既心疼丈夫，又免不了小小的失落：以为丈夫早就把这个特殊的节日忘了。1个多小时后，门铃响了，打开房门，快递员将一大捧花交到她的手中，花里还夹着一张卡片，卡片上赫然写着：“老婆，99朵玫瑰，愿我们天长地久、恩爱如初。雪峰。”想到丈夫忙碌之余还准备了这份富有心意的礼物，黄雅莉被这个平日里内敛踏实的男人感动得热泪盈眶。还有一年黄雅莉过生日，杨雪峰一早就对妻子说：“今天是你的生日，我预订了一家餐厅，等我执勤结束后咱们一起吃饭庆祝一下。”黄雅莉下班后，赶到了那家餐厅，透过玻璃窗，突然看见了丈夫，他正在忙碌地指挥交通。原来，这是杨雪峰为妻子准备的惊喜，用这种特殊的方式陪伴她过生日——餐厅正对着他执勤的路口，妻子随时都能看到他。

他是陪伴孩子成长的好父亲。在儿子小震林的心目中，父亲就是他心目中的大英雄。在父亲的影响下，小震林也立志长大后成为一名人民警察。为了帮助儿子实现理想，杨雪峰给儿子报名练习自由搏击。每到周末，他就带着儿子去自由搏击培训班训练，回到家后，还亲自手把手指导，父子俩在相互陪伴中陶醉得不亦乐乎。儿子第一次掉乳牙的时候，杨雪峰格外重视。为此，他抽出来之不易的休息时间专门去冉家坝口腔医院排队挂号，却苦等了两个小时都没有排到号，于是第二天休息时间他又去排了半天队，总算看着儿子把牙拔了。黄雅莉埋怨他难得有休息时间却全用来给儿子拔牙，杨雪峰却表示，孩子每一段重要的成长时机，当父母的都不能缺席，要给孩子百分百的爱护与陪伴。

杨雪峰可能不善言辞，但他却用与守护国家和人民同样的忠诚与热爱，守护着他的小家。

只是没想到，离别来得如此突然……

2018年春节，杨雪峰难得和家人一起过个除夕夜。正月初三，他与家人早早约定，等他执勤下班回家，就去看望父母。没想到中午11点多，黄雅莉突然接到了杨雪峰同事的电话，说雪峰出事了，正在医院抢救。

杨雪峰这一走，连一句话都没留下。杨雪峰的父母来到儿子的单位，走进略显简陋的宿舍，看着儿子曾经睡过的小床，老两口泪如雨下。母亲抱着儿子的枕头摸了又摸，亲了又亲，低声哭诉着："幺儿，你好好休息哦，你好好休息……"杨雪峰还有好多事情想做。他答应父亲，等父亲身体好一点就陪他回当兵的地方看一看；他答应儿子，等他10岁的时候带他去天安门看升国旗；他还答应妻子，等忙过了就带着她去旅行……但现在，他都没有机会了。

"道路上的天使"

"杨队用自己的行动诠释了什么是执法为民。"杨雪峰的同事、石船公巡大队民警杨斌说。他有耐心、体民心，辖区道路上每天都在演绎着"小城大爱"的故事。山城重庆路弯弯，而他的双脚从未偏离过为人民服务的宗旨。

2017年8月，杨雪峰查获了一辆已经达到报废标准的无牌摩托车，驾驶员是位外地的老人，看上去已年近八旬。杨雪峰还是头一次遇到这样的执法对象。"婆婆，这车骑不得了。"杨雪峰凑到老人耳边说道。后来才知道，这个老人是专门来给产后的女儿送鸡蛋的。为确保安全，杨雪峰依法暂扣了老人的摩托车。看到摩托车被扣，老人有些不知所措。"我没得钱买车票……"得知老人生活实在拮据，杨雪峰又为老人买了返程的大巴车票，把老人送上车后，又将身上的200多元现金全部掏出来交到老人手上，“车骑不得了婆婆，坐车回去啊”，攥着手中的200元钱，老人感动得热泪盈眶。

还有2016年那次，杨雪峰在摩托车专项整治工作中查获了一辆超员行驶车辆。正当他开具行政处罚决定书时，驾驶员张某哽咽着一个劲地向杨雪峰求情，表示自己父母年迈多病，又无妻儿，仅靠跑“摩的”勉强维持生计，100元的罚款已是一家人好几天的开销。看着眼前这个风里雨里闯生活的男人，杨雪峰心里不免触动。一家人生活的担子都压在他身上，但是法律就是法律，不能因为生活困难就开免交罚款的口子，他也知道他很难，可是……杨雪峰没说话，低着头一边继续开具法律文书，一边对张某进行交通安全教育。杨雪峰驾车离开后，张某满心忧虑打开处罚决定书和驾照，发现里面竟然夹着一张百元人民币！“没想到警察还会帮我交罚款，真是好人啊！”一时间张某所有的委屈、不易、压力等情绪瞬间决堤，攥着手里的百元人民币，流下了眼泪。此事后来被传为佳话，群众都说，自家辖区有一位“暖男”交警，是“道路上的天使”。

一提起杨雪峰，辖区的乡亲们都会竖起大拇指，都说他是个把老百姓装在心里的好警察。但提起与杨雪峰的第一次见面，重庆市渝北区石船镇太洪村村民唐兴奎却觉得很惭愧。

那是2017年10月的一天下午，唐兴奎开车路过石龙村时，一名交警将他拦了下来，检查过行驶证后，那位交警说唐兴奎的车没年检，违法了。

“违法了”这三个字一出，唐兴奎心里的火“蹭”地一下冒了上来。在他印象里，被交警拦下，不是挨顿说，就是得挨罚——反正没啥好事！

车门“砰”一声关上，整个车子似乎都震了一震。唐兴奎跳下车冲着那位交警吼道：“买车时销售人员说，私家车6年不用年检，你就是想刁难我，罚我的款！”

接下来发生的事，却有点出乎唐兴奎的意料。那位交警并没有“以吼制吼”，对他进行一通劈头盖脸的批评教育，反而是将他拉到一边，温和地说：“新车6年内是不用上线检测，但是每两年要过一次年检，这是法律规定。”

唐兴奎仍是将信将疑。看到他的样子，那位警官继续心平气和地对他说：“这也是对你的安全负责，如果车不年检，出了事，保险公司都不会赔偿。今天给你记个警告，也算普一次法，三天内必须去把年检办了。”一边说着，一边让唐兴奎留下车牌号和手机号。

“这就完事了，也没罚款？”他暗自想着，抱有一丝侥幸，在这位交警“反悔”之前，开车走了。

其实当时唐兴奎对这位警官的话，并没有很在意。事后一忙，他就把这件事情忘了。没想到，两三天后的一个下午，一个陌生电话打了过来，来电人说是石船公巡大队的杨雪峰。在电话中，杨雪峰还是千叮咛万嘱咐叫唐兴奎不要忘记年检。那时唐兴奎才知道，那天那个和和气气的交警叫杨雪峰。

这让唐兴奎彻底没了脾气。想起当时对杨警官的态度，唐兴奎的心里很不是滋味……

◎杨雪峰对过往车辆进行检查

没过多久，唐兴奎上街买菜，又遇到了在路口执勤的杨雪峰。当天正好赶上大集，杨雪峰就站在拥挤的人流车流中，指挥着交通。汗珠顺着脸颊落下，汗水在浅蓝色的警服上留下了一幅幅地图。人声汽笛声交织叫嚷着，杨雪峰却没有半点不耐烦。唐兴奎慢慢凑上前，心怀愧疚地跟他打招呼，告诉他车已年检。

从那之后，每次经过石船场，唐兴奎都要跟杨雪峰打声招呼。从街坊四邻那里，唐兴奎也听到了更多杨雪峰做过的好事，而最为乡亲们津津乐道的，还是在那一天。

2017年9月的一个下午，杨雪峰照例在镇中心小学门口执勤。远方一辆搭载着孩子的小面包车像喝醉了一样，摇摇晃晃地朝杨雪峰驶来。一看这种情况，杨雪峰赶紧将车拦截。

打开车门，眼前的一幕让杨雪峰彻底惊呆了：原本核载7人的面包车里，竟然塞进了15个孩子！一查不要紧，这辆车不仅严重超载，还非法营运。这一带山路崎岖，这些孩子是多少个家庭的希望，要是真的出了事……杨雪峰心揪成一团，不敢再往下想。

经过询问才知道，车里的15个孩子的家遍布在印盒村周边20公里的山里，因为没有班车，孩子们上学就只能坐这种车。

天色渐晚，一直没能回家的孩子害怕地大哭起来。杨雪峰看着啪嗒啪嗒掉眼泪的孩子，心疼地抱住他们，轻声安抚他们说：“小朋友不要怕，待会警察叔叔把你们一个一个送回家好不好？”

送孩子回家，车费怎么办？不得不考虑这一现实的问题。

“这个不用担心，车费我来解决。”

杨雪峰自掏腰包租了辆中巴车。他履行了对孩子的诺言，用警车开道，把孩子们挨家挨户送到家。

一开始，好些家长认为杨雪峰把车扣了，孩子们就没法上学了。学生家长周华云事后回忆说：“车上坐的就有我女儿，当时村民们还不理解，只顾着学校离家远，没有面包车娃儿们上学不方便，还怪警察多管闲事。”杨雪峰边给家长们解释，边忙着联系第二天接孩子们的公交车。那天，直到半夜1点多，杨雪峰一直在忙着与镇政府、交通部门和学校沟通协调，为孩子们争取校车，连饭都顾不上吃。看到这个交警对孩子的事这么上心，村民们也被感动了，也理解了他的一片苦心。后来，杨雪峰说到做到，他到镇上跟相关部门反复沟通，最终开通了印盒村的专线客运，农村客运公司为学校安排了四辆客车，每天按时接送学生，彻底解决了孩子们上学的交通问题。

类似的事情，杨雪峰还做过很多很多。他经常骑着摩托车穿梭在大街小巷，疏导交通，为百姓解决各种各样的困难。“不让道路拥堵，就是不给群众心里添堵。”这是他生前最喜欢说的一句话。

重庆街头，杨雪峰平凡到根本不会引起路人注意。但为何这样一个“普通人”，却能够使人人称赞？答案或许很简单——以真心换真心！他把“为民”二字始终写得端端正正！

“冲得出来，豁得出去”

杨雪峰从来不说豪言壮语，但危险关头，第一个上的肯定是他。

“碰到危险，杨队都是自己上，把我们挡在后面。”

在秦玉贝心目中，杨雪峰是他一辈子的“师傅”，既有恩也有情。

2016年3月的一天，他和杨雪峰在路上巡逻，发现一辆小轿车停在仅有两车道宽的路边，导致交通堵塞。后面的驾驶员不停地按喇叭催其离开，而那辆小轿车的车主却格外“淡定”。见状，秦玉贝跑过去催促那名驾驶人迅速驶离，没想到，对方拒绝了。

眼看后方车辆越来越多，后面的司机被堵得一个个都在气头上，秦玉贝再次上前请那名驾驶人离开，谁料对方打开车门，气势汹汹地耍起了横：“老子今天就是不走了，我看你能把我唧个办？”

多次警告无果，对方的气焰越来越嚣张。令秦玉贝始料不及的是，对方不但不听，还趁他不注意，突然挥拳袭警。眼见那拳头就要打到头上，秦玉贝突然被人猛然推开，只听得“砰”的一声：那人的拳头结结实实砸在了杨雪峰的脸上。

“他推开我，给我挡了拳头，结果他的牙齿被打松，满嘴是血。”从这之后，秦玉贝在心中就跟定了杨雪峰。

冲在前，杨雪峰已不是头一次。

2015年除夕夜，杨雪峰和队员们正在街头执勤。这时，一阵惊呼声从不远处的十字路口传来，不知道发生了什么，他循着声音望去，只见逛街的人们开始四散奔逃。

逆着群众逃离的方向，杨雪峰很快就找到了事发原因——距离十字路口不远处的车道上，一辆小轿车正冒出滚滚浓烟。

原来，该车驾驶人当天下午急匆匆赶回老家过年，由于走得匆忙，没有注意水箱里的水已经见底，连续行驶数百公里后，车头突然冒出滚滚浓烟。眼看发动机就要爆缸，吓坏了的司机将车停在路中间，冲出驾驶室。其他市民见势不妙，也四处躲避。

杨雪峰见状，迅速冲上前去，冒着被烫伤的危险奋力打开引擎盖，让发动机散热，并四处寻找灭火器。一时找不到，他情急之下来到旁边的小卖部，买了一箱矿泉水，抱着直接冲回小轿车旁，及时给车降了温，避免了一起自燃事故。

石船公巡大队大队长黄长富是杨雪峰生前并肩战斗的好战友，也是情同手足的好兄弟。二人一起共事的时间不长，但有一幕令他至今难忘。

2014年夏天的一个中午，烈日当空，热浪在空气中翻涌。刚刚处理完一起交通事故的黄长富与杨雪峰回到办公室。二人的头上似乎还冒着热气，衣服湿了又湿，正准备端起水杯润一润干渴的喉咙，突然听到一阵急促的呼救声从外面传来“起火了！起火了！有辆出租车燃起来了！”原来，距离大队不远处的一辆出租车车头蹿出火苗，还冒起一股一股浓烟，眼看着车身就要被吞噬在浓浓黑烟之中。大队所在的街道是镇中心地带，而出租车使用的是液化天然气，若是发生爆炸必然会造成人员伤亡。

怎么办?

杨雪峰一下子反应过来，扔下杯子，转过身就冲出门，抓起楼道里的灭火器拔腿就向外面冲了出去。他一边跑一边吼：“兄弟们都快点儿！”听到杨雪峰的呼喊声，黄长富回过神来，也立刻脚跟脚地冲了出去。

当杨雪峰来到马路中间时，熊熊烈火已经蹿出引擎盖，正向全车扩散。黄长富见状声嘶力竭地冲着杨雪峰大喊：“雪峰！危险！如果搞不定，你赶快撤离！”当时杨雪峰似乎并没有听到，迎着烈火炙烤，他提起灭火器，对着火苗使劲喷射。一个灭火器喷完，他就接着打开第二个！在后来战友的增援下，火终于被扑灭了。火是扑灭了，杨雪峰却变得狼狈不堪：头发烧焦了，衣服还烧出了几个洞。黄长富一直为杨雪峰捏了好几把汗，他“责备”杨雪峰，怎么能想都不想就往里冲。杨雪峰摸着烧焦的头发，有点不好意思地说：“黄大，那个时候那么紧急，我哪里还想得到那么多事情嘛！我当时就想了一件事情，万一出租车里还有其他人呢，那多危险！结果里面没有人，太好了！”

“事后我们问雪峰，胆子为什么这么大？”黄长富回忆，“他说，其实他胆子也不大，但遇到这种事情，我们穿警服的不上，谁上？”

2018年2月18日，杨雪峰在石船镇渝长街道的十字路口处理一起交通违法行为时，被怀恨在心的暴徒持刀刺中数刀身负重伤，抢救无效，壮烈牺牲。时至今日，距离杨雪峰牺牲已经过去了四年的时间。再次回想起杨雪峰牺牲时的那天，黄长富还是会泪流满面。

“春节期间，路上车多，大家在执勤时，一定注意自身安全！”早上的交班会上，杨雪峰叮嘱同事们。

也没人能想到，看似平常的嘱咐却成了他最后的“唠叨”。

早上8点，杨雪峰和同事一起走进单位食堂，“一碗小面，二两。”杨雪峰跟食堂刘大妈打着招呼，坐下后却不太安心，附近辖区交通拥堵，他有些着急。

“今天的交班会要提前，我们吃了饭赶紧过去！”杨雪峰对同事说。热腾腾的面条端上桌，他刚用筷子挑了两下，另一个同事就急匆匆地跑了过来：“杨大，都到齐了，可以开会了！”杨雪峰放下筷子，急匆匆赶往会议室。

8点40分，杨雪峰来到会议室，同事们都已经在那里了。杨雪峰挨个拍了拍他们的肩膀。

辖区交通压力未得到缓解，杨雪峰主持的交班会议也必须速战速决。与平常一样，他强调最多的就是“注意安全”。“早高峰期间，务必第一时间疏导交通，但首先要保证自己的安全！”说着，他的目光扫过在场的每个人，交代道：“大过年的，路面要畅通，咱也别给家人心里添堵啊！”

没想到，一语成谶。

9点刚过，杨雪峰和同事们已到达辖区的各个拥堵路段。

11时许，石船街上车水马龙。44岁的摩托车驾驶人张某不戴头盔并超员载人，杨雪峰将其拦下，查看证照，指出其违法行为。此时，路面正好拥堵。杨雪峰见状便告知张某，自己先去排堵，请他回头到大队接受处罚。

谁料张某恶念陡生，一个邪恶的计划悄悄在心中酝酿。他立即去附近买刀，可是看到他杀气腾腾的样子，附近卖刀具的商贩可不敢卖给他。计划的中断并没有扼杀邪恶种子的疯狂生长，他又骑摩托回家，揣上一把锋利的尖刀，再骑车返回街上找到杨雪峰，然后趁其不备，向杨雪峰的腹部、颈部连刺数刀。

就在那一瞬间，杨雪峰没有犹豫，负痛夺刀，而凶残的张某却连续捅刺。一刀、两刀……杨雪峰顿时血流如注。为了不让凶徒继续伤害无辜群众，他拼尽最后一丝力气与凶徒搏斗，一手死死抓住暴徒，另一只手奋力尝试打掉对方手里的尖刀。凶狠的张某将重伤的杨雪峰在地面拖行，他不断踹向死死握住刀的杨雪峰，一次又一次将半起身的杨雪峰踹向地面。触目惊心的血迹并没有唤醒张某的良知，取而代之的是恶毒的咒骂。附近执勤点的同事先后赶来，合力控制住了暴徒张某，而杨雪峰，则倒在了血泊之中……

两位战友将杨雪峰抬入警车，直奔镇中心卫生院。“不要睡，不要睡啊，杨大，你得坚持住啊！”同事们撕心裂肺地喊，不停地拍打着杨雪峰的脸希望他能醒过来，可他伤得太重了，已经无法回应……

11时38分，杨雪峰因失血过多，抢救无效，因公殉职。

事后经调查，犯罪嫌疑人张某于2002年曾因盗窃犯罪被判有期徒刑十年，几年前才刑满释放，至今无业。长期与社会的脱节使他产生了仇视社会的报复心理。

“如果他当时不和张某搏斗，应该能多撑一阵，应该会多一分生还的可能！”杨雪峰的同事们事后都这么觉得。黄长富说，杨雪峰颈动脉被刺伤，扭打不仅会撕裂伤口，而且会加快血液循环导致失血更加严重。身为警察的杨雪峰怎么可能不知道？

血案发生后，也总会有人问黄长富：“如果杨雪峰当时避免与凶徒正面搏斗，如果他被刺第一刀之后放手，如果他选择一边跟暴徒周旋一边等待增援，也许，我们看到的将是另外一种结果。”

他也想过这个问题，可每次的答案都是相同的。黄长富太了解杨雪峰了，遇到危险他从来不会退缩。如果让他再选一次，哪怕提前知道会是牺牲的结果，他还是会毫不犹豫冲上前。作为一个把“保护群众生命财产安全、维护社会秩序安定”看得比命还重要的警察，这早已成为他的本能反应。

一个人离去，所有人都惦记着他。

杨雪峰牺牲的噩耗传来，同事辜锡科火速赶往石船镇。他不明白，上午还在“唠叨”大家的杨雪峰，怎么好端端遭此不测？驾车狂奔在路上，辜锡科的心比寒风还要冷。这个“80后”民警，一边开车，一边泪如泉涌。他拼命提醒自己：好生开车，注意安全！但，眼泪继续倾泻，几乎模糊了整个视野。

唐绪龙和唐绪文兄弟俩是沿街鱼铺的老板，兄弟俩经常能看到杨雪峰指挥交通。当时街上传来了一片“杀人了”的惊喊声，两人顾不得生意就跑了过去，正看见杨雪峰被抬上了警车送往医院。

“一起交通违法，顶多罚款200元，杨警官人那么好，为什么要下此狠手？”两个近五旬的大男人，用手背抹去眼泪，再无言语。

石船镇印盒村的村民们至今也不愿相信他们的杨警官走了，他们一直都在感念杨雪峰的恩情。

天地英雄气，千秋尚凛然。杨雪峰用他平凡短暂却足够震撼的一生，诠释了信仰的高度，成了时代不朽的丰碑！

“因为你”

俄国诗人米哈伊尔·尤里耶维奇·莱蒙托夫曾言：“英雄不是点燃的蜡烛，而是一束纯净的阳光。蜡烛有燃尽的时候，而英雄的精神将会永存。”

在杨雪峰追悼会现场，有一个人有点“特殊”。

“杨叔叔是我的救命恩人，今天我来见他最后一面。”年轻民警汪泽民来到杨雪峰灵柩前，鞠躬下跪，脸上全是泪。

他是重庆市公安局轨道交通总队的一名民警，待情绪平复后，他轻轻拿出一个18开大小的笔记本，交到了杨雪峰妻子的手上。崭新的笔记本，夹着剪好的报纸，虽已泛黄，却不见一丝褶皱。20年前的记忆徐徐展开。

1998年8月23日，重庆市沙坪坝区一家大型百货公司举办开业酬宾活动，商场里人满为患。当天，29岁的汪旭带着3岁的儿子汪泽民逛街路过这里。父子俩闲逛，汪旭走在前面，儿子在后面跟着。买东西的人有些多，眨眼间，儿子就从眼皮底下消失了。在求助播音员一无所获后，汪旭赶快报了警。除了杨雪峰，当天救助汪泽民的，还有重庆建筑大学（现并入重庆大学）职工家属杨孟菊。如今，两家早已成为了至亲。上午10点左右，路过百货公司门口时，杨孟菊见着了一个哇哇大哭的孩子。她赶忙上前询问，才知道孩子跟父亲走散了。“谁家丢了孩子？”杨孟菊大声询问着。就在此时，听说有孩子跟父亲走散，有两个陌生男子赶了过来，声称是孩子的爸爸，试图领走他。但是见孩子并没有喊出“爸爸”，和两人也没什么亲近感，杨婆婆留了个心眼，抱着汪泽民找到了在附近执勤的交警杨雪峰。

杨雪峰抱着汪泽民找遍了整个百货公司，还是没有找到孩子的父亲。见孩子嚎啕大哭个不停，刚参加工作，时年21岁的杨雪峰也犯了难。“要不交给附近派出所，女民警应该能想到办法。”杨雪峰想着。就当他准备将孩子送往派出所时，一名年轻男子满头大汗地跑了过来。

“孩子是我的，孩子是我的。”男子激动得泣不成声，小汪泽民也不停挥舞着双手哭着喊“爸爸”。

经过仔细核对，杨雪峰确定了二人的父子关系。

这感人的一幕恰好被路过的记者拍下来，登在了第二天的报纸上。

也许杨雪峰也没想到，一次再寻常不过的履职，却影响了这个孩子的一生。20年后，因为杨雪峰叔叔，汪泽民也成了一名警察。

汪泽民参加工作后一直在寻找曾经救过他的“杨叔叔”，却因为种种原因都没能找到。直到杨雪峰牺牲那天，才终于通过网上“民警被刺牺牲”的消息找到了他的“杨叔叔”，只可惜汪泽民再也不能对他的杨叔叔说一声谢谢。

“杨叔叔救了我，也救了我们全家！因为他，我从小的理想就是当警察，当一个像杨叔叔一样的警察！”

杨雪峰这束“光”，为众人指引着前行的方向。这束“光”，永不熄灭，历经岁月反而更加熠熠生辉。在他曾经战斗过的地方，还依旧留有他的余温。

石船公巡大队附近的墙上，不时能看到“学习时代楷模杨雪峰”的大字，这并非官方挂上去的宣传标语，而是在杨雪峰离开后，附近某个村的村民们自掏腰包做的横幅。老百姓们都觉得，杨雪峰为大家做了那么多事，不应该就这么忘了他。

昨日，一男子（右一
警杨雪峰和重庆建筑大
杨孟菊不停地道谢。原
岁半的小孩汪自明与他
购物时走失，险被坏人
亏遇到了这两位热心人
本报记者 罗 伟
读者
卢洪涛

◎报道杨雪峰解救汪泽民的旧报纸

这不仅是为了追忆，更是为了传承。

顺着一楼大队办公区往里走，杨雪峰同志先进事迹陈列室就布置在这里。这是个不足30平方米的小房间，但却被分成了9个部分，分别代表着杨雪峰成长中各个不同的时期。在陈列室的正中间有4个玻璃橱窗展示着杨雪峰的笔记本、奖状和他曾经穿过的衣物和警用装备。

笔记上，苍劲有力的字迹清晰可见，一场晨例会，整整五六百字的内容，详细记录了各种工作安排。每个前来参观的民警，都会仔仔细细看这本笔记，有的甚至要求把展示柜的玻璃拿掉。这本没有记完的笔记，却详细记录着一个英雄对人民的奉献，就像一粒种子种在每个人的心里。这本未记完的笔记，未来将有千千万万个“杨雪峰”继续书写。

2018年6月14日下午，“用热血铸就忠诚、用生命守护平安”——杨雪峰同志先进事迹首场报告会在渝北区会议中心举行，950名干部群众代表让偌大的现场座无虚席。

在讲述过程中，现场听众聚精会神地聆听，大家都被杨雪峰的先进事迹深深打动，不少听众一边听报告一边流泪，有的甚至掩面痛哭。

经众多新闻媒体采访报道，杨雪峰的事迹引起了强烈的社会反响。

2018年8月27日，中宣部追授杨雪峰同志“时代楷模”称号；2018年10月15日，杨雪峰同志先进事迹报告会在人民大会堂举行；10月22日，杨雪峰同志先进事迹巡回报告启动……杨雪峰的事迹很快传遍了全国。

从2018年10月下旬至11月中旬，杨雪峰同志先进事迹报告团先后到天津、山西、辽宁等省市以及全国公安系统作了12场巡回报告。

报告团每到一地，都引发了强烈反响。12场巡回报告，感动贯穿始终，这是每一场报告会聆听者们共同的心声，也是报告团每结束一地巡回报告工作后得到的一致好评。

“英雄虽已逝去，但楷模精神将永远被传承”，贵州省贵阳市公安局交警支队一大队民警符令平说，“从警21年，杨雪峰能扎根基层、奋战在一线，心系百姓、公正执法、英勇无畏，他用行动诠释了‘人民公安为人民’的铮铮誓言。”

◎战友在讲述杨雪峰的先进事迹

感动也在现场聆听报告的党员干部、各界群众心中流淌。

海南省澄迈县纪委监察干部庞学彬在聆听报告会时眼眶湿润，尚未擦干泪水的他表示："学习杨雪峰同志的精神，就要从自身做起，从小事做起，从扎实履职做起，不断增强自己业务素质能力，真正在人民需要时挺身而出。"

"不能让英雄在岁月的长河中渐行渐远，只留给我们一个个拉长的背影，他们应该永远被铭记，指引我们前行的方向。"杨雪峰牺牲后，他的事迹在网络上广泛传播，网友们纷纷留言，折射出对杨雪峰精神的仰望。

英雄从来都不是垂名身后，学习英雄也从来不需要高谈阔论。只有将英雄的精神内化于心，外践于行，这束"光"才能生生不息的照亮后人的路。

在杨雪峰的笔记本中，有这样一段话："一定不要轻视工作中的那些小事。做大事的人都是从全心全意做好一件件小事中成长起来的，高尚的情操也是从看似平凡的小事中培养起来的。"

从事公安交警工作21年，虽然他从未说过豪言壮语，但他所做的每一件小事，却润物细无声地让法律贴近百姓，让安全贴近百姓，更让温暖围绕着百姓。他用睿智与忠诚，捍卫了人民警察的担当和荣誉！他的精神永远激励着人们，人们也会铭记着他，直到永远，永远。

（吕欣悦　陈志环）

亮灯民警
——陈清洲

陈清洲，男，汉族，1970年12月出生于福建厦门，大学本科学历，中共党员。1995年参加公安工作，曾任厦门市公安局交警支队集美大队灌口中队中队长、厦门市公安局交警支队集美分局灌口派出所教导员，现任福建省厦门市公安局集美分局指挥情报中心教导员、厦门市公安局集美分局二级高级警长。陈清洲先后荣获全国特级优秀人民警察、福建省公安机关爱民实践模范、厦门市劳动模范、厦门市正规化建设先进个人和厦门市优秀共产党员、十佳民警、十佳交警等荣誉，荣立个人二等功一次、个人三等功两次。2016年12月26日，中宣部授予“不忘初心的好民警”陈清洲“时代楷模”荣誉称号；2019年9月25日，陈清洲被授予“最美奋斗者”荣誉称号；2020年11月20日，陈清洲家庭被中央文明委评为第二届全国文明家庭；2021年6月28日，陈清洲被中共中央授予“全国优秀共产党员”称号。

不忘初心的共产党员

陈清洲出生在厦门同安偏远山区的古罗农场。他的奶奶是老地下党员，曾冒着生命危险投身革命运动，参与组建农民赤卫队，做地下交通员，坚持抗日救亡运动，为同安地区革命运动作出了不可磨灭的贡献。陈清洲的父亲在其影响下，从小立志，发奋苦读，为国家为社会贡献自己的力量，他原在福州一家大型机械厂工作，作为当地少有的大学生，当看到家乡落后的面貌时，毅然放弃大城市优越体面的工作，回到偏远乡村当起小学教师，一干就是一辈子，把一生都献给了乡村教育。祖辈、父辈的言行在陈清洲的心中打下了深深的烙印，“做人一定要有理想、有追求，要对社会有贡献”。这条传承几代人的家训，犹如一盏明灯照耀着陈清洲人生路上的一步步前行。

14岁时，陈清洲初中毕业，因当年当地高中没有招生，大学梦想破灭了，可理想却未丧失，没有高中课本，他就把初中课本拿出来反复看。1986年，陈清洲参加招工考试，进入同安一家漂染厂工作，成为当时同安第一批合同工，成为一名中外合资企业炙手可热的员工。可丰富的物质生活不是他的理想和追求，那年秋天一件惨痛的事件，更加坚定了他的想法。一个星期六的下午，一位同事因急着回家，骑车带小孩横穿马路，突然被一辆超速行驶的大卡车撞倒在地，两条活生生的生命瞬间就没了。眼睁睁看着朝夕相处的同事从此阴阳两隔，陈清洲陷入了深深的痛苦与沉思当中，过了不久，他作出了一个惊人的决定，他要成为一名人民警察。

但要实现这个理想，对于初中毕业的陈清洲来说比登天还难，难归难，有了执着的信念与追求，就有了无穷的动力。陈清洲决心从头开始，白天在厂里上班，晚上带着满身的疲惫坚持学习，这并不是一件容易的事情，先不说面对有如天书般的高中课程，就是长期夜间读书的照明电费也不是家里能承受的。但他很快想到了办法，他发现当地一家纺织厂的缝纫机装有照明灯，适合用来读书，他通过关系找到纺织厂厂长，一番软磨硬泡后，厂长破例准许他在晚上10点工厂下班后，借用一台缝纫机灯光读书，从此纺织厂下半夜多了一名编外的“保安”。就这样，他坚持了三年时间，付出了常人难以想象的努力，读完了高中课程，拿到了毕业证书。经过两次成人高考，考上福建广播电视大学，拿到了大专文凭。经过五年的潜心努力，他终于如愿以偿成为一名光荣的人民警察，实现了自己的人生理想。

刚入警时，陈清洲整天站岗执勤、指挥疏导，工作枯燥单调，一些亲戚朋友也时常劝他不要当“马路吸尘器”，漂染厂的经理甚至许诺只要他回公司工作，待遇任他提，可这些都没有动摇过他。在他的心里，当一名人民警察，守护一方平安的理想信念，从踏入警营成为人民警察的那一天起就已经根深蒂固、矢志不渝了，他时刻牢记人民公安为人民的铮铮誓言。

在一次执勤时，一位中年妇女带着一个小孩焦急地找到了陈清洲。原来小孩发高烧，没有公交车又拦不到的士，没办法赶到医院，孩子的母亲急得不知道怎么办才好。看到已经烧得昏昏沉沉的孩子，他连忙叫这位中年妇女抱着小孩坐上摩托车，火速赶到医院，帮忙挂号、检查、治疗。因为抢得了时间，孩子终于脱险了，孩子的母亲感动得热泪盈眶。陈清洲在派出所担任教导员时，对巡逻人员捡到交来派出所的一头耕牛不放心，半夜已经睡下的他又下了床，到食堂盛了一盆水，还特意抓了把盐兑成盐水给牛喝。陈清洲清楚，天气炎热，牛需要喝水，喝了盐水，牛才不容易生病。看到这一幕的民警感动地说："陈教导员对一头耕牛尚且如此用心，更何况对人民群众？"这些普普通通的小事，陈清洲一做就是二十几年。在他看来，事虽小却都连着老百姓的心，作为一名人民警察，就得从为民服务的每一件小事做起，这样才能对得起"人民警察"这个沉甸甸的称谓。

陈清洲经常说，警察执法代表国家，体现政府形象，关系到社会和谐稳定。他始终做到了理性、公正、文明、规范执法，做到了立警为公、执法为民。陈清洲长期在一线工作，常年日晒雨淋使他的皮肤变得黝黑粗糙，但熟悉他的人都知道，他单薄的身子里，有着一颗正直、阳光的心，无论是处理交通事故，还是接待群众，始终坚持秉公执法，用公平正义体现法律的神圣，树立党和政府的良好形象。

一心为民的“亮灯警察”

2006年2月，陈清洲来到仅有5名交警的灌口中队担任指导员。当时灌口辖区交通情况极为复杂和落后——路口多、弯道多、陡坡多，没有一座红绿灯，也没有一座人行天桥，辖区15公里的324国道段夜里漆黑一片。当时的数据显示，灌口辖区交通事故80%发生在夜间。“亮灯”，成为破解交通难题的当务之急。

说起当时的情形，陈清洲女儿还讲述了一段小插曲。“爸爸到任新岗位的第三天晚上，我问他‘爸爸是不是不乖，怎么被赶到这个黑乎乎的地方来’。那时候我才4岁，谁知道无心的一句话刺痛了爸爸的神经。”

自此，陈清洲就经常夹着一个本子出门，本子逐渐被各种线条、标示物填满。这里有学校，缺少斑马线；这里岔口多，需要红绿灯……紧接着，陈清洲根据实地勘察设计出交通设施规划图，取名“亮灯”工程。“当时预计至少要3000万元，我觉得这是天方夜谭，可他坚持事情一定要干，而且坚信一定能干成。”灌口镇党委原副书记黄进勤说，“那两年，他总是随身携带勘察报告和规划图，各种交流会、座谈会只要抓住机会，就不厌其烦地向各级领导汇报和‘游说’。”“投入3000万元，一年少死5个人，两年就是10个人，10年就可以挽救50个人的生命。政府拿出一点钱，既能避免事故，又完成了百年大计。”陈清洲总是和当地领导算这笔账。“不下决心改变，就是不作为。”陈清洲一直这么想，也是一直这么做的。3年多的来回奔波，说哑了喉咙，得了慢性支气管炎，一年咳了6个月，努力没有白费，在陈清洲的努力下，灌口的夜亮了。

辖区18条斑马线、86面交通标志、128米减速带、172个临时停车位先后投入使用，辖区内所有中小学校交通安全设施得到完善，国道324线辖区15公里路段全线亮起了路灯，人行天桥、万米隔离护栏、交通广角镜也依次矗立在灌口辖区的各条交通要道上……不仅如此，辖区所有乡村水泥道路、山地旅游专线道路全部增设了交通标志、标线，路灯还建到了双岭、东辉、田头等所有偏远山村，百姓家门口的路灯亮起来了，与长泰县交界的十里蓝山也成为全省第一条有交通标志的村道。

◎陈清洲在辖区交通要道路口检查安装交通设施

灌口镇村建办的赖志年回忆道："从灌口往漳州方向有一条复杂山路，弯道多，陡坡多。我们觉得这样的地方很少有人会来，准备打'退堂鼓'，可清洲坚持要徒步上山勘察，后来那里变成了一条有完善交通标识的美丽乡村路。"

虽然交通设施建好了，但灌口当地人的安全意识并没有跟上，群众对新鲜事物并不习惯，闯红灯、横穿马路的事情仍然时有发生。当地群众都记得陈清洲当交警的那些年，和队友们在路面执勤时，手里经常拎着个袋子，这是陈清洲独创的"亏帮袋"——交通安全知识宣传购物袋，袋子上印着他编写的宣传口诀。

灌口镇个体户协会会长周育辉回忆起十年前与陈清洲的初次交集，笑着说："我们是'不打不相识'。"2006年的一天，周育辉因骑摩托车没戴安全帽被开罚单，虽然罚金只有5元，但为了处理违法行为，周育辉来来回回跑了一整天。周育辉心里窝火，对这个"小题大做"的民警很不满。所以，他在交完罚金之后，还特意到灌口交警中队找到陈清洲问："这么小的事情为什么要让我费这么多麻烦？"陈清洲对他说："增加的违法成本就是要让人加强交通安全意识。"那时的周育辉仍然心有不服，但由于害怕交警处罚，周育辉还是勉强戴上了安全头盔，没想到恰巧遭遇了车祸，安全头盔救了他一命。从那以后，每当陈清洲再到灌口的个体户中挨家挨户宣传交通安全知识时，周育辉都会和陈清洲一起，用自己的例子向大家讲述遵守交通规则的重要性。

人民公安为人民

“虽然2006年给我开过12张罚单，还没收了一辆摩托车，但是我觉得你是个好人！希望好人一生平安！一切都能挺过去的！”这是福建省厦门市公安局民警陈清洲被确诊患肝癌的消息传出后，网友“阿弟”的留言。网友“阿弟”是厦门集美灌口东辉村村民林伟建，十多年前，一名警察的举动，让他印象深刻，久久不能忘怀，这个警察就是陈清洲。据林伟建回忆，那是他接到罚单的第二天，陈清洲主动找上门，没有一味地教育他，而是让他写下了保证书，当得知他辍学在家时，陈清洲还让他在保证书上写下继续上学的字样。也正因如此，林伟建的命运被改变了，他上了大学，现在自己创业。

村民交通安全意识薄弱，这让陈清洲很焦急，他迫切需要一个突破口，于是他想到一个很好的办法，那就是根据闽南人喜欢喝茶的情况，把交通规则印刷在茶杯上，只要来主人家喝茶、交谈，就可以增强百姓的意识。实践中他又发现，光有茶具宣传还不够，还需要配合一个交通安全的教育样本，来彻底改变村民交通安全意识薄弱的状况。于是90%的学生来自全国26个省份的典型农村完小——李林小学被陈清洲选中了。因为在李林小学读书的孩子多为外来人口，孩子和家长的交通安全意识也较差，李林小学又紧邻交通复杂的国道，交通隐患特别突出。

在2009年的一天，陈清洲兴冲冲地拿着一叠材料找到李林小学校长陈美宗：“校长，你觉得做个交通模拟实验基地可行吗？

还有飞行棋，就模拟灌口的交通道路，真实、有效！”不久后，李林小学的第一个交通安全教育基地，还有第一堂生动的交通安全课与学生见面了。陈清洲第一次宣传使用的是折页，让孩子带回家，通过提问的方式，给家长灌输交通安全知识。被问住的大人觉得很没面子，这样大人就会认真看折页。通过“小手拉大手”的活动，大人和孩子都会严格遵守交通规则。陈清洲建设交通模拟实验基地的想法也在这里落地，他还参与指导开发交通安全教育教材。2010年3月29日，由厦门市公安局和厦门市教育局联合主办的“千位民警进千所校园”暨全国安全教育周启动仪式在李林小学举行。一个农村小学举办这样高规格的活动，让李林小学名噪一时，越来越多的学校来这里参观学习交通安全宣传。走近灌口镇的李林小学，这里仿佛是一个微型驾校：校园里的宣传栏、地上、通往每层楼的台阶上，甚至是洗手间里，随处可见交通安全标识和安全教育标语，学校里的交通安全教育内容丰富、形式多样，连孩子们课间的娱乐，都可以看到特制的交通安全版飞行棋。

2016年12月14日9时30分，集美李林小学的课间操时间，操场上近千名学生在老师带领下，认真地做着交通手势操：“左转弯”“停车”“靠边”……在陈清洲的推动下，李林小学与灌口交警中队开展了警校共建“大手牵小手”活动，厦门市第一座校园交通安全示范场馆诞生了。馆里设有减速带等缩小版交通设施以及交通安全标识，独具特色的交通安全教育场馆令人耳目一新。

◎陈清洲设计的交通安全手势操成为李林小学的课间操

充满激情的拼命三郎

陈清洲对公安事业无比热爱，将满腔的热忱，乃至最宝贵的生命都投入工作中，以苦为乐，享受其中。他始终保持吃苦在先、享受在后，以苦为乐，无私奉献的革命乐观主义精神和淡泊名利、不计得失的高尚情操，用执着坚守和无私付出，彰显了一名共产党员、人民警察平凡中的伟大追求，平静中的满腔热血、平常中的强烈责任感，用平凡筑起了崇高，用普通塑造了伟岸。

2006年2月，陈清洲调任灌口交警中队指导员，时任中队长因患鼻咽癌长期住院治疗，面对灌口“一穷二白”的交通管理工作现状，陈清洲挑起重担，长期加班加点，吃住都在中队，因长期过度劳累，2007年5月，他患上急性肝炎，转氨酶超过正常值上百倍，很长一段时间吃不下饭、睡不着觉，可这些他都顾不上。

上级领导见他日渐消瘦，强迫他放下一切工作检查治疗，可住院不到一个月，病情稍微好转后，他就偷偷溜出医院，回到中队继续工作。由于没有彻底治愈，2010年9月，陈清洲的肝病复发，比第一次更加严重，他不得不住院治疗，可不到一个月，他又待不住了，多次跑去跟医生商量想出院。被“烦”得受不了的医生大声跟他讲：“陈清洲，你如果不要命就出院。”他就笑嘻嘻地跟医生讲他的“亮灯”工程、讲他的“小背包”交通安全宣传，讲大年夜到中队跟他围炉的灌口百姓。医生被这个拼命三郎感动了，只好定了一个折中方案——出院可以，可每周都要准时到医院打干扰素。就这样他一边上班，一边到医院打干扰素。持续一段时间后，工作忙起来，他把打针的事抛在了脑后，医生几次打电话催他去医院，可他根本顾不上。

2012年8月，陈清洲被任命为灌口派出所教导员后，继续推进安全法制宣教工作，在派出所推行小喇叭、小电影、小标语、小栏目、小短信“五小宣传”，领衔建立了“陈清洲劳模创新工作室”，集思广益探讨安全防范创新模式，集中力量开展警营文化建设。曾跟陈清洲搭档4年的灌口所原所长王光锋回忆说：“正常上班时间是8点，陈清洲一般7点就到，别人还在停车，他已经端坐在早会桌前了。”第一个到，最后一个走，陈清洲几乎天天如此，他把大把的时间投入工作中，所以对灌口镇的情况如数家珍。在任教导员的3年中，他经常吃住在派出所，与其他同事一起努力，使灌口派出所这个光荣集体取得更大的进步，先后荣获2013年厦门市公安局优秀科所队、2014年厦门市公安机关基层文化建设示范所队、2014年福建省公安机关执法示范单位、2014年福建省第二批公安文化惠警“百佳实事”、2015年福建省派出所文化环境建设评比活动一等奖，并于2015年度荣立集体三等功、集体二等功各一次。

熟悉陈清洲的人都说，他长着“农民脸、民工腿、教授嘴”。“教授嘴”，说的是他授课生动活泼、充满激情。15年时间里，陈清洲一共在辖区内开展交通安全和防范诈骗宣讲活动3000余场，听课群众达到10余万人。在灌口派出所的“陈清洲工作室”里，陈清洲用心设计的“小发明”在柜子上整齐摆放着：茶具、笔筒、书签、手机屏幕擦……只要是大家感兴趣的实用物件，几乎都被陈清洲动了脑筋，附上交通安全知识或是防诈骗的提醒，然后作为小礼物赠送群众。2016年初，从灌口派出所调入集美分局指挥情报中心后，陈清洲成了一名反诈骗斗士。分局成立反诈骗宣讲团后，陈清洲带头深入辖区校园宣讲。45岁的他挤出时间学会了使用PPT、视频编辑软件，每一个反诈骗图标、每一段反诈骗视频，都是他亲手制作。

2016年夏天，被分局领导“强制”休假的陈清洲，带着家人回到了已经10多年没回的青海岳父家休假。虽然回到了青海，但时间临近高校开学，他又开始担心起来。因为集美是个文教区，他担心离家求学的大学生落入骗子的圈套，到青海的第5天，他一个人又匆匆赶回厦门，全力准备高校防诈骗课程。从9月2日至23日，21天里，陈清洲以平均每天1场、每场2小时的频率，授课19场，为4万多名新生传授防骗知识。每次上完课，他都累得声音沙哑，可始终咬牙坚持着。那年9月，集美涉校诈骗警情同比下降约5%，部分高校诈骗警情零发案。厦门市公安局集美分局指挥情报中心负责人陈和坤对陈清洲的反诈骗宣传创意格外佩服。在他的印象里，陈清洲很懂得用百姓听得懂看得明白的话语与他们接触，对着老百姓，陈清洲会说一些“土话”；到工厂面对工人群体，陈清洲则会用另一种朴实的语言与其交流；与大学生面对面，陈清洲又用上“网言网语”，除了每次的课件都具有新意，还会揣摩学生的兴趣点，精心制作各种反诈骗小礼物。以前听讲座，同学们中总是免不了有玩手机或者早退的，可是陈清洲的课却像有魔力，令大家特别感兴趣。不过，这些渠道对陈清洲来说还不够，他多次联系当地广电部门帮助宣传，在群众打开电视机时推送防骗视频。现在，当地群众只要打开电视，就能收看到20秒防骗宣传卡通片。

为群众，陈清洲可以夜以继日地工作；为个人，他却“挤不出”一点点时间。看到他不珍惜身体玩命工作，妻子、女儿心疼他，可他总是笑笑说：“想让警察放下、停下工作，除非是他趴下了。”2001年结婚至2010年整整10年时间，陈清洲没有陪妻子回过一次娘家，每年暑假他总是第一时间把妻子女儿送回青海老家，他说这样就能经常待在中队加班，妻子女儿看不见就不会担心。肝炎本不适宜加班熬夜，陈清洲患肝病后，面对繁重的工作，本可以向组织要求调整到相对轻松一点的岗位，组织也多次想给他调整工作岗位，可执着的个性和强烈的责任感驱使他继续前行。他从不叫苦叫累，甚至因肝病疼痛难以入睡时，也从未向别人说起。刚去灌口交警中队工作时，他就立下誓言：灌口落后的交通管理工作局面没有改善，誓不离开。妻子女儿知道，只要陈清洲决定要做的事，九头牛也拉不回来。

2016年7月的一天，陈清洲做了一次常规体检，检验报告单显示甲胎蛋白偏高。医生嘱咐他一定要赶紧复查。G20杭州峰会安保、厦门“9·8”投资贸易洽谈会安保和抗击14号超强台风“莫兰蒂”等战役接踵而至，陈清洲的复查便一拖再拖。妻子反复劝说他要赶紧去复查，他说：“全局警力都压上去了，这个时候我怎么能休息！”9月15日，超强台风“莫兰蒂”正面袭击厦门，陈清洲忍着腹部的隐隐作痛，主动要求在集美分局指挥情报中心带班。在通信网络中断、窗户玻璃破裂、风雨不断灌进指挥大厅的情况下，他带领全体民警调用应急手机，戴着安全头盔，手握充电宝，连续接听拨打100多个报警电话，一次又一次打通生命救援通道。在集美区断水、断电、断网、移动手机信号中断时，经他多方努力，终于联系上电信部门，连夜赶制了50部应急手机，于凌晨5点送达各基层所队，及时恢复了分局与各基层单位的联系，打通了救助群众的生命线。到当晚7点，陈清洲已不眠不休36小时。9月23日，在单位领导强制命令下，陈清洲才到医院做了核磁共振，医生告诉他结果不太好，肝部有阴影，还需要复查确诊。尽管如此，他仍然赶赴集美大学，饱含深情地为2000多名大学新生连续上了两堂防骗大课。9月28日，病榻上的陈清洲仍然不忘更新微博，对因无法在当天下午赴集美大学师范学院授课的失约，向学校师生说“对不起”。

一心为民“公安网红”

从警以来，陈清洲始终保持一心为民、大爱无私的公仆情怀，对人民群众怀有深厚的感情，想群众所想、急群众所急、帮群众所需，时刻把人民群众的安危冷暖放在心上，把为群众排忧解难、保群众一方平安视作自己崇高的职责。为了在更宽广的平台、更通畅的渠道实践自己的民生警务理念，使更多的人民群众受益。2011年6月，在由公安部和中央电视台共同举办的全国第四届“我最喜爱的人民警察”评选活动中，陈清洲被授予“全国特级优秀人民警察”荣誉称号。那时微博刚刚兴起，为了扩大先进人物的影响力，公安部倡导获得荣誉的民警开通公务微博。回到厦门，陈清洲就来到“厦门警方在线”取经，开通个人新浪微博，逐渐从一个门外汉变成今天的“公安网红”。

其实，陈清洲开微博不是为了当“网红”，而是用新媒体搭建沟通联系群众和为民服务的桥梁，把为民服务的传统方法延伸到网络上。多年来，他每天完成繁重的警务工作后，都要更新维护微博内容、一一回复留言，几乎牺牲了全部休息时间。他共发布微博8万多条，内容都是安全提醒、警察故事等满满正能量的信息，朴实无华、真诚温暖、贴近百姓生活，受到不同网络人群的欢迎。他的微博拥有粉丝近194万，已成为福建省政务微博个人影响力第一名、全国政法微博个人影响力十强、全国十大基层公务人员微博、全国十大惠民公职人员微博，他本人也于2013年获评中国新闻法治优秀网络传播全国十佳个人。他开办的超话“清洲说警事”安全宣传专栏阅读量达18.9亿人次。

市民黄用永远也忘不了2012年6月23日那天。儿子黄圣楠从出生起就患有罕见的苯丙酮尿症，血液中的苯丙氨酸超标，身体无法正常代谢，只能靠药物维持，可几天前唯一一家生产控制黄圣楠病情的BH4（科望）断了货，到处找不到药源。当晚，由于没有及时服药，苯丙氨酸在血液中堆积、增高，圣楠的手脚不停地抽搐，口水直流，满床打滚。虽然非常着急，可黄用夫妻俩却无能为力。后来他们听人说陈清洲的微博粉丝多、影响力大，就慕名上门求助，陈清洲二话不说就答应下来。6月24日晚，一条“为小圣楠求药”的微博被陈清洲发出，短短几天时间，这条微博被转发2000多次，收到300多条评论。在此期间，陈清洲不断@有影响力的大V，不断联系各大媒体，在他的不懈努力下，5天后在广州网友帮助下找到5粒救命药，挽救了小圣楠的生命。当陈清洲看到黄用家庭困难时，又发起公益捐款，被转发5000余条，募集捐款20余万元，帮黄用家渡过了难关。

2012年，陈清洲受公安部一档有关打拐节目的启发，开始琢磨如何利用他的微博力量，为更多迷途走失、被拐孩子找到回家的路。因此，他开办了超话“清洲帮寻人”公益寻人专栏，阅读量达17.1亿人次，共帮助群众找回走失人员300多人。就在陈清洲生病前往上海治疗的第二天，他还转发了公安部儿童失踪信息紧急发布平台的儿童失踪信息，为一名13岁走失男孩奔走相告。

2012年6月，陈清洲在交通执勤时，一个安徽老汉拿着一张照片找到了他。原来，陈老汉带智力低下的妻子在集美西滨一带以捡破烂为生，当时他的妻子已经走失多日了。陈清洲立刻发了一条微博，之后开始亲自寻人。车站、桥洞、救助站，只要网友们提供一个可能的地址，陈清洲就亲自跑过去看，逢人便问：有没有看到一个口齿不清、上海口音，头发花白的女子。有的被问群众，还以为找的是陈清洲自己的亲人。苍天不负有心人，连续奔走几天后，陈老汉的爱人还真被陈清洲找到了。

2012年8月，市民邱美丽下班回家，找不到母亲邱能秀了！“母亲54岁，身体不好，还有失忆！”邱美丽说，之后的一周，她和家人发疯一般，把岛内外母亲可能去的地方找了个遍，报

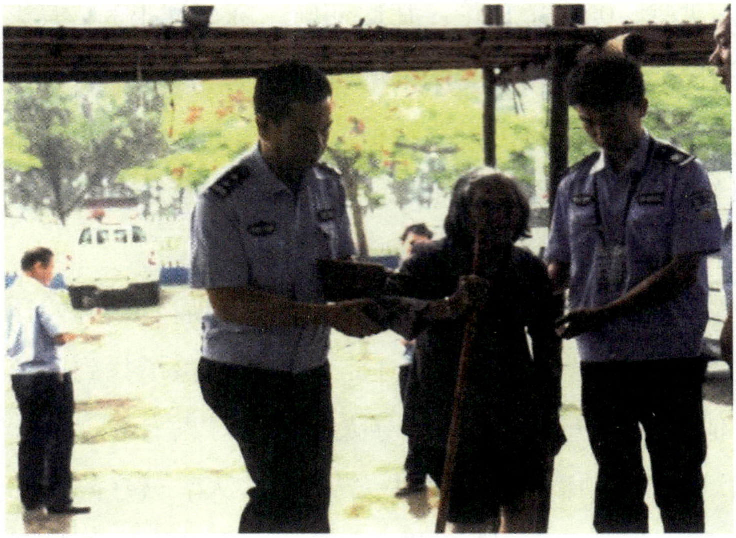

◎陈清洲找到走失的老人

警、贴寻人启事、上公交车发广告……能想到的办法都试了，但仍没一点消息，“快崩溃了，希望越来越渺茫”，邱美丽忆起当时的绝望，心有余悸。“找陈清洲啊，他找人的本事可大了呢”，这时，一位有心人提醒了她，让邱美丽重燃希望。就像抓到救命稻草，邱美丽赶紧拨通了陈清洲的电话。“没问题，我会尽全力帮您找到，快把您母亲的详细信息告诉我……”十几分钟后，一条微博就从陈清洲微博账号上发出：“急、急、急！急寻走失的妈妈：邱能秀，54岁，身高1.55米……”“厦门这几天连续下雨，家人已经找了一个星期，拜托大家！”陈清洲不停转发着微博。当天下午快5点时，邱美丽接到陈清洲的电话，急切又兴奋：“我们的同事反映，在梧村派出所看到你母亲了，你快去看看吧！”挂了电话，邱女士马上赶到派出所，一眼就看见，派出所门口民警正在给母亲喂饭呢。此时，邱美丽感动得热泪盈眶。

对于微博寻人这事，陈清洲女儿说：“发微博对于老爸来说，是比吃饭、睡觉更重要的事。他很喜欢帮人做这样的事，如果有找到人的话，他整个人就不一样，心情特别好。”保一方群众身心安宁，是陈清洲最大的心愿。

一位民警的病情牵动一座城

为何一名普普通通的警察让百姓如此牵挂？为什么在他遇到困难的时候，有千万人愿意伸出双手来帮助他？因为他在岗位上尽了一名人民警察应尽的职责，用无私的心、真挚的情帮助了每一位需要帮助的人。

2016年9月26日，在陈清洲被确诊为肝癌的当天，一条“扩散，那个爱帮人的厦门交警陈清洲被查出肝癌，谁能救救他？”的微博在朋友圈快速传播，网络媒体纷纷转载，短短几天就被评论转发400余万条次、阅读量过亿。9月28日晚，中央电视台播出的全国公安民警“三微”大赛颁奖晚会发布了陈清洲患病的消息，成千上万的网友表示关切，“清洲加油”“清洲挺住”在微博中接力传递正能量。

令人动容的是，在得知病情前的一个月，癌症病魔早已肆虐着他虚弱的身体。而此时，他依然坚持高强度的工作，一个月里，陈清洲瘦了十几斤。在同事们的劝导下，他才去医院检查。

得知陈清洲的病情后，公安部领导、福建省政法委、福建省公安厅、厦门市公安局高度重视，第一时间电话慰问、派员前往看望，并帮助联系医院。中国科学院院士吴孟超亲自操刀为陈清洲切除肿瘤，手术顺利。陈清洲10月22日发微博表示：“第一阶段的手术成功！恢复顺利！”

因肝癌离开工作岗位后，陈清洲一直觉得心里空落落的，但他依旧对自己的工作无怨无悔。在无数个与病魔抗争的日子里，陈清洲越发舍不得，舍不得离开自己的岗位、舍不得离开战友、舍不得集美几十万人民群众、舍不得一直陪伴自己的妻儿。12月18日，陈清洲更新了微信朋友圈，这一天，是他的生日。生病后，陈清洲的微博和微信更新的频率减少了，可每次更新，还是一如既往满满的正能量：“抗癌斗争，过程是有点艰辛，但为了希望和未来，我会继续坚持努力的！为清洲加油吧！”

陈清洲用自己的良苦用心，为学生们点亮了一盏防骗心灯，换来了师生们的高度认可。在得知陈清洲罹患肝癌晚期的消息后，集美曾营小学的2000名师生身穿红色衣服，在操场上摆出“清洲加油”的字样；厦门软件职业技术学院的500多名师生在操场上摆出“人体爱心”，一起为陈清洲祈福。

欣慰的是，陈清洲的女儿立志做警察，女承父业报考中国人民公安大学。“长大后，我就成了你。”对于陈清洲的女儿而言，她对警察这个职业有着更深层次的理解，选择报考警校、成为一名预备警官更是情理之中。在她读幼儿园时，陈清洲曾去她们学校上了一堂别开生面的交通安全课。父亲身着警服的样子，深深地印在她的心里。随着长大懂事，她渐渐懂得了人民的安居乐业永远离不开公安民警的辛勤付出，她也为有一个警察父亲而自豪。所以当看到其他同学父亲每天都会来学校接送时，她纵然心理上会有些失落，但却骄傲地说，“我爸爸是警察，他在忙着帮助更多的人”。

说起女儿的成长，陈清洲心怀愧疚。女儿中考、高考时，他因身体原因没能好好陪伴，幸好组织和社会对女儿的成长给予很大的帮助，在生活上、学习上都给予极大的支持，让女儿感受到大家庭的温暖。“她那时就立志将来要做警察了，知道社会的安宁离不开警察。”陈清洲说，他以前工作忙碌，但回家会把一些事情讲给女儿听，女儿知道警察是为了大家的幸福累并快乐着。令陈清洲欣慰的是，在防诈骗宣传中，女儿积极参与，在宣传品设计上提出建议。当女儿得知她提出的设计方案受到学生们喜爱后，她很有成就感。陈清洲说：“成绩的取得离不开大家的帮助，希望女儿将来为社会做贡献，组织与社会各界的大力支持，让女儿感受到温暖，报考中国人民公安大学的意愿，也越来越强烈。”

女儿中考时陈清洲要住院治疗，而妻子又经常需要去医院照料，无法顾及女儿的学业。而此时，市公安局、分局等各级领导主动前往慰问，经常和清洲女儿谈心谈话，对她进行心理疏导，缓解她的压力。陈清洲的战友们也经常上门关心女儿，甚至一些年轻民警主动化身为“小老师”，帮助女儿解决学业上的一些难题。最终在自己的努力和各级领导、战友的鼓励帮助下，陈清洲女儿以优异成绩考上了厦门市第一中学。就读高中后，集美分局的领导和同事们除了日常的关心帮助之外，还经常邀请他的女儿参加各种警营活动，让她在学习之余得到身心的放松。陈清洲和太太支持女儿的选择，他认为这是对警察光荣使命的传承。“这份成绩的取得和她的努力是分不开的，在我生病期间，很多警察叔叔、阿姨、哥哥、姐姐也都在帮助她。”陈清洲希望女儿好好学习，把身体锻炼好，将来为社会安宁作出应有的贡献。

如今，女承父业，长大后我就成了你！警察的孩子总是懂事得让人心疼，从出生开始要学会承受别离和相思，只能在偷来的时光里触摸父爱的温暖，但却又因此，从父亲的言行里感受这个职业的魅力。希望小姑娘能继续以父亲为荣，在警校的求学生涯中，绽放出属于自己的光芒。

（佟贺瑾）

凤凰涅槃 特警重生
——张劼

张劼，1980年3月出生，安徽省蚌埠市公安局特警支队一大队原教导员，现为安徽省蚌埠市公安局特警支队六大队政委。他屡立战功，2016年1月5日，他在处置一起重大警情的过程中，全身30%面积深二度烧伤，被誉为“淬火成钢的英雄卫士”。先后获得首期“公安楷模”、全国公安系统二级英雄模范、入选“中国好人榜”、时代楷模、全国特级优秀人民警察、中国青年五四奖章、最美奋斗者等荣誉，2021年荣获“全国优秀共产党员”荣誉称号。

红色家风 传承使命

1980年春天，张劼出生在安徽蚌埠市的一户普通家庭。像很多男孩子一样，张劼从小就有一个梦想——长大当警察。在很多男孩子的印象中，当警察很帅，当警察不仅可以穿帅气的制服，还能天天拿枪打坏人。男孩子对枪的痴迷，与女孩子对芭比娃娃的钟情不相上下。小时候的张劼，也不例外。帅气挺括的警服、“杀气”四射一招制敌的武器，都让张劼有着一种无可言说的执着与痴迷。

与大多数男孩子不同的是，或者比大多数男孩幸运的是，在现实生活中，张劼有一个警察父亲，在七八岁的时候，张劼写过一篇作文，名字叫《我的爸爸》，文中说：“我的爸爸是警察，以后我也要当警察，像爸爸一样勇敢。”勇敢的警察爸爸是张劼身边的榜样，也是张劼前行的动力。

可以说，作为一个名正言顺的“警二代”，张劼对警察的直观印象与崇拜，都源自父亲。这是一个普通的家庭，然而，这个家庭又不那么普通。

张劼的母亲张萍在供电局工作，做着一份普通安稳的工作。张劼的父亲名叫张留成，20岁时，张留成是一名铁路建筑段三级学徒工，勤恳扎实，干一行爱一行。其时，上海铁路局成立蚌埠铁路公安处，需要从铁路职工中招考警察。身体强壮、曾习拳练武的张留成幸运地通过了招考，正式成为上海铁路局蚌埠铁路公安处的民警，成为一名铁路警察。1975年，张留成入党，时刻以党员的标准严格要求自己。

张留成从警近40年，是一位地地道道的“老公安”。退休前，张留成先后荣立个人一等功一次、三等功两次，先后40余次被评为先进工作者、优秀共产党员等。

作为一名警察，张留成并没有太多时间陪伴儿子张劼。在儿子的记忆中，父亲总是很忙，忙得不着家。他经常值夜班，也经常出差，但是他穿着警服、戴着大檐帽的样子，真是威风。这种庄严与威风，是张劼对警察最直接也是最直观的印象。

再后来，长大一些，张劼对父亲了解得更多，父亲的手提包里总是装着笔和询问记录本，腰上挂着闪亮的手铐，他骑着自行车去巡逻、办案，风里来雨里去，很是辛苦。但是父亲从来不说苦，他总是说，干了警察这行，苦点累点没啥，能保护老百姓是最幸福的事儿。

张劼在父亲忙碌的身影中长大，在父亲的缺席中长大，更在父亲守护百姓安全的职责中长大。张劼也对警察有了更多的认识，从威风凛凛到崇拜与敬仰。“长大当警察，成为像我爸一样的警察。”这就是张劼打小所拥有的警察梦，这颗当警察的愿望种子一经种下，再未改变过。高中毕业时，张劼想考警校，当警察。对此，父亲张留成很开心，认为警察事业后继有人。

然而，张劼的母亲张萍却希望儿子能进入自己所在的供电系统，从事一份安稳的工作。丈夫已经是警察，经常不着家，自己天天担惊受怕的，张萍不希望儿子再成为警察，她不希望一颗心为两个人悬着，天天为两个人担心。

请原谅一个母亲的私心！作为母亲，无非希望孩子健健康康平平安安，张劼的母亲张萍同样如此。

作为警嫂，张萍深知警察的不易，也深知英雄荣誉的背后都是伤与血，甚至是牺牲。她为老张提心吊胆了半辈子，不想后面的半辈子再为小张牵肠挂肚。

老张是个为了职责不怕牺牲的人。1974年，张留成在南京火车站执行任务时，也曾迎着砍刀与嫌疑人生死搏斗。如果不是皮带挡了数刀，他很可能当时就牺牲了。后来，张留成被安徽省公安厅荣记个人一等功。这次受伤并没有吓倒英雄。警察的职责深入心中，张留成兢兢业业恪尽职守，其后多次立功获奖。张留成就在琐碎与平凡的工作中慢慢变老，直到他发现儿子终于长大了，终于可以子承父业了。

尽管母亲不支持张劼当警察，但张劼长期在父亲的影响下长大，已经对警察有了一种深入内心的执着。张劼能够理解母亲的担心，但他更不愿意放弃内心的理想。

在这场张劼未来的职业选择的对战中，张劼的母亲敌不住丈夫与儿子对警察职业的热爱，拗不过儿子对警察职业的崇拜与坚持，最终败下阵来，张劼最终如愿以偿地进入了警校。

警校生活倏忽而过。2000年暑假，张劼即将从警校毕业。毕业前发生的一件事情让他对警察有了更深的认识。

2000年6月8日中午，张留成在参加完单位文化节开幕式后骑车回家。半路上，张留成突然听到有人在大喊“救命”！他回头一看，只见两名男子正持刀追赶一个女孩，女孩十五六岁的年纪，腹部已经挨了一刀，歹徒穷追不舍。见此情景，张留成嗖地跳下自行车，朝女孩飞奔过去，一边用身体挡在女孩身前，尽力保护女孩，一边赤手空拳和穷凶极恶的歹徒搏斗。张留成因为势单力孤，又手无寸铁，还得护住女孩，寡不敌众，被丧心病狂的歹徒砍伤，歹徒挥舞着手中的刀，如雨点般地砍过来，张留成因失血过多瘫倒在地。

张留成被送进了医院。张劼在第一时间赶到了医院，见到父亲时，他不禁惊呆了：父亲张留成的头部有6处裂伤，左耳多处受伤，只剩一点点的皮连着脸颊，刀伤裂口长达13厘米；颈部和胸部有几道10多厘米长的伤口，全身共缝了103针。经过抢救，张留成终于脱离了生命危险。

但父亲这次受伤，对张劼有着极大的触动。张劼近距离地感受到了警察的受伤与流血，他抚摸着父亲身上被鲜血染红的警服，更多地理解了母亲当年为何阻止他当警察。

然而，英雄之所以成为英雄，就在于他在认清生活的真相后，在直面流血与牺牲后，能够继续坚定不移地执着前行，踏着前人的足迹继续前进。

即将从警校毕业的张劼，没有惧怕，没有退缩，反而更加坚定了自己的理想与信念，英雄的种子早在他心中悄然发芽，现在已经成长为茁壮小树，日后即将成为护佑人民平安的参天大树。同时，他对自己选择的职业也有了更清晰的规划。

热血青年　苦练本领

2000年，张劼从警校毕业，踏入了安徽省蚌埠市公安局的大门，成为巡警支队的一员，正式成为人民警察队伍中的一员，张劼的警察梦终于成真了。

而父亲的经历不仅让张劼对警察这一职业有了更多的认识，也对警察的危险性有了更多的了解。他知道，当警察不能单靠正义感，还需要有过硬的能力，张劼对自己也有了更高的要求。

张劼感觉自己的警务技能和体能都不十分过硬，所以，在之后的时间里，张劼玩命地训练，把自己“粘”在队里，“焊”在训练场上，晴天一身汗，雨天一身泥，摸爬滚打，苦练本领，他的目标是成为警队里的“全能精英”。要说不苦不累，是假的，要说没有过换工作的念头，也是假的。平时工作、训练累的时候，张劼也曾闪过换工作的念头，但也仅是闪过而已。过后，他仍然是艰苦地训练，辛苦地工作。头戴警徽，那是荣耀，更是职责所在。

父亲张留成的英勇精神激励着张劼不断奋勇前行。作为一名警察，头顶的警徽是庄严是肃穆，张劼不敢忘记初心和使命。

2008年底，蚌埠市公安局成立特警支队。张劼给了自己一个更高的挑战：他决定当特警。因为有之前的刻苦训练，张劼顺利通过选拔，成了一名特警队员。

特警的特就在于特警面对的多是暴力恐怖犯罪分子、严重暴力性犯罪分子，具有强大火力的犯罪分子、劫持人质丧心病狂的犯罪分子等。应该说，摆在特警面前的任务总是那些特别急难险重的任务，可以说，特警是警察中的精英分子，他们直面社会的黑暗与罪恶，还百姓阳光与安稳。

当特警，意味着训练强度更大、难度更高，工作任务也更重，而且刚被挑选成为特警支队的队员都是各路精英，群英荟萃齐集在此，况且，刚到特警支队时，张劼并不是最起眼的那个。他身形瘦削，体力和耐力远不及人。在困难面前，张劼没有退缩。他认为身体素质过硬才能成为一个合格的特警，张劼对自己的要求更严更高了。他相信勤能补拙，他相信平时多流汗战时少流血，他实行“魔鬼训练”，把时间倾注在了训练场、健身房和装备库。

为了高标准通过“特警五项训练”科目，为了提升自己的身体素质，张劼跑五公里是家常便饭，慢慢地还会把难度提高，五公里变成七公里、十公里，再到后来穿上防弹衣跑。据张劼说，以前的防弹衣和现在的差别很大。那时候防弹衣里面都是钢板，重达十几斤。一件防弹衣不够的时候就套两件，不仅要锻炼自己的速度，还要锻炼自己的耐力。他俯卧撑一口气就是200个，仰卧起坐连续做到600个；没事的时候他就驻扎在训练场，练习特警训练科目，诸如综合体能110米障碍科目，包括10米低桩网、2.4米高板、高空软网轮墙、高架速降、徒手攀登、翻动150公斤的重轮胎、快速分解组合手枪步枪等。关于枪法，特警对于77、79、92、95枪型都得精通，张劼要求的优秀是48环以上，这在他的同事中是人所共知的。张劼的同事回忆：“张劼眼中的优秀，必须是48环以上，别人45环就是优秀，他这里仅仅是及格。”由此可见，张劼对自己的严苛。

有一次打靶，一块从子弹壳上蹦出的碎片扎进了张劼的面颊，而他却不顾满脸的鲜血，猛地拔出碎片，用纱布按住伤口说：“没事，继续！”然后又投入了训练。

张劼曾说过，别人可能拉10个单杠就够了，但是他得拉20

个。这样，执行任务、实施抓捕行动的时候才会有绝对的把握。张劼对自己的训练要求之高，既是养兵千日用兵一时的具体贯彻执行，也是一种自我保护。

功夫不负有心人，张劼在训练中抛洒的汗水和血水终于有了回报，张劼的耐力、爆发力得到了极高的提升，成为全队最佳，同时，张劼拥有了全队最棒的健美体型。张劼的身体素质、心理素质和技战术素质都是超强的，张劼成为全队的样板。提起张劼，他的队友没有一个不佩服他。

张劼深知特警必须全面多能，也朝着这个方面努力，将自己打造成多面手、全能型人才。张劼与时俱进，在训练过程中积极学习使用新技能新装备，学习掌握最新的科技成果，完成最难的战术训练，既更好地完成了任务，又以实际行动说明了科技强警的重要作用，成为科技强警路上的先锋。

张劼经常与父亲进行专业探讨，张劼所使用的很多装备，是父亲张留成那个年代见都没见过、想都没想过的，这是社会发展、国家强大、科技进步的结果，面对新武器，新装备、新科目，张劼都保持着浓厚的学习兴趣，刻苦钻研，寻根问底，直到搞清弄懂。张劼对运兵车、装甲车、布障车等特种车辆勤学苦练，成为支队少有的特种车辆值班驾驶员。

张劼与父亲张留成，虽为两代警察，使用的武器装备不同，但为人民服务的职责与使命是一样的。

自从立身为警，在无数次与罪恶的斗争中，在无数次保护人民的任务中，在无数次自己置身险境中，张劼对警察二字的含义有了更深的认识：对人民的守护、对法律的维护、对正义的执着。“特警队员就像一把把钢刀，战斗在维护社会稳定的最前沿。我们每天遇到的都是别的警种处理不了的警情，而这种成就感也是别人体会不到的。”张劼至今都不后悔自己的选择。

反恐精英　热心暖男

2008年3月12日下午，蚌埠市纬四路一家足浴城发生了一起劫持人质事件，一名男子持刀劫持了足浴城一名女性工作人员。该女子已被刺伤，情况万分危急。接到指挥中心的指令后，特警支队迅速派出最强力量赶往现场，张劼也是其中一员。经过现场观察，犯罪嫌疑人的位置十分不利于解救人质。而当时，嫌疑人已经情绪失控，扬言不能看到任何一名穿警服的，否则就立即杀害人质。

在派出所民警的引领下，张劼等4名队员，艰难越过布满铁刺的天然气管道，绕到事发现场的后方，最终攀爬到嫌疑人所在的楼道，伺机解救人质，一等就是6个多小时。其间，为了万无一失，张劼等人反复模拟现场情况，演练测试最佳营救方案。

当晚22时30分，谈判无效。强攻开始，随着爆震弹的一声巨响，埋伏在楼道旁边的张劼冒着浓浓烟雾和踩着满地的碎玻璃，第一个冲进房间，迅速到达嫌疑人身旁，干净利落地将其双手牢牢控制住，成功确保了人质的安全。

2009年7月2日，蚌埠市八一化工厂对面住宅楼一名歹徒持凶器劫持妇女，接到指令后，张劼等6名队员立即赶往现场，张劼再次成为突击主攻成员。

那是一个二层居民小楼，一名女子坐在平台上，后面站着一名男子，男子身边堆放着许多砖块，扬言如果有人靠近，就把该女子砸死。

张劼带领两名同事，悄悄来到小楼后面的围墙处，顾不得围墙上插着碎玻璃，他们小心翼翼翻入院内，在离嫌疑人几步之遥时，张劼大喊一声："警察，别动！"嫌疑人一诧异，回头看了下，就在这一瞬间，他向嫌疑人扑了过去，用盾牌将其死死抵在墙角处。

人质被成功解救，犯罪嫌疑人被生擒，围观群众爆发出热烈的掌声。而此时离张劼等人到达现场，刚刚两分钟。

2010年2月，蚌埠市公安局接到张家港市公安局协查通报，一起命案的4名犯罪嫌疑人逃到蚌埠。得知犯罪嫌疑人就住在市内一家浴池里，张劼和战友一举将其抓获。事后审讯得知，犯罪嫌疑人正在策划实施杀害案件的知情者，如果抓捕不及时，后果不堪设想。

2014年4月，特警支队在处理一起涉黑团伙的案件时，需要派人先去嫌疑人藏匿的山林侦察。张劼主动提出："我去！那地方我熟悉。"经过两天的踏勘，张劼把上山下山路线和犯罪团伙出入的路线摸得一清二楚。按照张劼的方案，该犯罪团伙被一举捣毁。

这些只是张劼出警过程中的几个案例而已。自加入特警队伍以来，张劼一直战斗在特警反恐处突第一线，抓过的杀人犯没有一百也有大几十了。与这些穷凶极恶的人打交道，那就是拿着生命与他们搏斗，没有坚定的理想与信念，没有坚韧不拔的勇气与毅力，没有过硬的体力与能力，是很难坚持下去的。而这一切

◎训练中的张劼

坚持的背后都是平常的刻苦训练与辛勤努力。张劼的身手和果敢在特警支队有口皆碑，他也由一个稚气未消的新警逐步磨砺成长为特警精英，各种急难险重警情处置中总有他智勇刚健的身影，凡是有任务他总是冲在头一个。不经意间，张劼成了一块牌子，“关键时刻就让一大队上、让二中队上、让张劼上！”特警支队支队长孙虎曾这样说。

张劼以实际行动践行了“人民公安为人民”的铮铮誓言和庄严承诺。张劼和他的战友们自己负重前行，守护的是百姓的岁月静好。他们解决了阴暗面的污秽，留给百姓的是阳光与美景。对待敌人要像严冬般冷酷无情，对待朋友要像春天般温暖。在反恐处突的问题上，张劼是“特警尖刀”，直刺敌人心脏。而面对人民，他是服务人民的“热心暖男”。蚌埠市龙湖街道有个叫杨阳的男孩，得了强直性脊柱炎，从18岁起就卧床不起，张劼和队员们经常去慰问、帮忙，鼓励他战胜困难，在长年的结对帮扶中与他们一家结下浓厚的情谊。凡是同事家里有困难，得知情况的张劼都会第一时间给予帮助……女同事都会亲切地喊他“劼哥”。女性要成为一名合格的特警面临的困难更多，女特警司泽一回忆起张劼对她的帮助，入警之初，因为自身问题，司泽一跑得慢，张劼在完成自己的训练后，再带着司泽一继续训练，这就意味着张劼的训练量更大！张劼就是这样不计个人得失，无私地帮助着队友，直至司泽一成长为一名合格的女特警。

舍生忘死　浴火无悔

2016年1月5日，蚌埠市110指挥中心电话响起。

报警人：……买的煤气汽油，我们住那的人都不敢进去了。

接警人：现在人呢？

报警人：锁在家里了。

接警人：在几号楼？

报警人：2号楼，402。

2016年1月5日6点多，正是晚饭时间，已经下班的张劼正准备吃饭，突然，张劼听到自己手机铃声响起，可奇怪的是电话只响了一声就挂了。张劼拿起手机一看，是队里打来的电话，多年的职业敏感让张劼下意识感到一定是出事了。已经下班的张劼迅速回拨电话。

果不其然，特警支队副支队长石鑫告诉张劼："光彩小区A区2栋1单元402室，嫌疑人吕某某想自杀，在家中堆放了大量液化气罐和汽油桶，扬言要引爆居民楼！"

这栋位于蚌埠市经开区的居民楼总共有48户家庭，约200多户居民，一旦嫌疑人引爆液化气和汽油，后果将不堪设想，况且这个小区旁边就是蚌埠液化气中转枢纽。警情重大，周边数万居民安全受到严重威胁，张劼二话不说，主动请缨，火速赶往支队，与队友们一起紧急出警。

到达现场后，张劼得知吕某某从屋内用钢板将门窗全部封死，当时，吕某某所在的402室门窗紧闭，所有能够出入的门窗上每隔10厘米就钉着一块钢板，又在外蒙上厚厚的塑料罩子。特警们能够掌握到的屋内具体情况非常有限。唯一能够确认的是，透过窗户缝隙，的确能够看到屋里有大量的液化气瓶和汽油桶，然而，嫌疑人站在死角处，很难用狙击枪射到。看来，这又是一场硬仗！

现场指挥部确定了“谈判规劝”和“强攻突击”两套处置方案：一方面由嫌疑人吕某某的亲友进行劝解，警方工作人员与其进行谈判，和平处理此事；如若劝解无效、谈判陷入僵局，则实行强攻突击，现场指挥部当机立断，决定成立特警突击攻坚小组：由5名特警精兵和3名消防队员联合组成，5名特警承担突击破门攻坚任务，人员包括石磊、周小康、李龙、石鑫和当时已经下班又返回战场的张劼；消防队员在前门和阳台门两处设置水枪阵地，掩护特警强行破门，压制嫌疑人的点火动作，对其实施控制。

为确保任务万无一失，现场指挥部选择同单元同房型地点，多次开展处置场景模拟演练，最终制定了从南阳台门窗攻入，与消防高压水枪同时配合的作战方案。

作为特警人员，他们都明白，谁第一个进去，谁肩负的责任就最大、面临的风险也最大。五人小组分工时，张劼的战友石磊主动要求先上，石磊是张劼的徒弟，是张劼一手带出来的，原定当年5月结婚。张劼拦下了他："你5月要结婚，还是我第一个上，我有类似的处置经验，啥都别说了，就这么定了！"已经拥有了一个美满的家庭、当时身为特警支队一大队二中队队长的张劼没有丝毫犹豫。

这是张劼对自己徒弟的照顾，也是特警队多年的传统：危急关头，带"长"的先上，党员先上，结了婚的先上。

事后，石磊与石鑫等人一度很自责，而张劼却说，他从来没有后悔过这个决定，除了特警的传统，他的处置经验也更丰富，只有他上才更有把握。

401室和402室只有一墙之隔，特警队员秘密翻窗进入了吕某某房屋的阳台进行潜伏，由于阳台作战空间狭小，为了不惊动嫌疑人，张劼等人脱掉厚重的防护服，关闭通信工具，随时做好突击作战准备。

晚8时许，吕某某的情绪突然失控，在房间内高喊："我不和你们谈了。"这时，吕某某也觉察到了外面的破拆行动，情绪更加激动，大叫着："我要把楼炸了，我们一起死！"说完就开始拧开屋内的煤气罐阀门。

这时，特警队员们也闻到了一股浓浓的液化气味道。不好！吕某某已经动手了，情况如此危急，已经不能再等了！"行动！”石鑫果断下达了突击命令。

特警突击队执行强攻计划。张劼、石鑫等5名战友立即对阳台门实施破拆，“咚！咚！”破门锤狠狠地砸向阳台门，然而，密封的钢板着实坚固，破门锤狠砸之下，只砸出了一个小洞，只能勉强进一个人。此时，嫌疑人已经知晓外面的破拆行动，情绪更加激动，连续大声喊叫：“你们进来，我要把你们都炸死！”在这万分危急的时刻，张劼奋力折断一根挡人的钢板，第一个快速缩身钻进了房间。张劼冲进去的时候厉声大喊：“警察，别动！”嫌疑人吕某某看到张劼的瞬间愣了一下，也许是他没有想到特警竟然能以这么快的速度冲进来，也许是他没有想到竟然还有人敢冒险冲进来。而正是这争取到的1到2秒钟时间，为张劼赢得了控制嫌疑人的时间。张劼飞身上前将其双手扣死、抱腰摔到屋内远离液化气罐、汽油桶的一角，死死压在了身下。

但令人没有想到的是，吕某在特警人员破拆时，已经点着了一个布捻，张劼冲进房内时，边控制嫌疑人边朝门外大喊：“点着了，点着了，快躲避。”然而，话音刚落的瞬间，空气中弥漫的浓厚的液化气遇到点燃的布捻，已经瞬间爆燃。强烈的气浪不仅将张劼与犯罪嫌疑人冲击开，而且使他身上着了火。尽管如此，已经着火的张劼顾不上自救，他担心嫌疑人再次搞破坏，忍着剧痛，摸到了犯罪嫌疑人，死死地将其压在了身下，制住了他的双手。

就在张劼控制住犯罪嫌疑人吕某某之时，强烈的气浪已经把紧随其后进入的周小康、李龙掀翻在地。这时，消防队员从破拆处，用高压水枪把火势压住。在又发生了一次爆炸后，火被熄灭。周小康、李龙乘着火势被压住，从破拆处冲出。但出去后，他们惊恐地发现，少了一个人——张劼。

尽管屋里随时都有爆炸的危险，周小康、李龙、石磊还是毅然返身进入屋内，特警们的兄弟情义悉数展露，“我们是兄弟，死也要死在一起”。最终，石磊发现了躺在地上的张劼。当时张劼的气息已经很微弱了，但是他仍然下意识死死地按住嫌疑人。石磊、李龙等人喊着：“劼哥！劼哥！劼哥！”在石磊等人急切的呼喊下，张劼意识到自己的兄弟们到了，这才放心地松手。

从开始破门，到处置完成，整个过程只有43秒。这43秒，拯救了整座楼的居民的生命与财产，防止了整座楼的爆炸与坍塌。然而，这43秒，对于张劼来说，却非常漫长，犹如一个世纪。“周围全是火，能闻到自己身上烧焦的味道，几十秒的时间感觉过得特别慢。”张劼曾这样回忆道。

张劼们在一线战斗时，他的战友们为他们牵肠挂肚。在第一声爆炸时，他的战友们内心是惶恐不安的，子弹不长眼，祝融亦无情，不能看到战友毫发无损地站在面前，他们无法心安。张劼的战友刘宇宙当时在小区外警戒，离居民口十几米，因为距离远，无法及时知道第一现场的情况，但是，当他听到第一声爆炸，看到玻璃都被震碎，接着又看到火光冲出门窗时，他心里一紧：因为在第一现场的除了嫌疑人，更多的是自己的战友兄弟们，不知道他们是否安然无恙。

很快，有人被抬下来了。当时，围观的群众以为受伤的是嫌疑人，一度很开心。然而，刘宇宙的心瞬间就凉透了，他心里很清楚：那绝不是嫌疑人，那是他的战友和兄弟——张劼；因为他清楚地记得张劼穿了一件印有椰子树的毛衣，他还在执勤时为这件椰子树的毛衣嘲笑过张劼。没想到，再次见到张劼时，椰子树毛衣已经被烧成一条一条的，单是看看，就让人胆战心惊。

张劼在处理这起重大舆情中的作用功不可没，参加过行动小组、同时也是张劼的师父和上级的石鑫曾经说：“如果张劼没有当机立断，命令继续砸门强攻，犯罪嫌疑人就有时间点燃更多煤气罐和汽油，后果不堪设想。张劼为避免重大伤亡，发挥了关键作用。”

事后，消防官兵从屋里清理出10个煤气罐、2个汽油桶。其中，5个煤气罐的阀门已被拧开，一个汽油桶的盖子被打开。这意味着，给队员们冲进去处置的时间也就短短几秒钟。有关部门后来评估：一旦爆炸，相当于40公斤TNT炸药，或者相当于800颗军用手雷的威力，整栋楼都会坍塌，周围的几栋楼也将因巨大的冲击波而摇晃甚至倒塌。

笑对磨难 涅槃重生

当张劼被战友们抬出现场时，人们知道受伤的是特警人员，所有的人都惊呆了，他们亲眼见证了为了守护人民的生命财产安全而不顾自身安危的特警精神，特警们为了及时控制嫌疑人，脱掉了本可以保护他们自己的防护服和头盔，但是，这个结果实在太惨痛了，人们无法接受，刚才还鲜活的生命瞬间被摧残：张劼全身炭黑，一点肤色也看不到，烧焦的衣服黏附在身体上；面部受伤尤其严重，已分不清哪是鼻子、哪是嘴……

看到重伤在身的张劼，周围的居民一方面感慨张劼的英勇行为，一方面又为张劼所经受的创伤而心痛不已：当时的张劼，因为一波波袭来的剧痛，身体剧烈地抖动着。见此情形，围观的群众不由自主地落泪。张劼后来回忆，他被抬出来时还有一点点意识，他恍惚间听到现场围观的一位大妈动容地喊道：“多好的孩子，赶紧救救他！”

当晚9点多，张劼被送到医院，经医生初步诊断，张劼烧伤面积达30%，深二度烧伤，脸部尤其严重，病情危重。除面部、头颈、后背和四肢大面积重度烧伤外，张劼的呼吸道也受到严重灼伤。

很快，张劼的家人赶来医院。张劼的父亲，一位拥有坚韧意志、获得过英雄勋章的老警察，在接到张劼受伤的电话时，心里忍不住地慌乱。作为一位老警察，他知道这个电话意味着什么。他在心里反复告诉自己不要慌乱，并安慰老伴张萍不要着急，但是，得知儿子出警现场发生爆炸、儿子受伤，其内心的煎熬可想而知。

两位老人互相搀扶着赶到医院，看到医院走廊上站满哭得眼睛通红的特警队员，看到忙碌不停的医生，张留成拼尽全力告诉自己：关键时刻，一定要冷静。无论是什么结果，都必须冷静。镇定了一下后，他沉着地问道："人还活着吗？"特警队员含泪频频点头，他心里稍稍放松一些：只要人还在，一切都有希望。然而，他刚放松的心立马又提了起来。这时，主治医生宣布，必须马上给张劼实施切喉手术，否则性命难保。张留成双眼含泪、颤抖着双手，在手术单上签了字。

后来，当他看到躺在病床上不像人样的张劼时，这位当了半辈子警察的父亲，这位习惯了各种创伤的父亲，仍然被惊住了，儿子身上像被烤焦了一样，浑身炭黑、血肉模糊，找不出眼睛、嘴巴，张留成忍不住冲上前去，爱怜地抚摸一下儿子的胳膊，然而，下一刻他又心疼又后悔，因为他的手上立刻粘了一层儿子身上的皮。他呼吸急促，双眼模糊，他感到自己全身的血液瞬间凝固了。张留成曾经哽咽着对人诉说："我想摸摸他，可一碰他就是一手的肉和皮……"这位英雄父亲尽管身经沙场，可是他仍然为儿子所受的伤震惊不已，又心痛难言。

张劼受伤后，身体剧痛不止，可是他却闷不吭声，咬牙坚持，唯有他不断颤抖地身体“出卖”了他的疼痛。张劼爱人王莹曾流着泪说：“整整一夜他都紧攥着我的手，身体不停地抖。我知道，他是真疼啊！”曾与张劼共历生死的战友李龙曾这样回忆：“剧烈的疼痛让他的头发都在颤抖，两只手冰冷冰冷的，只恨我们不能帮他分担。”守在床前的战友久久不愿离去。

即使如此，第二天，医院还是下了病危通知书，这位年近七旬的铁汉父亲几乎要倒下了。白发人面对黑发人遭受如此严重的创伤，又处于命悬一刻的时候，谁能够承受得住呢？请谅解一位年近七旬老父的脆弱！人都是血肉之躯，警察亦不过是人间凡夫俗子，警察的家人也不过是一介凡人，我们如何忍心对他们要求苛刻呢？

虽然英雄饱经创伤折磨，但英雄的意志力非常顽强，英雄与病魔的斗争也非常坚决。三天后，2016年1月8日，恢复意识的张劼点名要见石磊和李龙。

出事头两天，李龙和石磊一直不敢去看张劼，李龙说：“前一天我们还在一起开玩笑，现在他却躺在那里，烧得面目全非，真的无法接受。”而石磊更是一度无法面对自己的师父、自己的战友，本该自己第一个上战场的，师父张劼却硬是阻拦了他，张劼的伤是替自己受的，石磊的心里不好过，很歉疚，又很懊悔。

后来听说张劼想见他们，李龙和石磊才进入ICU病房。当时张劼不能说话，医院为他准备了一个白板，可以把想说的话写出来。李龙和石磊刚一进病房，张劼就在白板上写字询问："我说点着了，你们听见了吗？"看着面目全非的队长、战友与兄弟，看着受伤的张劼依旧关心他们的安危，李龙和石磊忍不住泪落如雨。他们边流泪点头，边说话："听见了！听见了！"这一刻，他们内心真是心如刀割，他们的队长，他们的师父，他们的战友，他们的兄弟，身受重伤，却依然想的是他们的安危，关心的是他们有没有听到他的提醒，有没有及时躲开危险。

1月12日，为了接受进一步治疗，张劼被转到上海最好的烧伤医院瑞金医院。临走前，全支队都来送他，在他被担架抬出时，列队向他敬礼。很多群众得知消息后，自发前来为张劼鼓劲："张劼，加油！""张劼，等你回来！"

此时，躺在担架上的张劼虽已恢复意识，但全身不能动，还不能讲话，他只能缓缓地伸出右手，颤抖着向大家竖起了大拇指。他竖起的大拇指，饱含了对前来送行的战友和人民的感谢，也有对自己的鼓励，对自己身体赶快恢复的期盼。

张劼的手是他受伤之后唯一保存完好的部分，原来，1月5日那一晚，张劼脱掉防护服和帽子冲进现场时，唯独没有甩掉手套，这是为了与犯罪分子徒手相搏时，可以用其抵挡刀刃等。这双擒拿格斗样样出色的手，由此得以保全。在张劼控制嫌疑人的过程中，这双手起到了非常重要的作用，同样地，在他受伤后，这双手成了他治疗期间得以与外界交流的重要部位。在张劼住院治疗期间，口不能言的他就用这双手和外界交流，每根手指都有着属于它们的特殊语种，或者是在白板上写字以作交流与沟通，或者以手指作为代号表达一种意思：想大小便了，动动大拇指；想喝水，动动食指；鼻子嘴巴不舒服，想让人擦拭一下，动动中指；疼得受不了了，动动无名指；需要找医生了，动动小拇指。

对特警张劼而言，运用手语表达，可谓轻车熟路，在出警处置危难险情时，他和战友们无声交流，或者进行战事部署，往往靠的就是手势。而现在，这是战友们照顾张劼时约定的特殊手语。后来，张劼增加了一条：他在向战友们表示感谢时，大拇指会一动不动地竖起一会儿。

在反复代表他说话的指头当中，无名指一直沉默寡言——张劼从未动无名指表达自己难以言说的疼痛。尽管张劼不曾表达他所受的疼痛，但照顾他的战友都能感受到他撕心裂肺的疼痛，那种刮骨疗毒般的疼痛，张劼都亲身经历了。战友们看不下去了，他们说：“劼哥，疼得实在受不了，你就哼出来吧！”但张劼不哼一声，只是紧握拳头，唯有把两根大拇指长久地竖着，感谢战友的守护，也为自己点赞加油。

张劼受伤后所经历的疼痛是常人所无法想象的。张劼的父亲曾说，自己当了半辈子警察，什么伤没见过，但烧伤真的是最痛苦的一种。

在瑞金医院一个半月的治疗，是张劼最受煎熬的一段治疗时间。“医生要把烂肉割掉，敷上药，然后揭掉，再敷，药上沾着血和肉。”张劼说每次换药，就像扒了一层皮。有些手术不能使用麻醉药，张劼的骨骼痛得咯吱直响，身下垫的被子数次被血水汗水浸透。

医生用刀刮张劼头皮上的烂肉做清创，这个过程是不打麻药的，医生手中的刀就好似一把大刀片，从他的每一寸皮肤上剐过，痛到骨髓深处。医生跟张劼说：“疼，你就叫，没事。”张劼安慰医生说：“你们刮你们的，疼了，我就哼唧。”整个过程，张劼真的就是哼唧了几下。连医生都忍不住为这个刚毅的小伙子点赞。

一次次剥离坏死的腐肉，一次次疼痛难忍的植皮，一台台撕心疼痛的手术，张劼却从来没有喊过一句疼，没有掉过一滴泪。父亲张留成曾经心疼地对人说：“张劼醒着是不怕疼的超人，只有睡着的时候才会呻吟。”这个年轻刚毅、出生入死为他人的小伙子靠着自己的意志力与疼痛抗争，与病魔斗争。

在植皮的过程中，医生要一次次切下他身上的皮肤，再植入受伤的面部、颈部。张劼需要的面部皮肤植皮面积达到了90%，而他的后背、手臂也再无完肤，身上能取皮的地方十分有限。因此，为了扩大皮肤的使用量，医生采取注水扩张的方法给他取皮。每天医生都要朝他脖子下面、胸部上方的“注水皮球”里注射生理盐水，为了防止渐渐变大的“皮球”出现破损，他必须仰身躺着，一躺数天，直到皮球饱满得可以使用了，历时五六个月的“挂球”日子才算告一段落。

其间，张劼饱受折磨，但他一直默默承受，从不叫苦叫疼。

由于烧伤严重，张劼需要矫正口型，有段时间，他每天都在口中含着扩张器，加之脸上的伤口不能复位，眼睛无法闭合，他成天成夜地躺在床上，睁大眼，饮食全靠从胃管灌注流食维持。白天还好说，到了夜晚，一切安静下来，只有又黑又重的气流包围着他。全身伤口都在疼，嘴里塞的器械撕扯着脸上的伤，又不能闭着眼睛睡觉，这段时间，张劼真是感觉人生到了最低谷。他看着墙上挂的时钟，跟着指针的走动数数。一个人的夜晚，时间过得太慢，度日如年。

长伤疤的过程非常痒，为了防止张劼受不了会挠，医院把他捆在病床上，为了防止感染，不允许亲属探视。张劼曾说：“我整天整天躺在几平方米的小屋里，盯着天花板，那时候我还看不见，吃东西靠插胃管，疼和痒让我根本睡不着觉，那是我记忆中最漫长的一段时间。”这段时间的张劼，支撑他撑下来的只有一个信念，那就是活着。

张劼的嘴曾经一度因为张不开，只能用手把食物往里塞，但往往费了半天劲，还吃不到东西，嘴里的血水先淌了下来。对于曾经铁骨铮铮的特警，以前他在训练场上雷厉风行、敢拼敢搏，他在任务中拯救人民于艰险，但现在，张劼几乎做不好任何事情，甚至连饭也吃不了。面对这样的情景，张劼不是不气恼，但他却从来没有自暴自弃。

刚能活动，他就忍着撕裂的疼痛，在病房做俯卧撑，他发微博，获得了几万人的关注与祝福。度过了能否活下来的那段最艰难的时期，他开始想要恢复得更好，他的目标更高了——“我开始是想活下来，现在是想恢复得更好。”

如果说治疗也是战场的话，张劼知道，自己绝不能在战场上当逃兵。他坚持着，走过这一关，再去迎接下一关。只要坚持着，就如他曾穿着两件厚重的防弹衣练习奔跑一样，他一定会走过那些关卡，早一天回归警队！

对疼痛的记忆，每个人都有；而对张劼而言，疼痛是无法用语言来形容的。这是一场意志信念与疼痛之间的鏖战，用痛彻心髓、创深痛剧、油煎火燎、剥肤剐肉这样的词来形容张劼经历的苦难，一点不为过。他用全部的力量、全部的经验、全部的毅力，坚决打赢战胜疼痛这一仗。而支持张劼的动力，是他回归警队的坚定信念。

2016年5月20日，张劼在上海的治疗暂告一段落，终于返回蚌埠。去时还是隆冬季节，回来时，已是夏天。列车在蚌埠站徐徐停稳，车门打开时，张劼迈着矫健的步伐，向朝思暮想的战友们大踏步走来。这一刻终于来了，尽管战友们早做足了心理准备，可是，当看到戴着面罩、身体消瘦的张劼时，他们还是被张劼的新面孔惊呆了，这是一张历经多次植皮手术的脸，这张脸上布满

◎2019年9月25日，张劼荣获“最美奋斗者”称号

疤痕，然而这些疤痕就是荣誉的勋章。

张劼看到战友们满含热泪的惊讶目光，主动安慰战友：“这治疗面罩过段时间就能摘掉了，我的眼睛也做了手术，已经可以闭着眼睛睡觉了！”战友们更加感动于张劼的贴心与大度，纷纷上前拥抱着他，大声叫着“劼哥”。这一声声“劼哥”，是张劼劫后余生听到的最好的称呼。在经历祝融之灾后，张劼笑对磨难，涅槃重生。

英雄团队　共担使命

刚入警队时，张劼被分配到了巡警支队，2008年特警支队成立，张劼又成为这支精英队伍的一员。

石鑫是张劼刚入队时的师父。在石鑫的言传身教下，从专业技能到实战经验，张劼经验逐渐丰富，开始主动请缨打头阵。从抓获一般嫌疑人到吸毒嫌疑人，从抓捕逃犯到抓捕杀人犯，再到处置突发事件，张劼逐渐成为队里的主力。面对众多急难险重的任务，张劼说：“我从来没害怕过。我们是个强大的团队，放心把后背留给队友。队友之间的默契都是用心、用命换来的。”面对他受伤后得来的荣誉，他说：这些荣誉不属于我个人，而属于我们的团队。我就是一名普通的队员，换成是其他队友，他们也会这么做。

“105”事件发生后，张勐受伤后，蚌埠支队副支队长石鑫在很长一段时间内都很自责，不敢面对张勐父母，因为当时，张勐并不值班。石鑫给张勐打电话时才想起来，所以才有那个响了一声就挂掉的电话。张勐本也可以听而不闻、视而不见，可是职业所在，过硬的兄弟默契让张勐立即回拨了电话，立马去了现场，加入了战斗，而且张勐又成了打头阵的先锋。这才有了这场对决的胜利，但也有了这次严重的受伤。石鑫很自责，如果没有他的这个电话，张勐就不会到现场，更不会受伤，张勐的英雄父亲就不会如此伤心难过、心如刀割，张勐的母亲就不会如此肝肠寸断、悲痛欲绝，张勐的爱人就不会在张勐面前强撑笑脸，而在张勐看不见的地方号啕大哭。

石鑫觉得自己饱受折磨，后来，他鼓足勇气，对张勐的父亲说了事情的始末，原本队里并没有安排张勐，是因为他觉得张勐能力最强，才临时变换了名单：“老哥，你要怪就怪我吧。”

面对石鑫的歉意，张勐的父亲没有任何责怪，只说了一句：“张勐反应快，在这种情况下，组织选择他是应该的，换了别人可能会有更坏的结果，要是我，我也选择他。”

张勐出事后，除了自责不已的副支队长石鑫外，张勐的另一位战友石磊尤其自责。这场硬仗，本来是石磊主动请缨上战场的，因为张勐顾念石磊即将结婚，硬是自己揽下了差事，如果当时自己再坚持一些，劼哥就不会受伤。石磊宁可受伤的是自己。可是，在他们这个团队中，张劼作为中队长，作为一个已婚人士，总是冲锋在前，这是一种护佑，这也是给团队的其他成员更多成长的机会，但这也就意味着张劼把更多的危险留给了自己。

坦白来讲，张劼出事后，他的团队，他的战友，他的兄弟姐妹们也害怕，警察是一项职业，警察也是一个个有血有肉的活生生的人，面对困难与危险，他们也会害怕。张劼在“105”事件中所遭受的严重创伤深深地刺痛了每一个人，要说不害怕，是假的，要说不担心，也是假的，他们曾一度很悲观，很消沉，因为在张劼身上发生的事，随时都可能会发生在他们任何一个人身上。因为对于特警来说，在工作中，他们面对的永远是社会的黑暗面和阴暗面，他们面对的永远是困境与危险。是困境就要突破，要突破就有危险，有危险就会有流血甚至伤亡。这是一个永远都无法摆脱的境地。

然而，又是张劼鼓舞了他们，解开了他们心上的枷锁。

张劼在医院治疗的过程中，战友们一度陪伴张劼，看着伤痛的张劼，他们痛不欲生。然而，面对痛苦，张劼强力隐忍，连医生都不忍心，医生曾对张劼说：“没事的，你可以喊，可以叫，可以吼，可以哼哼。”而张劼自始至终只是哼哼几声。“劼哥确实太令人佩服了，真的不是一般人能做到。在医院治疗，我们看着都痛不欲生，他却只是哼几声。”刘宇宙曾说，在治疗过程中，他真的从没见劼哥掉过泪。那些看着就让人心疼肉疼的创伤，他们的劼哥愣是硬生生不哭不叫地挺着。

看似是战友在陪伴张劼，鼓励张劼，实际上，张劼的精神反而鼓舞了他们。英雄的团队更加清晰地认识了自己的职业，更加坚定了自己的理想信念。他们更加明白了战场上的底气来自于日常的艰苦训练，更加深切地体会到了“平时多流汗战时少流血”的真谛。

司泽一后来在全省公安特警大比武中摘得全省第三的好成绩，如今的她干练飒爽，已经从一个跟在劼哥后面训练的小女孩、需要由劼哥带着训练的小女孩，蜕变成一名真正的特警。

他们也从悲观和失望中走出来，有了进一步的成长，他们更加清楚地认识了自己的职业：“既然我们是警察，遇到危险，我们就得站出来，这就是职业使命。”

和平年代，警察是高危行业，特警是高危中的高危，特警面对的都是穷凶极恶之徒，特警要给人民群众安全感，要维护社会稳定，而他们面对的却是危险。但凡出警，他们就置身于危险之中，这种危险如影随形，而且是无法预料的，很多时候必须随机应变，直到危机解除，他们才能解除危险之境。平常时候苦学苦干、练得出来，关键时刻站得出来顶得上去，危难关头胆大心细豁得出来，这就是特警的日常。他们舍弃了自己的安稳，守护了万家的安稳；他们放弃了小家的团圆与幸福，守卫了大家的团圆幸福。他们消灭了黑暗与邪恶，保卫了人民的光明与安康。这个英雄的团队，同生共死，共担使命，只因他们有一个共同的名字——特警。

英雄家人 亦是英雄

在张劼受伤后，张劼的家人承受了巨大的伤痛与压力，尤其在张劼被下了两次病危通知书时，他们没有任何埋怨，他们深明大义，让张劼的师长与兄弟们既惭愧又佩服，他们更加地理解了张劼的优秀。

在儿子的生死关头，张留成内心饱受煎熬，作为家里的顶梁柱，他不能倒，即使内心再痛苦，他表面都要佯装镇静，他必须要为妻子和儿媳妇撑起一片天。但他内心又有着难以言说的担忧与心痛。所以，他给儿子写了一封信。尽管儿子不提工作发生的事情，可是父子连心，而且父子从事同一职业，父亲很明白儿子的经历："作为当过警察的父亲，我知道，你经历了什么，付出了什么。"看着躺在病床上的儿子，父亲内心又是极度揪心与无力的："当你真的躺在病床上时，我的心情从来没有这么复杂。

我什么也做不了，只能眼睁睁地看你躺着。”作为一个共产党员，一个无神论者，在儿子在“鬼门关”打转的时候，张留成不得不祈求上苍：“求老天爷让我儿子活下去！”

这就是英雄的父亲，这就是英雄的儿子。父子肝胆相照。这就是中国的警察，为了他人的生命财产和安全，不惜牺牲自己；这就是中国的警察，无论前面有多少艰难险阻，依然有人负重前行。

（赵玉敏）

帕米尔高原的农学家
——孙超

孙超，男，汉族，河北高碑店人，1979年5月出生，1996年12月从河北入伍，中共党员。先后荣立个人一等功二次、二等功一次、三等功十次，多次被表彰为公安现役部队优秀士官、优秀共产党员、后勤先进个人等，荣获公安边防部队优秀士官人才一等奖。2019年，荣获新疆维吾尔自治区“自治区模范退役军人”称号、“全国模范退役军人”称号。2020年，被新疆维吾尔自治区党委政法委授予“戍边卫士”称号。同年，被公安部评为第四期全国“公安楷模”，被授予“二级英雄模范”称号，荣获全国移民管理机构首届“十大国门卫士”称号，被中共中央宣传部、退役军人事务部、中央军委政治工作部联合授予“全国最美退役军人”称号。

绿色——生命的颜色

1979年5月，孙超出生在河北高碑店一个普通的庄户人家。这一年，改革开放的春风已吹遍神州大地，无论城市还是农村，都是一派欣欣向荣的景象，处处展现着蓬勃向上的生机。孙超的父母给他取名时想了好久，最后决定用“超”字来表达对他未来的期许和对美好生活的期待。

日子不经过，转眼间就到了孙超上学的日子。父母希望孙超多读点书，却从未给他太大的压力。在父母眼里能不能读好书是要看天分的，那时村里靠读书走出去的大学生实在太少了，掰着指头都数得过来。事实上，孙超在学校的成绩也确实不上不下，他记忆里的学校生活是简单枯燥的，每天两点一线，周而复始。于是寒暑假就成了他最美好的期待，毕竟可以不用被父母天天念叨着早起早睡，也不用非得当天就完成老师布置的作业。而最难忘的假期就是小学毕业那个暑假。

那年夏天，村边突然出现了一支解放军队伍在那里安营扎寨。

这可乐坏了孙超他们这群孩子。他们天天跑去看解放军训练，一看就是一天。在这期间，一位解放军叔叔给孙超留下了深刻的印象，甚至一定程度上影响着他对未来的选择。孙超至今记得与这位解放军叔叔第一次见面时的场景。那天，早饭后孙超像往常一样往军营走去，途经大队部时看见这位解放军叔叔正半蹲在简易梯子上，往大队部院墙上描描画画。画笔在这位叔叔的手中就像施了魔法的魔术棒一样，引得孙超不由自主地停下了脚步，一会儿的工夫，一座雪山的雏形便映入眼帘。解放军叔叔画得专注，孙超也看得出神，他们谁也不打扰谁。当画到雪山下的白杨树时，这位解放军叔叔先是给白杨树叶涂满天空的蓝色，随后又在上面盖上了一层黄色，这样，树叶就变成了鲜亮的绿色。孙超疑惑地问解放军叔叔："白杨树的树叶到秋天就是金黄色的，要是绿色不够了，可以把白杨树画上黄树叶，干吗非得这么麻烦地调绿色呢？"解放军叔叔看着墙上绿意盎然的白杨树，像是在回答孙超，又像是在说给自己听："因为绿色啊，是生命，是希望，是绝境里最鼓舞人心的颜色。"那时年龄尚小的孙超还不懂这句话的深意，但有一点他非常肯定，这位叔叔一定非常喜欢绿色。自那之后，每天他都会去大队部那里看这位叔叔画画，他们之间的谈话也越来越多。画画的间隙，这位叔叔给他讲战斗英雄的故事、讲抗洪抢险的故事、讲在高山上修铁路的故事、讲在高原上戍边的故事，这对没离开过家乡的孙超而言简直是打开了新世界的大门，让他无比崇拜眼前这位叔叔。在他眼里，叔叔是那么高大，军人是那么神圣。他也想像这位叔叔一样，长大后参军。从这时起，参军的愿望便刻到了孙超的心里。

暑假由于与解放军队伍的交集而过得特别充实。转眼间，中学就要开学了，而这支解放军队伍也像突然来到村边一样，又突然消失了，村子又恢复了往日的平静。要不是大队院墙上那位解放军叔叔的画还在，都要让人忘记曾有那么一支队伍暑假来驻扎过。每当想念这群解放军叔叔时，孙超就跑到大队院墙这里来看那位解放军叔叔留下的雪山、松林、白杨树，叔叔的那句“因为绿色啊，是生命，是希望”在他的耳边久久回荡。久而久之，这些墙画在春夏秋冬的轮回中渐渐变得模糊斑驳，但是从军的梦想却从来没有在孙超的心里变淡。

初中毕业后，因中考成绩不理想，孙超未能如愿升上高中。他身边的很多同龄人都结伴南下广东打工赚钱，他并没有被外面的世界吸引，而是选择留在家里陪父母种地，他在等着属于他的机会。1995年的一天，当孙超和父亲在自家庄稼地里干活时，地头的喇叭里传来县武装部征兵的广播，孙超按捺不住内心的激动，心想着属于他的机会终于来了。这一年，不满17岁的他偷偷地背着父母办了件“人生大事”——报名参军。

可是，当兵的路并不是他想象的那般顺利。由于体重差标准体重近5公斤，不符合征兵条件，他被淘汰了下来。这一次的失败并没有打消孙超当兵的梦想，反而使他的目标更为清晰。他开始有意识地锻炼身体。那会儿农村里没有健身的观念，也没有所谓的科学增重技巧，孙超完全是自己摸索着练。他每天早饭前先到村后的树林子里跑步，就这样整整坚持了一年。功夫不负有心人，第二年他如愿以偿地通过了征兵体检。不过，这一次，他又是瞒着父母去报名的。这时相比于孙超出生时，家里的生活实在好了太多。当父母的希望他安安稳稳地在家种地，丰衣足食，不愿意他去当兵受苦。直到负责招兵的干部到家里家访，他们才知道孙超又去报名了，当他们听说是去新疆当兵，离家那么远，更是坚决反对。他们没想到向来听话的孙超，这次这么叛逆，最终孙超对当兵的执着使父母妥协了，他终于实现了从军梦。

自从收到入伍通知，孙超就一直处于对未来军营生活的憧憬之中，对未来生活的兴奋远远超过了即将离家的伤感。很快他就迎来了入伍离家的日子。1996年12月3日，一个朦胧的清晨，在一条乡间的小路上，一台拖拉机车摇摇晃晃，烟囱里黑色熏人的烟，模糊了前行的路。在用稻草铺垫的车斗里，穿着新军装、戴着大红花的孙超和父母相对而坐。儿子开心地憧憬着即将到来的军营生活，而母亲已眼圈通红、开始挂念即将远行的儿子，父亲则通过一脸严肃来隐藏对儿子离家的不舍。就这样，一路颠簸，各怀心事的两代人，彼此沉默着……

纵是万般不舍，临别的时刻终还是到了。母亲嘱咐孙超："儿啊，既然去了部队，就一定要好好干，争取留下来，留在部队！"母亲的叮嘱，孙超一直记在心里。这时的他还不知道，所有人都不知道，未来孙超不但在部队留了下来，而且这一留就是20多年。这20多年，让他与新疆、与帕米尔高原、与红其拉甫边检站结下了不解之缘，直至后来直接转业留在了驻地……

列车慢慢启动了，一路西行，窗外的景色渐渐由郁绿变成了苍茫，看着窗外一望无际的戈壁，孙超真正体验到了与家乡的渐行渐远。他不禁感叹：只知道新疆远，却没想到这么远！火车整整走了两天三夜才最终到达乌鲁木齐站。在这里，孙超要和来自五湖四海的新兵连战友们一起集训四个月。集训的日子是充实愉快的，孙超也彻底地领略了一把新疆首府之美。集训结束后，孙超和新兵们又一起坐上军车，接下来，他们要被分配到不同的地区戍守边关。孙超会被分配到哪里？他一路都在憧憬着。乌鲁木齐没有他、吐鲁番没有他、和田没有他、阿克苏没有他，喀什也没有他。等走到喀什，军车已开了整整十天。短暂地休息一晚，第二天继续启程，孙超会分到哪里呢？

第二天一大早，孙超最终的目的地——红其拉甫边检站也揭晓了。这时的孙超对红其拉甫还知之甚少，但从车程来看应该比较艰苦。如果说从乌鲁木齐到喀什的一路，让孙超领域了新疆之美，那么，从喀什到红其拉甫的这一路，他体验到了人迹罕至、荒凉绝迹。虽然两地相距也就300多公里的路程，但是五六个小时过去了，车还在爬山，山路颠簸难走，处处是悬崖峭壁。这让孙超他们这群新兵开始犯嘀咕，红其拉甫是一个什么样的地方？

带队班长看出了新兵们的疑虑，就开始给大家讲红其拉甫边检站的故事。接下来的路，班长讲得动情，新兵们听得动情。

班长告诉他们，红其拉甫是塔吉克语，翻译过来就是血的通道。那里平均海拔4000米以上，空气含氧量只有平原的48%，全年无霜期不到60天，风力常年在8级以上，最低气温零下40℃，冰峰林立，沟壑纵横，荒漠遍布，高寒缺氧，当地流传着“天上无飞鸟，地上不长草，风吹石头跑，氧气吃不饱，六月下大雪，四季穿棉袄”的俗语。自然环境虽然恶劣，但是一代代红其拉甫边检人忠勇担当、吃苦奉献，与孤独为伍，与界碑相伴，牢牢守卫着国门口岸的安全，1995年5月23日，红其拉甫边检站被授予“模范边检站”的荣誉称号，这可是部队的最高荣誉。

随后，班长又讲起了“三块石头一口锅、三顶帐篷八个人”的故事。1982年，武警边防部队成立。红其拉甫边检站第一任站长是张玉贵，他带着从解放军部队分出来了一支队伍——七个干部八个兵开始了艰难的创站史。当时没有营房，他们就住在帐篷里；没有厨房、没有食堂，他们就用几块石头架起一口高压锅做点简单的饭。取暖，是最老式的煤炉子，为防止炉火熄灭、一氧化碳中毒，两个人一小时一班岗守着。没有饮用水源，他们就到几公里外的河坝砸冰取水。冬天太冷，冰层太厚，他们就从外面取雪回来，再用炉子加热成水来用。因为取水困难，当时的官兵们都不舍得浪费一滴水，早上洗完脸的水留着等晚上洗完脚再倒。他们白天顶着高原凛冽的寒风站岗，晚上就挤到帐篷里休息。喀什运送给养受到暴雪天气中断时，他们就天天吃压缩饼干充饥。那时候，官兵们的主要任务就是检查往来的车辆，最冷的时候零下40℃，值岗的官兵们浑身裹得像粽子似的，爬上爬下，不放过任何车辆。就是在这样的环境下，老一辈红其拉甫人在艰苦中历练，在历练中坚守，在坚守中奉献，牢牢守护着祖国的西大门。

模范的集体、英雄的事迹让孙超热血沸腾。读书时，他也时常在书本内外学到类似的故事，但他从来没想到有一天，这样的生活会距离自己这么近；他从来没想到有一天，他会成为英雄集体的一员。他多希望红其拉甫边检站就在眼前，他已经迫不及待想加入这支光荣的队伍。

终于，在夜色降临时，车停了下来。红其拉甫边检站的站长带着战士们列队欢迎新成员，大家依次上前敬礼、握手，每个人脸上都带着澄澈的笑容，那一刻，孙超心里特别踏实，就像远行后终于回到家的感觉。

扎根——为红其拉甫添一抹绿

在红其拉甫的第一晚，孙超失眠了，他躺在军床上翻来覆去睡不着，脖子上仿佛被一根绳子勒着，他仿佛听到自己血液在流动的声音。他干脆起床，在被窝里用手电筒照着给家里写信，他迫不及待地想把分配结果告诉父母，他在信中写道：

"亲爱的爸爸妈妈、姐姐，家里一切都好吧？时间过得真快，一眨眼离家都四个月了。……我在这里一切都好。我的新单位叫红其拉甫边检站，它在帕米尔高原，对面就是巴基斯坦，虽然这里海拔高，天气冷，但却是个先进单位，去年刚被国务院授予了'模范边检站'荣誉称号，所以，能成为这里的一员，我真的挺骄傲的。……"

写完信，又翻来覆去折腾好久，他才好不容易迷迷糊糊睡着。第二天，起床号一响，他条件反射地腾的一下坐起来，结果瞬间眼前乌黑，出现眩晕，差点栽倒。而他的另一位战友吕涛由于体质较差，一晚上流了7次鼻血，早上起来时，枕巾被染得一片血红。

跑操的时候，眩晕再次出现。班长看出他的不适，让两位战友扶他去医务室，卫生员看了看他，"新兵吧？"孙超点点头，卫生员立即把一只氧气管套在他的脖子上，边把吸氧头塞进他鼻孔边淡定地说："高原反应，吸半个小时氧就没事了。"

卫生员告诉他日常的注意事项，并嘱咐他："在这里，不管白天黑夜，也不管是训练还是休息，只要感到不适，立刻、马上到医务室，如果感觉行动有困难，立刻、马上告诉身边的战友。千万不能忍着，错过最佳抢救时机。曾有一个19岁的新兵，就因不想麻烦战友而错过了抢救时机，不幸牺牲。"孙超把卫生员的话牢牢记在心里，他意识到在这里每一次呼吸都会提醒你生命的重要性。

孙超在红其拉甫的第一份分工是炊事员。貌似每个新兵都有一段在炊事班的岁月。孙超高高兴兴地接受了组织分配的任务，但当他进入炊事班，他傻眼了。首先，缺氧的环境让你无法好好做饭。比如，水怎么烧也达不到100℃，70℃已经是极限；再就是，不管是蒸馒头还是蒸米饭，即使用比在家时多两倍的时间，依然不是硬芯就是夹生。而孙超最喜欢的面条，在这里只要煮熟，一定是软、烂、绵，没有一点劲道的感觉。主食虽然味道不好，好在不缺，可蔬菜就不一样了，这里蔬菜极其匮乏。平时，蔬菜肉食都是定期从喀什运送上来，可一旦暴雪封路，这些就无法得到及时补充。虽然部队给官兵们配了综合维生素来缓解因长期吃不到足够蔬菜带来的营养不良，但身边的好多战友还是出现头发脱落、嘴角溃烂、手脚脱皮的情况。

很快，在炊事班没多久，孙超就接到通知，要去前哨班轮岗。前哨班，距离红其拉甫边检站有四到六小时车程，快慢完全视天气情况而定。前哨班的主要任务就是驻守国门，检查口岸通关的人和车。

那里的海拔比边检站还要高，有5100米。虽然孙超提前做好了功课，也有了心理准备，但身体没给他任何逞强的机会。在前哨班的第一夜，他就头疼得像一根钢针深深地扎进颅脑一样，同宿舍的战友以过来人的经验，用武装皮带紧紧地箍在他头上为他缓解头疼。等到天亮，他感觉自己半条命被折腾没了。这才第一夜啊，一轮岗就是一个月，接下来的日子可怎么过？当前哨班长问孙超能不能坚持下去时，他斩钉截铁地回答："能！"

其他战友能，他当然也必须能！一定能！

一位军旅诗人说过：在帕米尔高原，凡是生存着的，都成了奇迹，冰雪、雄鹰和人。用这句诗形容前哨班的官兵们的不易非常贴切。孙超敬重在这里执勤的每一位战友，他们是在用生命守卫着国门。

苦，是很多人对前哨班的第一印象，但到底有多苦，只有身在其中的人，才能真正体会。在这里，一顿热饭、一壶热水、一间暖屋，甚至是一口氧气，都是那么来之不易。对农村娃孙超来说，他不怕吃苦，但是这里的苦还是刷新了他的认知。他只有一遍遍地告诉自己，不能后退、不能畏惧。在前哨连，需要的不只是游刃有余的生存能力，还需要强大的信念和意志。5100米的高原给身体带来的病痛和生活困难都可以忍受，但是孤独和寂寞的精神世界却需要强大的内心去排遣。这里没有信号，收音机、电视都没法用，每天面对的只有冰峰雪岭，"白天兵看兵，晚上数星星"是官兵们生活的真实写照。在平原上任何稀松平常的事物，到了山上都是宝贝。没来当兵之前，他都没想过有一天会特别强烈地想看到一片树叶、一棵小草，这在任何一个地方都是最稀松平常的事物，对这里来说，却是遥远的存在。有一位战士在执勤时这样表达他的孤寂："我渴望看见一个陌生人，见到一块陌生的石头，见到梦里如期而至的春天，见到一株哪怕略显枯萎的小草。"孙超在日记本的扉页写下这样一段话鼓励自己："好高好高的达坂，好冷好冷的冰山，好远好远的边关，当兵当到了天边边，爱哭算什么男子汉，腿软的别来这高原，最冷的地方站一站岗，最高的地方摸一摸天。"

在前哨班，孙超还是负责做饭，边检站做饭就够难为人的了，可这里更难。这里氧气含量更低，自然水的沸点也更低。接下来的一个月，孙超一边调整着身体状态，一边想方设法地用有限的食材给战友们变换花样地做饭菜。一天，在收拾厨房用具时，孙超在架子的最底层看到一个老旧的高压锅，便把它拿出来检查一番，发现锅子还挺好的，除了里面的橡皮锅圈现在市面上配不到外，其他地方都干干净净的，看得出一直用得很爱惜。他想着闲置着的锅可以再利用起来，不能烧饭了，还可以当个储水的容器嘛。于是，就开始清洗起来。这时，另一个战友正好进门看到这一幕，急得直接从他手里把锅抢走，小心地把锅上的水渍擦干又重新放回原处。战友告诉他，这不是一口普通的锅，这是站里的传家宝。"三顶帐篷一口锅"，就是指的这口锅，它见证了红站的发展变迁，是一代代红站人吃苦奉献的见证，也是红站人的精神支柱。

这一夜，对于孙超又是一个不眠夜，他想了很多很多。虽然自己信誓旦旦要在红站建功立业，可是面对这异常艰苦的条件，他也曾躲在被窝里偷偷地哭过。今天见到那口传家锅，他再次近距离感受到老一辈的红站人在茫茫雪域高原舍生忘死、战天斗地，用青春和热血挑战生存极限，把“宁可生命透支，不让使命欠账”的铮铮誓言刻在这雪域之巅的精神气概，他羞愧了。几个人，仅凭双手和满腔热血，就在这海拔5100米的帕米尔为红站打下了坚实的基础，现在前哨班虽然辛苦，但相比以前的条件实在好太多了，他该做些什么，来谱写红其拉甫新一代的荣光？既然来当兵，就不能让荣誉失色……

一个月的前哨班轮岗马上就要结束了，孙超像往常一样在厨房里细致地准备着晚餐。这时，窗台上的一个玻璃罐头瓶引起了他的注意。他清楚地记得有一天，帮厨的战士请求他在切白菜时留一块完整的根茎，并小心地把它放进了这个罐头瓶，现在，这个罐头瓶里的根茎竟然钻出一星嫩绿的芽，在傍晚余晖的照耀下显得格外生机勃勃。这时，耳边突然回荡起那位解放军叔叔的话：绿色，是生命，是希望，是绝境里最鼓舞人心的颜色。也是在这一刻，他真正理解了这句话的深意，这里太缺绿色了！

从那刻起，一个大胆的想法开始在他的脑海里盘桓。那时，内向的他还不确定要不要闯一闯、试一试。19岁的那个难忘生日，则坚定了他要闯一闯、试一试的决心。对红其拉甫的官兵来说，能在茫茫雪色中看到一丝绿色，哪怕已经略显枯黄，也是最奢侈的精神享受了，更别说是吃到新鲜的蔬菜。可是生日那天，孙超却吃上了新鲜的蔬菜。当他执勤结束后回到宿舍，排长和战友们为他端来一碗热气腾腾的菠菜卤水面。当看到面碗里那几片菠菜叶，可把他激动坏了。他知道战友们自从来到这里就没有尝到过一口新鲜蔬菜，于是他把菠菜叶子夹到战友嘴边，他们都抿着干涩的嘴唇躲开了。最后，在孙超的一再坚持下，战友们才你一口我一口地吃完了那碗面。以前都是父母给他过生日，现在变成了战友给他过生日。都说男儿有泪不轻弹，可这次孙超实在忍不住了，眼泪夺眶而出，他抱着排长号啕大哭。他从来没有想过有一天自己会因为一碗菠菜面条而号啕大哭。这不是一碗普通的面，只有在红其拉甫生活过的人才知道它的珍贵，才知道这里面浓缩的深厚战友情。他许愿要是能在这高原上种出蔬菜，让战友们都吃上绿色蔬菜该多好啊！

他找到站长，把他的想法和盘托出，没想到这与站领导的想法不谋而合。站长告诉他，站里一直在想办法解决蔬菜供应难题，也正在考虑建蔬菜大棚。就这样，1998年，孙超主动请缨来承担建大棚的重任，启动了他的种菜计划。要在平均海拔4500米、平均温度-9℃的帕米尔高原种出蔬菜，可谓难于上青天。首先，要解决土的问题。红其拉甫周围山峦层叠，却几乎见不到绿色，恶劣天气是一方面的原因，更重要的原因是山上几乎没有土。孙超工作之余所有的时间都放在四处找土上。有时走出去好久也找不到多少土，找到了，就装在袋子里带回来。时间一天天地过去，战友们发现了孙超的举动，他们谁也不问，只是在某个休息天，一起推着平板车跑出去20多公里，从戈壁上推回来一车土，孙超喜出望外，众人拾柴火焰高，这一车土可顶他几个月的工作量！终于，在战友们的帮助下，土的问题克服了。随后，他又和战友们一起一遍遍地挑拣出土里的石块，再找来铁丝网，制成简易的网筛，把土细细过筛，使它们达到能种菜的松软度。最后，再把这些土小心地填在规划的还没成形的菜地里。土有了，接着就是要搭架子了，从哪里弄搭架子的材料呢？站长想到了搭架子的绝佳材料，他找到一处废弃建筑，战友们一起把钢窗拆下来制成架子，就这样，红其拉甫边检站有了第一个简易蔬菜大棚，这是一个被战友们寄予厚望的大棚。孙超每天平整土地，松土施肥，根据蔬菜的种类把菜地划成小块，数着节气把白菜、土豆、萝卜这些易成活的“老三样”菜籽种下去，可是，几个月过去，地里还是一点动静也没有。期待并没有变成奇迹，希望有多大，失望就有多大。孙超蹲在大棚的地边上挠头，水也按时浇啊，土也很松软啊，种子也是挑最好的，牛羊粪沤的肥，怎么就不发芽呢？写信问家里的种菜能手，人家也解释不了，毕竟人家那里从来没遇到他遇到的这些问题。他不死心，继续种，结果种下的菜种要么不发芽，要么发了芽，但长不了多长时间就变黄枯萎。有老兵劝孙超："人在高原活下来都不容易，更何况是植物，不行就别种了。"看着自己的辛勤劳动换来的却是一次次枯死的菜苗，孙超绝望得吃不下饭、睡不着觉。虽然绝望，但是他不甘心！一想到战友们因为营养不良出现的各种身体症状，他就咬紧牙关，发誓一定要在冰山上把蔬菜种出来。

第二年3月，他又开始了再一次的艰难尝试。通过学习和培训，孙超认识到高原上土层薄、生长期短、极度严寒缺氧，不具备种植的条件。于是，他和战友们从改良土壤开始，用铁锹、十字镐、小推车等简陋工具，挖走3万多立方米砂石，从30多公里外拉回1.9万多立方米土，从80多公里外拉回9500余立方米羊粪，并且对砂石地进行了平整和改良。几个月下来，官兵们手掌上都磨出了厚厚的老茧，脸上被紫外线晒到的地方全是不均匀的斑块。有的战友，握镐头久了，十个指头都无法伸直……但为了心中的那抹绿，他们谁也不喊一声苦、叫一声累。孙超在这片重新休整过的土地上，重新种下菜籽。可是，失败又一次接踵而来，种植的西红柿、辣椒只开花不结果。没关系，总算有了进步。孙超不气馁，继续调整种植思路，这次他根据高原高寒和水分蒸发快的特点，采用了地膜覆盖等技术。时间是检验种植成功与否的最好见证。这次好像成功了。那一天，当走进大棚看到一片绒绒绿色的时候，孙超激动得无法用语言描述，想喊，喊不出来，想笑，却是一脸的泪，那一个瞬间，他再次体会到绿色给人带来的愉悦。战友们闻讯全都跑来了，大家围着不大的这块地，兴奋地指着、说着、笑着、憧憬着、展望着……

可是好景不长，一天夜里，这些好不容易精心培育出的菜苗又被一场大风连根拔起，两小时之内秧苗全部被冻死。看着刚长出来又死去的菜苗，看到自己几个月来的心血付之东流，孙超的心像针扎一样，实在忍不住了，蹲在菜地哭了整整一个下午。哭过之后，他还是不甘心。那段时间，因为高原反应，更因为着急上火，他开始大把大把地掉头发，20岁的小伙子，看起来像40多岁的小老头。这一年多来，种菜没有大的收获，等着吃上一口自己站里种的菜的老兵却要退伍了。他们流着泪对孙超说："兄弟，等红其拉甫种出菜了，一定寄一张菜地的照片给我们，我们在遥远的家乡祝你早日成功！"老兵们发自肺腑的期盼让孙超再次泪崩，他不服输的劲头愈加坚定！他一个人跑到营区外边，对着冰川雪山大喊："就算我孙超的头发掉光，我也要让蔬菜在冰山上长出来！"

此后，为了攻克幼苗成活率低这个难题，只有初中文化的孙超开始如饥似渴地学习蔬菜种植技术，每逢写家信也必求教种养技术，他苦读了《反季节蔬菜栽培技术》《无土栽培技术》等一大批资料，认真做好笔记摘抄，这些笔记慢慢累积起来，至今已达300多万字。

他听说喀什农科院有位高寒地区蔬菜种植专家，就一次又一

◎孙超在大棚里劳作

次地写信请教。在不断试错中，孙超的大棚在逐步完善，从最初的钢窗架到最后的地暖大棚，他还设计了半自动卷被机，在大棚的塑料膜上卷着厚重的棉被，遇到极端天气，他只需要按一下遥控器，那一床床的棉被就会自动铺开，然后根据需要覆盖在相应的位置上，以保证大棚里的蔬菜不被高原的大风严寒冻死。他不断趴在温棚地上测地温、量酸碱，经过上百次反复摸索、论证、实验，终于总结出“营养钵育苗移栽法”，先用营养钵培育出蔬菜幼苗，待时机成熟后，再移栽到大棚里。这样一来，高原上种植蔬菜只开花不结果的难题终于破解了。终于，在他的不懈坚持下，红其拉甫边检站一改过去吃不上新鲜蔬菜的日子，实现了“有绿色看、有绿色吃”的梦想。记得食堂第一次端出孙超自己种的辣椒和黄瓜时，好多战友都是含着眼泪咽下去的，为了这一天，他们付出了太多太多。

孙超的实验田成功了，它自然也成了红其拉甫边检站最靓丽的名片。谁来这里，都会到他的大棚里看一看，那满棚翠绿让人惊叹。没见过的人是没法体会这种心情的，这个周围一片荒芜，寸草不生，连人都很难生存的地方，却存在着那样一片令人陶醉的绿，给人带来莫大的鼓舞和希望！这不仅是绿色，更是生命的颜色！

解决了种菜的难题后，孙超又开始钻研如何让天南地北的战友在高原上找到回家的感觉，他想方设法通过种植丰富大伙的饮食，柠檬、香椿、金橘、紫土豆等过去想不敢想的蔬菜瓜果后来都相继种植成功。

大棚蔬菜种类越来越多，孙超触类旁通地开始进行家禽养殖。高原上不仅蔬菜缺乏，肉蛋也缺乏。尤其是鸡蛋，在没有养鸡之前，边检站的鸡蛋都是从喀什运来的，等一路颠簸到站里，完好无损的鸡蛋剩不下几个。他想为什么不自己养点家禽，家禽的粪便还是最好的有机肥。于是，他去喀什买了猪崽和鸡苗。有了种植蔬菜的经验，他的家禽养殖很顺利！当年就实现了肉蛋供给自足的局面。2013年，他和战友们自主设计了高原室内猪舍、鸡舍，解决了高原养猪、养鸡易发病的问题。在战友们共同的努力下，如今红其拉甫边检站新鲜蔬菜的自给率达到80%以上，每年养鸡、养鸭、养鸽800多只，产蛋5000余公斤，养猪70余头，产肉7000多公斤，鲜蛋、猪肉自给率达到90%以上。就连鸵鸟等平原也不太容易见到的动物也被孙超养得很好，鸵鸟蛋也进入了战友们的伙食清单。孙超和战友们，给他们的种养殖基地取了一个好听的名字：雪域江南苑。看着今天的红其拉甫边检站，树木成荫，鸟语花香，硕果累累，谁能想象20多年前，这里几乎寸草不生？

富边——让帕米尔高原变身“绿色江南”

千百年来，生活在帕米尔高原的塔吉克族过着清苦的游牧生活。受高原特有的高寒气候的影响，塔吉克族的饮食以肉和奶为主，蔬菜类饮食占比很少。由于缺少蔬菜，也很少吃蔬菜，导致牧民们长期维生素缺乏，这也是影响这里百姓健康和寿命的主要因素。

为了解决百姓吃不上蔬菜的难题，当地政府可谓想尽办法，可是反反复复很久，都以失败而告终。孙超种菜成功的消息传来，可高兴坏了当地政府。孙超清楚地记得，2003年的一天，时任塔什库尔干塔吉克自治县达布达尔乡干部的胡志忠来到边检站，点名要找他，要参观他的蔬菜大棚。当看到满棚黄瓜、西红柿、大白菜，胡志忠不由得感叹：“这真是个奇迹！”“你们是怎么做到的？”胡志忠满眼的疑问。“说难也难，我们用了整整5

年时间才成功。说简单也简单，就两个字，坚持！”孙超望着满棚的蔬菜，慢慢地说。这不是他在卖关子，这真的是他发自肺腑的总结。

胡志忠马上表明来意：“今天我们来，不光是想观摩一下咱们红站的大棚和蔬菜，更是想请孙超班长帮一帮我们。”其实，这也与红其拉甫边检站领导的想法不谋而合。红其拉甫在驻地始终得到当地政府和牧民的关爱，他们种菜成功了，也立马想到要把种植的经验传授给当地的百姓，以改善当地的生活水平。孙超二话不说，主动请缨承担起这个重任，他下定决心一定要带领塔乡牧民一起建棚种菜，手把手向塔吉克族牧民传授种植养殖技术。塔乡在边检站去往前哨连的路上，要种大棚更不易。当孙超看到塔乡的大棚，立马找到问题的症结——他们的这个温室大棚是木质结构的，难以对抗高寒大风，大棚的室温达不到是不可能种出蔬菜的。于是，孙超立马开始帮着改造大棚。他说干就干，没有钢筋，他就把竹竿折弯了来代替，没有新的塑料布，他用熨斗把旧的拼接黏合在一起。经过反复摸索实验，2003年6月，塔乡建成了第一座温室大棚，这座大棚今天看起来当然极其简陋，但在当时可是海拔3600米的一个奇迹。

而真正让孙超在当地大名远扬则是在2004年。这年的7月，塔什库尔干塔吉克自治县发生特大水灾，通往塔县唯一的通道314国道被泥石流冲毁，补给中断半个多月。本就物资匮乏的高原小城，顿时菜价飞涨，一颗大白菜都敢卖到50元！而孙超所在的边检站，不但自给充足，还能调剂蔬菜分发给附近的部队和学校。对于红其拉甫边检站来说，他们做这件事完全出于红站的传统，帮助驻地百姓帮助兄弟部队那简直是融在血液里基因里的一部分，但是没有想到，他们的这一举动着实让红站火了一把。这可是绿油油的蔬菜啊，这可是在高寒的帕米尔高原啊，一个单位竟然不仅自给自足，还能富余，这简直太不可思议了。各路人马前来参观，络绎不绝。他们都想要知道，红其拉甫边检站是怎么把不可能的事变成了可能，他们是怎么在这样的土地上种成了绿色蔬菜？孙超就像一个学习优异的学生，一次次被家长推出来介绍经验。孙超每次的回答也都超级实在，没有任何故弄玄虚的吹嘘，他说蔬菜大棚能成功是红其拉甫边检站全体官兵共同努力的结果，土是大家一车一车一袋一袋拉回一点一点筛出来的，肥是大家一筐一筐拾了背回来的，对于高原种植来说，土很重要，温室也很重要，再一个就是坚持、坚持再坚持，要敢于不断试错，一点一点摸索经验，他们红站是第一个吃螃蟹的，这几年他总结了几十本资料、几十万字的笔记。如果大家愿意尝试，他会倾尽所有教授，让大家不走或者少走弯路，让帕米尔也能成为雪域江南！

这次的事件也使当地党委政府部门格外关注蔬菜常态供应和应急保障问题。要实现蔬菜常态供应，最好的方法就是能够自供

◎孙超向牧民们教授种植技术

充足。于是，当地主官带着团队到红其拉甫边检站参观学习，看到温室大棚里满棚的蔬果，主官激动地拉着孙超的手说："知道吗，你可能会改变一个地方的世代承袭的生活习惯！不，不能说改变，是改善！大大地改善！"他邀请孙超给当地普及种植蔬菜大棚的技术，一来可以改善百姓的饮食结构和习惯，二来作为家庭副业创收的一个出路。孙超当下表示，义不容辞、责无旁贷。此后，孙超变成了大忙人，他不仅要管好自己那一亩三分地，还要去县电视台讲授种植养殖知识、开展农副业培训，他成了远近闻名的"菜博士"。就这样，在孙超的帮助下，越来越多的塔县老乡建起了蔬菜大棚。

2015年，孙超和战友们争取到了《中国梦想秀》栏目帮助，在塔县建立起首个现代化温室大棚。通过示范带动，一座座蔬菜大棚在高原建立起来，形成50多座温室大棚种植规模。他还在当地党委政府为牧民建造的安居房推广庭院拱棚种植，让高原蔬菜种植走进更多家庭，先后帮助建起100多座大棚，在很大程度上改善了高原群众的饮食结构。

“菜博士”忙起来了，但没有飘飘然，他深知要服务好百姓还得靠过硬的技术，他加倍地向书本学习，向专家请教，向老家种大棚的乡里乡亲请教，他甚至主动扩大知识面，以备将来不断地扩大种植品种。他从来不摆架子，谁请教他，他都坦诚相待。有些问题是书本可以解决的，有些问题是专家可以解决的，但有些问题是没人能帮助他解决的。怎么办？他就自己努力地钻研，使自己成为解决这些问题的“专家”。他的这些经验积累可在关键时刻起了大作用。2018年，深圳一家援疆扶贫企业，在塔县投入了大量资金种植石斛。由于他们不了解高原气候，那么昂贵的铁皮石斛种下去，没过多久就大片地生虫子。眼看就要血本无归，正在焦急之时，他们听说孙超是远近闻名的农业种植专家，于是抱着试一试的心态前去请教，孙超将研制的针对高原病虫害的药水给他们，真帮他们解决了虫害，走出了困境。

为帮助牧民脱贫致富，孙超还帮助大家发展高原特禽养殖。提孜拉甫乡牧民艾米尔夏在孙超的帮助下，建起高原牦牛养殖合作社，年收入近20万元，惠及全乡10多户牧民。而孙超和牧民艾米尔夏的友谊就是从一头牦牛开始的。

艾米尔夏在政府的帮助下开了一家牧家乐，以养牦牛等高原动物为生。牧家乐是建起来了，但是对于牦牛的养殖技术，他懂得并不多，经常一遇到问题就抓瞎。一天，他家的牦牛怎么都不吃草，这可急坏了艾米尔夏。不巧那天正好下大雪，没法请兽医，他顿时手足无措，就跑到红其拉甫边检站来求助。站里就让孙超去看看能不能提供点帮助。虽然孙超后来还养鸵鸟之类的，那都是后话了，艾米尔夏求助那会儿，他只在站里养些猪啊什么的，对牦牛这些完全没上手过。可老乡求助了，兽医又来不了，自己怎么也得去看个究竟，于是他就背上药箱跟着艾米尔夏回家了。孙超其实心里没底，但是看到牦牛的症状，他想起自己在养猪过程中看过大量相关书籍，捎带着也看了些医治牛羊的法子，他尝试着做了治疗，告诉艾米尔夏："这几个月大的牛娃子，你别看他个头小，口味还挺重的，所以往草料里加点盐，更能刺激它的味觉。"没想到竟然真的奏效了！艾米尔夏佩服得五体投地，让家人煮了奶茶，不停地道谢。看到艾米尔夏的笑容，孙超感觉自己比他还要高兴。那天回去，孙超就订购了关于牦牛养殖方面的书籍，慢慢地，孙超就成了艾米尔夏家的常客。

艾米尔夏说，孙超年纪比他大，以后，孙超就是这个家的老一，自己的姐姐是老二，自己是老三。孙超哈哈大笑，艾米尔夏不会汉语，但是明白一些数字，他说的老一其实是老大的意思。孙超心里特别感动，他明白，艾米尔夏的意思是，以后，自己就跟他们是一家人了。

有人问他，这么辛苦图个啥？他回答说："兴边富边和守边固边一样重要，守住了民心，边境就能更加稳固。"

抉择——愿为帕米尔高原奉献一生

当1996年孙超坐上西行的列车时，他绝对不会想到，与帕米尔高原的缘分会是今后一生。那会儿的他，还不曾想到有一天他会在最艰苦的"死亡禁区"戍边，更不曾想到有一天他会成为红其拉甫兵龄最长的兵。当年和他一起来的战友早都陆续离开了，年轻的官兵换了好几茬，而他为了他的大棚事业，还一直在坚守着。

2018年底，公安边防部队改革，所有人要么转业要么复员要么改制后留下。许多人选择脱下军装离开高原。已经服役22年的孙超这时早已荣誉满胸，在很多人看来，这个时候离开肯定是最好的选择。如果这时选择退役，他可以拿到300多万元的复员费。何况他兵龄最长，离家又远，长期的高原劳作，使他患上了严重的腰肌劳损和风湿病。如果他提出申请，组织一定会批准。事实上，孙超确实也这么想过，20多年的从军生涯让他对家人的亏欠实在太多太多。选择退役，他可以回到父母身边尽孝、回到妻儿身边陪伴。抉择面前，他第一时间打电话和妻子说了部队改革的事。妻子小心地问他："你想回来还是留下？"孙超很坚定地说："部队不在了，我的使命也完成了。下一步，我该回归家庭了，这些年，亏欠父母、你和儿子实在太多了！"听到孙超说这些，妻子在电话的另一边显得很激动，虽然这些年她无条件地支持孙超在部队好好干，一个人揽下家里所有的活，从无怨言，但她心底里也在盼望着孙超回来的那一天，她也渴望着早日结束天各一方的生活。没想到，这一天竟然因为部队改制提前到来了。妻子心里当然抑制不住地高兴，但又总觉得他会不舍得离开。于是在电话里一遍一遍地确认："你说的是真的吗？是真的吗？"孙超当然懂妻子的意思，他一遍遍地确认："当然是真的！"

此后的几天，孙超和妻子都在电话里畅想着他回到家后的生活。越畅想团聚后的生活，他晚上就越睡不着，一幅幅的画面在他的脑海里重现。自他17岁就离开家乡当兵以来，他回家陪父母的时间总共加起来不足300天；他2005年结婚，已和妻子两地分居13年；孩子已上小学，可是他陪伴的时间屈指可数。儿子说一年四季里最喜欢的季节是冬季，因为爸爸总是在冬季里回来。不是孙超非要固定在冬季回家，他也想在其他季节回家看看，毕竟在高原上，他一年四季都在感受着寒冷的天气，他也想看看家乡的花花草草，吃吃那些特定季节的水果，亲眼看看妻子夏天穿上自己买的裙子，可每年的3月到11月都是温棚养殖最忙的时候，他真的走不开。于是，在儿子的眼里，冬天因为爸爸能够回来，变成了他最期待的季节。

事实上，这也不是孙超第一次和妻子讨论复员的事情。入伍20多年来，他先后有几次非常好的复员机会，要说以前没动过心，那绝对是假的。因为孙超在高原上“农学博士”的称号越来越响亮，不少单位、公司都曾向孙超抛出过橄榄枝。有一年，北京农科院向孙超邀约，这可是北京的单位啊，这可是做农业科研的专门机构啊，能被邀请足以说明孙超掌握的技术含量之高，而且北京离家乡也近，如果去了，就不用远距离两地分居了，孩子也可以接受更好的教育。可是想到正是红站从领导到战友的通力支持才有了今天的自己和满身的荣誉，若没有组织的培养，自己不过是普通一兵。更何况，孙超清醒地认识到农科院是人才济济的地方，肩负着农业科学研究的重任，自己与那里做专业研究的人才相比还有很大的差距。自己的荣誉都是在红其拉甫获得的，自己的技术也是在高原上起的作用更大。没有了红其拉甫，没有了高原，自己施展才干的空间也就没有了，那些荣耀也就随之消失，到时候，农科院凭什么接纳自己？想清楚这些问题，孙超毫不犹豫地拒绝了。河北的一家生态园想高薪聘请他，他也婉拒了……

提交申请的日子一天天地临近，孙超依旧在他的温室大棚里忙活着，这大棚里的一草一木都有他劳作过的身影，他曾像照顾婴儿一样悉心照顾着这些生命，给它们除草、浇水、施肥，要与服役了20多年的地方告别，确实需要很大的勇气。战友们听说他要离开，既舍不得，更为他高兴。他留下一套部队的军装，仔细地熨烫平整，小心地放好，这是他青春的见证，他把最美好的年华都献给了这身军装。

提交申请的前一晚，他却毫无困意，内心涌动着一股无法名状的不舍。这里的所有一切，早都已融入他的血液，离开后，他还是他吗？于是，他拨通了妻子的电话。不需要说话，妻子已明白了所有的一切。她哭着说："我支持你！"听到妻子的话，孙超也哭了，他说："对不起！复员费再多，钱都有花完的时候，但如果失去了组织和红其拉甫，就真的失去了。"

孙超最终的选择，让所有战友惊讶！也让很多战友重新审视自己的选择。他说："你可以走，我也可以走。但是老一辈红站人用青春织就的红旗得有人扛，用生命筑起的国门得有人守。"

站长找到他，问他："真想清楚了？决定了？不后悔？"

孙超坚定地说："决定了！不会后悔！"

站长又问："家里人那边呢？做通工作没？"

孙超红着眼圈说："全部无条件支持我的决定！"

因为孙超的选择，让更多原本摇摆的战友最终选择了留下，继续与他并肩守护国门。

他说："所谓坚守不是饱尝孤独岁月，而是在重复的岁月里对得起每一寸光阴。"

（陈志环　姜桅）

后　记

有人说，如果你觉得你活得很舒服，那是因为有很多人在默默地为你付出；如果你觉得很安全，那是因为有很多人在为你承担风险。人民公安，顾名思义，就是为你承担风险、维护公共安全的守护者。他们以汗水、鲜血乃至生命，护家国平安、人民无虞。他们中涌现出一大批感人至深、催人奋进的英雄模范，犹如一面面旗帜，深刻诠释着人民公安心向党、人民公安为人民的初心。本书选取了新时代公安队伍中的十位杰出代表，他们中既有刑侦技术专家，也有缉毒“神探”；既有排爆勇士，也有“亮灯”民警；既有用生命阐释忠诚的公安局长，也有奋战在一线的基层警察……虽然警种不同、岗位不同，但他们都在自己平凡的岗位上创造出了无愧于党、无愧于人民、无愧于时代的业绩。他们是公安队伍的杰出代表，更是新时代人民警察对党无限忠诚、对群众无比热爱、对事业无比执着追求的缩影。从他们身上，我们感受到了忠诚的力量、一心为民的情怀，看到了新时代人民警察的精彩。榜样的力量是无穷的，他们是我们前行的灯塔，他们的精神将激励广大公安民警以更加昂扬的姿态护航新征程、建功新时代。

本书由中国人民警察大学程洪宝、陈志环、郝胤舟、赵玉敏、佟贺瑾五位教师和鲁晓文（研究生）、姜桅（研究生）、吕欣悦（山东出入境边防检查总站临沂边检站）共同完成。侯奇（研究生）全程参与了资料收集、校稿工作。另外，本书在撰写过程中，参考了学界同仁的相关文章，在此衷心表示感谢！

由于编写时间紧迫，加之我们水平有限，书中难免有疏漏和不妥之处，敬请广大读者批评指正。

此外，书中图片版权归摄影者所有，出版方已尽力联系书中图片的版权所有者并支付使用费用，如有任何遗漏，请立即与出版方联系，出版方将及时处理。

本书编写组

2022年3月